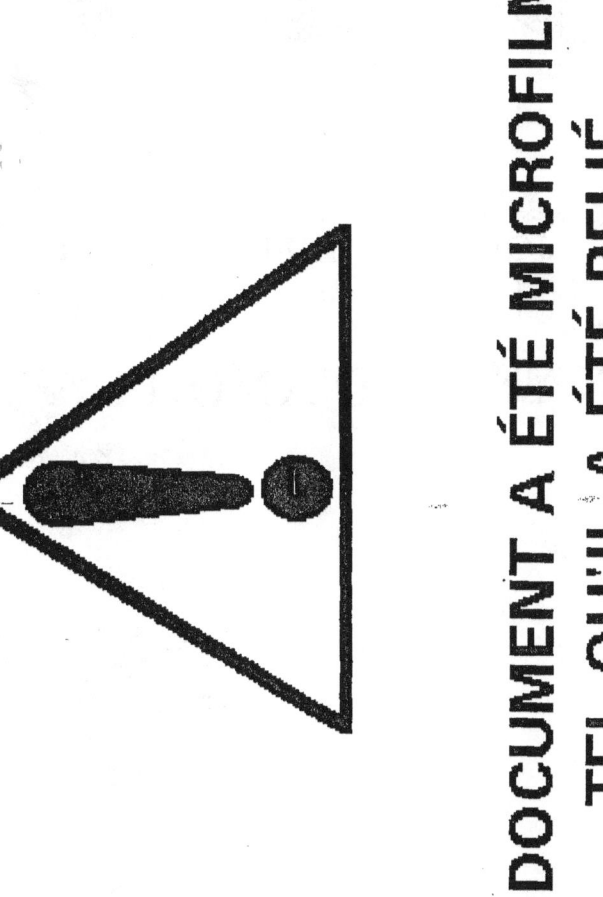

CE DOCUMENT A ÉTÉ MICROFILMÉ TEL QU'IL A ÉTÉ RELIÉ

JOURNAL INÉDIT
DE
ARNAULD D'ANDILLY

JOURNAL INÉDIT

DE

ARNAULD D'ANDILLY

JOURNAL INÉDIT
DE
ARNAULD D'ANDILLY

1630 A LA FIN

PUBLIÉ D'APRÈS LE MANUSCRIT AUTOGRAPHE

PAR

EUGÈNE HALPHEN

ET

JULES HALPHEN

PARIS
CHAMPION, LIBRAIRE-ÉDITEUR
Quai Malaquais, 7

1909

A BERTHA EUGÈNE HALPHEN

6 Décembre 1908

1630

Décret du consistoire, du 1ᵉʳ janvier, qui donne aux cardinaux, aux électeurs ecclésiastiques et aux grands-maîtres de Malte le titre d'Éminence.

Le duc de Savoie n'exécute rien du traité de Suze; et Spinola, d'accord avec ce prince, poursuit le dessein de dépouiller le duc de Mantoue. La guerre se renouvelle en Savoie, en Piémont, dans le Monferrat et dans le reste de l'Italie. Le roi et les Vénitiens continuent à secourir le duc de Mantoue. L'empereur s'empare de nouveau des places des Grisons. Le cardinal de Richelieu ravitaille Casal. Le maréchal de Créqui prend Pignerol en deux jours. Le maréchal de Schomberg prend Briqueras. Spinola, qui mourut peu de temps après, fait de nouveau le siège de Casal. Le roi revient à l'armée, Jules Mazarin, depuis cardinal, paraît pour la première fois, il vient pour traiter avec le roi de la part du duc de Savoie. Le roi tombe malade et retourne à Lyon, où les deux reines étaient restées. Combat de Veillane, le 10 juillet, où le duc de Montmorenci, après s'être exposé témérairement, bat le général Doria. Les Impériaux, profitant de l'absence du roi, surprennent et pillent Mantoue. La ville de Saluces prise par les maréchaux de la Force, de Montmorenci et d'Effiat. Charles-Emmanuel duc de Savoie, meurt de douleur de voir, par sa fausse politique, son pays également ouvert aux Français et à ses alliés. Suspension d'armes ménagée par Mazarin entre les Français et les Espagnols. Le roi de Suède, âgé alors de trente-cinq ans, à qui la ville anséatique de Stralsund avait eu recours pour se défendre contre Walstein, l'avait secourue dès l'année dernière, et cette ville, par son moyen, eut l'honneur d'être la première qui arrêta les progrès d'un vainqueur à qui rien ne résistait; plein du ressentiment du peu de cas que l'empereur faisait de lui, et ayant le prétexte de la religion opprimée par Ferdinand, qui venait de rendre un édit pour la restitution des biens enlevés aux églises depuis Charles V par les princes protestants, ce prince commence ses entreprises par s'emparer de l'île de Rugen.

Traité de Ratisbonne, du 13 octobre, entre le roi et l'empereur. Le duc de Mantoue est maintenu dans son duché de Mantoue, qui fut évacué par les ennemis le 27 novembre. Le séjour du roi à Lyon pensa être aussi funeste au cardinal par les complots qui s'y formèrent contre lui, qu'à la France par le danger où le roi fut de perdre la vie. La reine-mère ramène le roi à Paris, après en avoir tiré la promesse de disgracier le cardinal sitôt que l'affaire d'Italie serait terminée. Le cardinal semblait perdu et se préparait à se retirer; le cardinal de la Valette lui conseilla d'aller trouver le roi à Versailles, où la reine trop sûre de son fils, ne l'avait pas suivi. Le cardinal y vit le roi et le persuada. De ce moment il devint plus puissant que jamais; on ôta les sceaux à Marillac, que l'on fit emprisonner; le maréchal, son frère, fut arrêté en Piémont et exécuté en 1632 (sa mémoire fut réhabilitée), et tous les ennemis du cardinal punis de la même peine qu'ils avaient, dit-on, conseillé qu'on lui fît souffrir. La journée de cet événement fut appelée *la Journée des Dupes*.

JOURNAL INÉDIT

DE

ARNAULD D'ANDILLY

1630

(Bibl. de l'Arsenal. Le *Journal d'Arnauld* occupe les N°˙ 5178 à 8185.)

JANVIER

Mardi 1ᵉʳ.

Vendredi 11. — Mʳ de Montmorency ayant eu quelque brouillerge avec Mʳ de Montespan touchant Madᵉ de Challais, sur le subject de laquelle Souscarrière[1] estoit venu faire une forme d'esclaircissement à Mʳ de Montmorency, que chacun dit qui le debvoit faire jetter par les fenestres; aprez que Mʳ de Montmorency fut party de Paris, le Marquis d'Anonay, frère de Mʳ de Ventadour, envoya par un billet porté par un lacquais appeller Mʳ de Montespan; ilz se battirent le matin seul à seul et à l'espée seulle, hors la

---

[1] Il a son historiette dans Tallemant, qui le présente d'une manière peu avantageuse, t. V, p. 316; éd. P. Paris.

porte S¹ Anthoine, le plus franchement du monde. Le Marquis d'Anonay receut un coup, qui luy perçoit le bras et entroit dans le corps, et en donna un dans le visage à Mʳ de Montespan, qui le fit tumber de l'estonnement. Aprez quoy il le désarma et luy donna la vye. Ils revinrent ensemble à l'hostel du Mayne et comptèrent le combat tout d'une mesme sorte. On brusla le billet et on les accorda.

Dimanche 13. — Procession géneralle (pour l'ouverture d'un jubilé général[1]) de Notre-Dame aux Cordeliers. Les Reynes y furent à pied, et la presse y fut sy grande qu'il y eut des personnes estouffées.

FEBVRIER

Semedi 15. — Monseigneur, revenant de Nancy, arrive à Orléans.

Environ 24. — Mʳ le Maréchal d'Estrées[2] arrive à Venise, comme ambassadeur extraordinaire du Roy.

Lundi 25. — Contract de mariage au Louvre, où y eut une très grande assemblée, de Mʳ de La Melle-

---

[1] V. *Mercure français*, 1630, p. 1.
[2] Né en 1573, frère de la belle Gabrielle, lieutenant-général de l'Ile-de-France, ambassadeur à Rome, maréchal de France après l'affaire de La Valteline, duc et pair, mort en 1670.

raye [1], cousin de M^r le Cardinal, avec la fille de M^r d'Esfiat.

Mardi 26. — Monseigneur, sans que personne le sceust, arrive à Paris en poste à 8 heures du soir, va droict au Louvre, chez la Reyne mère qui en fut fort surprise (Mr de Bellegarde, qui n'en sçavoit rien, la quictoit), et luy dit : « Mon filz, je suis bien aise de vous voir; mais je voudrois qu'auparavant vous eussiez veu le Roy. » Ilz demeurèrent une heure et demie ensemble, et, son voyage estant sur le subject de la Princesse Marye, qui estoit preste à partir pour aller à l'abbaye d'Anonay, il luy en parla extrêmement. Il fut, au sortir de là, voir la Reyne regnante et puis à l'hostel de St Pol voir la Princesse Marye, avec laquelle il fut plus de deux heures et jusques à minuict. Mad^e la Contesse de St Pol estant dans la ruelle du lict auprez d'eux, Puylaurens luy dit que Monsieur desiroit parler en particulier à la Princesse Marye, tellement qu'elle se retira plus loing dans la mesme chambre, et ainsy il parla à elle seul à seul. A minuict, il alla souper et coucher à l'hostel de Bellegarde.

Mecredi 27. — Le lendemain matin il y eut une presse non pareille à l'aller voir, et il receut extrêmement bien tout le monde, chacun en demeurant très

---

[1] Né en 1602, capitaine des gardes de Marie de Médicis, lieutenant-général de Bretagne, grand maître de l'artillerie, maréchal de France à Hesdin, duc et pair; mort en 1664.

satisfaict, excepté tous les proches de Mʳ le Cardinal de Richelieu, ayant receu fort froidement Mʳ le Marquis de Brézé et Mʳ de la Milleraye, et n'ayant dit chose quelconque à Mʳ le Cardinal de Lyon¹, lequel l'estant venu voir avec Mʳ le Cardinal de La Valette, il mena Mʳ le Cardinal de La Valette dans son cabinet et le laissa là. Quelques'uns asseurent qu'il dit depuis que c'éstoit son chappeau qu'il avoit salué et non pas luy. Il fut aussy assez froid à Mʳ d'Elbeuf². Il caressa fort tout le reste, et, la presse estant extrêmement grande, il dit : « S'il y a quelqu'un que je ne puisse pas, à cause de la presse, embrasser et entretenir ainsy que je le désirerois, qu'il me le pardonne; car j'en suis bien marry. Il demanda à Mʳ d'Espernon sy estant maintenant Bourgeois de Paris, il le vouloit faire eschevin. Il luy respondit qu'il n'avoit pas assez de crédit et qu'il ne seroit plus guères bourgeois de Paris. Monsieur repartit que, s'il vouloit venir à Orléans, il le feroit faire eschevin. De là il fut voir Madamoiselle aux Thuilleryes, à laquelle il ne fit pas grandes caresses. Il estoit lors plus de midy.

Il fut ce jour-là au Louvre, ou Mʳˢ le Garde des Sceaux³ et d'Esfiat le virent. Il fit bonne chère au pre-

¹ Alphonse-Louis du Plessis-Richelieu, frère du ministre, né en 1628, mort en 1653, d'abord chartreux, archevêque d'Aix, de Lyon, cardinal, grand aumônier de France.

² Charles II de Lorraine, né en 1596, mort en 1651, épousa une fille légitimée de Henri IV et de Gabrielle d'Estrées, fut gouverneur de Normandie.

³ Michel de Marillac, né en 1563, mort le 7 août 1632, fils de Guillaume

mier et fort mauvaise au dernier. Il fut voir M⁰⁰ les Princesses Condé, Conty, Soissons; à l'hostel de Guise, où, Madame de Guise n'estant pas, il monta à la Chambre du Prince de Jinville, qui se trouvoit mal. Il fut à la foire S¹ Germain, où caressa tout le monde, mesmes Conseillers de la Cour, gangna 800 pistolles, achepta heures de diamans fort belles, qu'il envoya à la Princesse Marye; la fut voir et fut fort longtemps avec elle.

Jeudi 27. — Monseigneur prend congé des Reynes et de la Princesse Marye à l'hostel de S¹ Pol. On dit qu'il lui dit adieu 3 ou 4 fois, ne la pouvant quicter et l'ayant trouvée à ce voyage beaucoup plus à son gré qu'il n'avoit jamais faict.

Quelques'uns asseurent qu'il la voulut espouser, mais qu'elle ne le voulut pas, disant qu'outre ce qu'elle ne le voudroit nullement, sans le consentement du Roy et de la Reyne, elle aymeroit mieux mourir que d'avoir faict ce tort à M' son père, que leurs Majestez habandonneroient à l'heure mesme.

Voulant aller à cheval jusques à la porte S¹ Jaques et se plaignant au Louvre à M' Seguin ¹ d'un mal de costé, comme on luy conseilloit d'aller en carrosse, il dit qu'il

---

de Marillac, conseiller au Parlement de Paris, garde des sceaux en 1626, auteur des *Codes Michau*, disgracié après la journée des Dupes, exilé à Caen et à Châteaudun.

¹ Je ne sais si c'est Pierre ou Claude Seguin, tous deux médecins illustres et médecins ordinaires du Roi.

aymoit mieux souffrir l'incommodité d'aller à cheval que de mescontenter quelqu'un de ceux qui le vouloient accompagner, dont plusieurs se tiendroient offencez, s'ilz n'avoient place dans son carrosse. Il alla à cheval jusques à la porte S‍t Jaques avec environ 150 chevaux.

A l'instant que Monseigneur arriva, la Reyne mère l'ayant mandé au Roy, qui estoit à Treynel entre Troyes et Fontainebleau, il en tesmoigna très grand sentiment et dit à l'heure mesme : « Mon frère est à Paris. Je veux partir présentement, pour y aller. Nous verrons s'il m'y attendra. » Ce sentiment est remarquable pour ce qu'il n'y avoit lors personne auprez de luy qui le luy peust donner. Il escrivit aussy tost une lettre de deux feuilletz à la Reyne, sa mère, que personne qui l'a veue m'a dit être très courageuse et très bien faicte, et partit pour venir coucher à Fontainebleau, d'où il venoit le lendemain à Paris ; mais sachant que Monseigneur en estoy party il s'arresta.

Maréchal de Créquy [1] avec l'avant garde et les marquis de La Force et de Villeroy, maréchaux de camp, s'avance à Vulpian, M‍r le Cardinal et les Maréchaux de La Force et de Chomberg *(sic)* estant demeurez à Suze.

---

[1] Charles Créqui de Blanchefort de Canaples, mort devant Brême, en 1638, gendre de Lesdiguières, auquel il succéda dans le gouvernement du Dauphiné, maréchal de France en 1621, se distingua sur les frontières d'Italie; ambassadeur à Rome et à Venise. Il a son historiette dans Tallemant.

MARS

Vendredi 1ᵉʳ. — Mʳ le Cardinal séjourne à Suze depuis le 1ᵉʳ jusqu'à l'unziesme et à Caselete, depuis le XII jusques au 18, attendant tousiours l'effet des promesses de Mʳ de Savoye.

Samedi 2. — Princesse Marie menée au Louvre. — logée en l'appartement de Princesse de Conty.

Lundi 4. — Mʳ le Cardinal et Mʳ le Prince de Piémont se voyent.

Jeudi 7. } Les Reynes vont à Fontainebleau,
Vendredi 8. } Troyes, puis à Lyon,

Mʳ le Cardinal, voyant que Mʳ de Savoye n'exécutoit rien de tout ce à quoy il estoit obligé et qu'il promettoit tous les jours, comme mettre bleds dans Casal, au lieu de ceux qu'on luy avoit fourniz à Nice — joindre ses armes à celles de Sa Majesté, mais au contraire etc. (Vid. relation imprimée accompagnant lettre du Roy à Mʳ de Montbazon du 30 mars 1630. — Relation de Pignerol du 23 Mars. — Lettres, déclarations et manifestes de Son Altesse de Savoye examinez) et avoit dessein de ruyner, sans combattre, l'armée du Roy, la faisant avancer sans vivres vers Cazal, et puis luy fermant le passage par derrière etc., ayant pour cêt effect mis touttes ses troupes le long de la Douaire (?), gardant tous les pontz et mettant de grands corps de garde sur tous les passages, M' le Cardinal remande l'avant-garde et donne rendez-vous à touttes les troupes la nuit du 18 au 19 Mars passe la petite Douaire (?).

18. — M' de Savoye, n'ayant ozé attendre, avoit retiré toutes ses troupes à Thurin. M' le Cardinal va à Rivol (?) — de là envoye le maréchal de Créquy investir Pignerol et le suit; ville se rend le 22, et le Château le jour de Pasques. Vide les particularitez dans les pièces cy-dessus, et, au bout de la relation du 23, la capitulation de la ville de Pignerol. Vid. lettre du 1er avril.

M' de Comminges, capitaine au régiment des gardes, meurt de mousquetade à l'espaule droicte, qu'il receut à Pignerol, devant la citadelle, le 24 Mars.

M' le Cardinal Anthoine, neveu du pape Urban 8, et légat de la paix, void M' le Cardinal de Richelieu.

Furieux retranchements faictz devant Pignerol, durant le siège, affin d'empescher que Colletto Spinola et le Duc de Savoye, qui estoient assemblez, ne le peussent secourir.

Vid. lettre du 1er Avril.

Vid. toutes les particularitez du siège de Pignerol dans lettre de Mʳ de la Borderie du 1ᵉʳ Avril.

La place estoit excellente et pouvoit tenir longtemps. Nous n'avons pas eu plus de 100 hommes tuez ou blessez à ce siège.

Mʳ l'archevêque de Bordeaux [1] prend *Fort de Pérouse* à 5 mil de Pignerol, où ne trouva résistense. Il avoit 600 hommes de Champagne et Longuimeau. Ce fort ouvre une vallée confinante au Dauphiné, et Mʳ de Savoye commenceoit à la faire fortiffier. Vid. lettre du 1ᵉʳ Avril.

Pignerol tient en bride les vallées de La Pérouse, Angronyne, Sᵗ Martin, Lunbrie, qui font le quart du Piedmont et sont très fertilles.

Mʳ le Cardinal faict faire très grande fortiffication à Pignerol.

Dernier. — Gentilhomme du D. de Florence vient [2] . . . Mʳ le Cardinal.

AVRIL

Lundi 1ᵉʳ.

4. — Mʳ le Maréchal de Schomberg, avec 9 régi-

---

[1] Henri II d'Escoubleau de Sourdis, né en 1593, mort à Auteuil en 1645, prit part au siège de La Rochelle ; chef du conseil du Roi en l'armée navale.
[2] Illisible.

ments et 18 cornettes, va à Briqueras (à l'entrée des vallées de Lucerne et d'Angrongne qui touchent au Dauphiné par vallée de Lueras), que l'on fortiffie extrêmement. Habitant desdites vallées font serment de fidélité au Roy.

Combat et prise de M*r de S*t *Fréjux* et mort du baron de Conflans etc.

Vid. lettre du 8 avril 1630.

8. — M*r le Cardinal faict sommer Château de Mirebour, assiégé et pris. Il ouvre vallée de Lucerne, du costé de Queras, dont le chemin est plus près d'Ambrun de 2 journées que celluy de Suse et donne moyen de faire tout venir de [1]... où il y a grand magasin et qui est proche de Queras.

Le Cardinal légat, le nonce Panziroli he Massarini et le neveu du Cardinal Spada vont à Pignerol. M*r le Cardinal les loge et traicte magnifiquement.

Ilz tindrent plusieurs conférences sans effect. — Légat demandoit suspension d'armes.

9. — 50 chevaux légers de Briqueras attaquent 400 hommes de pied de Cauvière, en tuent 80.

13. — Masarini, depuis le séjour du légat de Pignerol, y revient faire instance pour suspension d'armes.

[1] Illisible.

14. — le Père Valérien, capucin qui négotie la paix pour l'Empereur, vient aussy à Pignerol vers Mr le Cardinal, aprez avoir conféré à Carmagnolles avec Savoye, Colette, Spinola.

16. — Le légat part de Pignerol, sans avoir rien résolu. Le nunce Penziroli, qui est tout Espagnol, est tout son conseil.

Vid. ses propositions et tout ce que dessus en relation du 18 avril 1630.

Ledit légat vouloit trefve au moins et que l'on cessast fortiffication de Pignerol.

Mecredi 17. — Monseigneur va de Montargis à Troyes, où void le Roy [1], qui luy fit grandes caresses. — Le Père de Gondren et le Père Le Coigneux y estoient allez auparavant, menez par Mr de Bellegarde [2], qui les attendoit à Sens.

Le mercredy 23, Monsieur arrive en poste à Paris. Le conseil, qui y est demeuré, le fut saluer, — en part le 28, y est revenu bien tost après.

Samedi 27. — Premier Président de Champigny meurt.

---

[1] Roges de Saint-Lary et de Termes, duc de Bellegarde (1563-1646), grand écuyer sous Henri III, gouverneur de Bourgogne sous Henri IV, duc et pair sous Louis XIII, premier gentilhomme de Gaston d'Orléans, exilé à Saint-Fargeau par Richelieu.
[2] V. *Mercure français*, 1630, p. 140.

Le Roy arrive à Dijon — Chastiment des mutins. — Changement qu'il faict dans la ville.

Pontestuse se rend laschement.

Marq. de Montausier[1] fait merveilles dans Rossignano.

MAI

Mecredi 2. — Le Roy arrive à Lyon[2].

Mr le Cardinal part de Pignerol; trouve le Roy entre Grenoble et Lyon où va et y demeure 2 jours, pour voir les Reynes.

Mrs de La Force et de Schomberg demeurent en Piedmont, où font gangner vallée et fort de Barcelonne proche de Nice.

La plus part de l'armée de Piedmont va joindre le Roy en Savoye, et Mr de Savoye envoye aussy la pluspart de ses forces de ce costé là. Vid. Lettre du 12 May.

On abbat murailles de Suse, qui estoit de trop grande garde, et le passage se conservera bien avec la citadelle et le fort tirant vers les barricades nommé Montabon.

---

[1] Hector, fils de Marguerite de Châteaubriand, frère aîné du célèbre Montausier, né en 1609, mort le 20 juillet 1635 à la prise de Bormio, se distingua à Casal, où il fut fait colonel.
[2] V. *Mercure français*, 1630, p. 168.

14. — Le Roy entre dans La Savoye, où Chambéry, Anicy, Rumilly, Conflens se rendent sans résistance.

Mʳ de Canaples¹, blessé de mousquetade à travers le Corps, et Chevalier de Chappes au bras pour avoir mal à propoz approché de porte de Chambéry, tandis que lon capituloit.

Extraict d'une Relation accompagnant lettre escripte par le Roy à M¹ de Brissac le 9 Juin :

L'avant garde du Roy estant entrée ce jour, les fauxbourgs de *Chambéry* furent pris sans résistance, et, deux jours aprez, les ville et château se rendirent aux mesmes conditions qu'au feu Roy. Le Roy y fit son entrée le 18, y fut la Pentecoste et, deux jours aprez pourvoit à la justice, police et finances, laisse 200 françois dans le château, 900 Suisses dans la ville soubz Vicomte de Pasquières, gouverneur, y laisse conseil souverain, composé d'un Président, 8 Conseillers et un Procureur du Roy.

Le Roy part le 22. Ville et Château d'*Annicy* se rendent à la veue de l'avant garde. Le 24, *Rumilly* voyant l'armée en bataille, où Sa Majesté estoit, aprez avoir demandé 3 jours, se rend à l'instant. Le Roy y entre. Les Chasteaux de *Clermont*, Les *Alinges* et autres, se rendent à la 1ʳᵉ sommation.

---

¹ Distingué au siège de La Rochelle et fait par Richelieu mestre de camp.

P. Thomas retranché avec 8 ou 9,000 hommes dans *Conflans* à l'entrée du val de la Tarentaise, couvert de l'Izère non guéable et d'une rivière fort rapide venant de vallée de Beaufort, voyant venir le Roy, se retire rompant pont d'Isère, que Sa Majesté refaict, et y entre le 3 Juin, d'où envoye M. de Créqui assiéger Charbonnière et M. de Vignolles, maréchal de camp, prendre Château de Merluna ville de Montmélian et bloquer château soubz le dit Sr de Créquy. — Sa Majesté s'avance dans la Tarentaise. —

Les ennemis ayans laissé 10 compagnies au-delà de St Maurice et du bourg de Cé, qui sont au bout de la vallée, pour asseurer leur retraicte à la faveur d'un torrent qui couppoit le chemin, où ilz estoient encor retranchez, voyans les nôtres se jetter dans le torrent, se sont retirez dans la montagne et par lieux inaccessibles passe le petit mont St Bernard pour descendre dans le val d'Aost. — Le Roy au pied de la montagne faict faire fort de 4 bastions favorisé d'une tour quarrée qui y est pour fermer la Tarentaise contre le Piedmont, ainsy que, Charbonnière pris, on fermera la Morienne contre le Piedmont.

Jeudi 16. — Pouvoir de Monsieur de commander, en l'absence du Roy, aux provinces de [1]... vériffié au Parlement, sans que les Enquestes y assistassent; d'où elles firent rumeur.

[1] Illisible.

21. — Le jeune des Roches Baritant, lieutenant de la compagnie de chevaux légers de son père, tue en duel d'un seul coup St Bonnet, son cornette, à Pignerol.

Ledit jour, à 5 heures et demie du matin, ma femme acoucha à Paris d'une fille baptisée à St Merry le mesme jour, tenue par mon frère de St Nicolas et Madame de Poncarré, qui la nomma Marie.

24. — Le Marquis Spinola [1] commence siège de Cazal.

Savoye. Le P. Thomas, ayant quicté Conflans, fortiffié fort pas de Brianconnet (?), Ne l'ayant ozé deffendre, prend le logement de Moustiers, puis celluy d'Esme et de St Maurice, publie voulloir deffendre celluy de Cez. Le Roy, estant arrivé à Moustiers, envoye des troupes, qui se saisissent d'Esme et St Maurice, et les ennemis quictent aussy Cez, aprez léger combat à une barricade. Cecy se void dans une lettre du Roy à Mr de Montbazon du 7 Juin 1630.

28. — Mr de Montmorency arrive à Pignerol pour commander l'armée du Roy, conjoinctement avec M. le

---

[1] Ambrogio, marquis de Spinola, né à Gênes en 1569, mort le 25 septembre 1630. Commandant général de l'armée espagnole des Pays-Bas, puis du Milanais. Habile diplomate, savant en mathématiques et à la fortification,

Maréchal de La force, au lieu de Mʳ le Maréchal de Schonberg, qui s'en revient.

30. — Mʳ le maréchal de Schonberg part de Pignerol, pour venir retrouver le Roy.

JUIN

Samedi 1ᵉʳ.

Dimanche 2. — Le *Baron* de *Conac*, ayant, il y a quelques années, chez Madᵉ Blondeau, receu un soufflet du *Comte de Maurevel* et l'ayant faict appeller plusieurs fois, sans qu'il se voulust battre à cause des édictz, l'attend avec un nommé Villeneuve soubz le pavillon de l'entrée de la Place Royalle, du costé de la rue Sᵗ Anthoine; et le Comte de Maurevel allant sur les 10 heures en carrosse aux Minimes, accompagné d'un gentilhomme qui estoy à luy, nommé Baugy, Conac crie au cocher d'arrester, lequel au contraire touche. Le comte de Maurevel abbat la portière, se jette, tumbe, se blesse au nez, et son esperon se rompt s'estant acroché à la portière. (Semblable chose arrive quasy à Baugy), met l'espée à la main, blesse un peu Conac au bras, lequel veult passer sur le Comte de Maurevel, qui luy donne de l'espée jusques aux gardes à travers le corps, luy coupant la veine cave, et le Baron de Conac luy ayant porté en mesme temps et percé seullement ses habitz, croyoit l'avoir fort blessé et luy dit : « Demande moy la vye, et rends l'espée ». Le Comte de Maurevel respond qu'il n'estoit pas en cêt estat-là, mais bien luy, et lors Conac, se sentant manquer, luy dit : « Aye donc pityé de moy », et tumba mort.

Baugy, ayant receu un coup dans le ventre et estant fort gras, n'en sentoit rien. Estant chez Mr d'Elbeuf avec le Comte de Maurevel il se sentit foible et en est mort.

Jeudi 13. — Mr de Montmorency, estant party la nuict de Pignerol avec 8,000 hommes de pied, 1,200 chevaux et 4 canons,... petite ville proche de Veillane qui est entre Suze et Pignerol, sur leur passage, et où il y a un château de plaisance et un fort beau jardin, où Mr et Mad{e} la Princesse de Piedmont passent d'ordinaire l'esté, se rend sans résistance. On y met garnison de 200 hommes.

Mr de La Force ayant joinct Mr de Montmorency à Pérussac viz-à-viz de Thurin avec le reste des troupes, excepté ce qu'on avait laissé en garnison dans Pignerol et Bricqueras, Prince de Piedmont quicte Pancallier et mène son armée vers Thurin. Ce que Mrs de Montmorency et de La Force ayans pris pour fuitte résolurent d'aller à Vigon n'y croyans point trouver de résistence (dont Mrs d'Auriac et de Feuquières n'estoient d'advis) et renvoyèrent leurs 2 gros canons à Pignerol, gardans seullement 2 couleuvrines.

Dimanche 16. — Suivant ceste résolution, on va vers Vigon et en mesme temps le Prince de Piedmont ramène ses troupes vers Pancallier en nous costoyant; estant arrivez à portée du mousquet de Vigon, on met les troupes en bataille, et ayant trouvé résistence inespérée, pour ce qu'il estoit entré dedans ce jour-là un régiment et 3 ou 4 cornettes, les régimens de Piedmont et Phalsbourg gangnèrent assez aisément le fauxbourg, Phalsbourg ayant tué 5 ou 6 cavalliers de 2 cornettes de cavalerye, qui le venoient recevoir. Mr de Feuquière[1], maréchal de camp, recognaissant tout contre les murailles du costé de Piedmont, trouve des fortiffications de gazon d'environ 15 pieds de hault assez bien flanquées. Le Marquis de La Force[2], autre maréchal de camp, recognut aussy du costé de Navarre et Phaslbourg; sur cela et advis que le Prince de Piedmont avec IIm chevaux estoit à Violia, à une petite lieue de-là résolu de se retirer. Mr de Feuquière faisant la dite retraicte, Desroches, capitaine au régiment de Piedmont, neveu du Maréchal de Marillac, fut tué, et

---

[1] Manassis Pas de Feuquière, né en 1590, mort à Thionville en 1640. Gouverneur de Vic, lieutenant-général à Metz et à Toul, négociateur en Allemagne.

[2] Fils du maréchal de France Jacques Nompar de Caumont, duc de la Force, né en 1580, mort en 1675, suivit son père dans plusieurs expéditions; duc et pair en 1652, maréchal de France même année.

Guébrian, autre capitaine, blessé de mousquetade à la joue; peu de soldatz tuez, l'ordre de la dite retraicte estant fort beau.

Le mesme jour, l'armée alla loger à un mil de Vigon à C   , dont le château se rendit. On y séjourna un jour, et on y laissa un capitaine de Sault avec 60 hommes. Au desloger le Prince de Piedmont costoya nos troupes, sans autre combat que de Videran, capitaine de Carabins, qui perdit son cornette et un de ses compagnons, ayant bien autant tué des ennemis.

Lundi 17. — Le Roy estant revenu à Chambéry le 14, puis à Grenoble, arrive à Lyon le 17 accompagné de C. de Soissons, Guise et Jinville. — M^r le Cardinal, Mr de Schomberg et M^r d'Effiat arrivèrent le soir. — Grand Conseil. — Résolu de passer en Piedmont. — M^r le Cardinal faict protestation au contraire pour ce qui regarde la personne du Roy, qu'il dit ne falloir hazarder.

Vendredi 21. — M^r le Cardinal et Mr de Schomberg partent de Lyon.

Charbonnières avoit lors esté rendu; leur cisterne avoit manqué d'eau.

Le Gouverneur *d'Oranges*, que l'on tenoit avoir traicté avec le Roy, est assassiné dans la ville par [1]

---

[1] En blanc.

hommes armez conduictz par le Com`<sup>re</sup>` que le Prince d'Oranges y avoit envoyé sur la deffience qu'il avoit du dit gouverneur.

Samedi 22. — Le Roy part de Lyon, va à Grenoble.

Mecredi 26. — Les Savoyards, avec 800 hommes de pied et 15 cornettes de cavallerye, attaquent et surprennent dans Briqueras [1] nos gens qui faisoient mauvaise garde; mais s'estans réveillez les repoussèrent furieusement. St Orse ayde de camp, y commandoit. Aspremont y fut tué, etc.
Vid. lettre de La Borderie du 8 juillet 1630.

Samedi 29. — Le Roy part de Grenoble (où M^r le Garde des Seaux arrive), va coucher à Gonselin, et le 30 à La Rochelle, en Savoye.

Cependant on résolut le blocus de Montmélian, où Sa Majesté a laissé 8 compagnies des Gardes, 3 des Suisses, le régiment de Chastellaire Barlot et la compagnie de chevaux légers de Moulinet, M^r le Maréchal de Chastillon et Mr de Vignolles, maréchal de camp.

JUILLET

Lundi 1er. — Le Roy visite Charbonnières, où laisse gouverneur La Mollière, gouverneur de Ville-

---

[1] *Mercure français*, 1630, p. 631.

neux, couché à Aiguebelle, où [1] Princes et Ducs réveillent la question des logemens contre les maréchaux de France, en faveur desquelz le Roy juge durant la guerre.

Mardi 2. — Le Roy couche à Argentine, à une lieue d'Aiguebelle, où se trouve un peu mal, à cause des grandes chaleurs. Là M^r le Cardinal et Mr de Schomberg prirent congé d'elle et vont coucher à La Chambre où firent l'ordre pour exécuter la résolution de lever 10 ou 15 régimens et autant de compagnies de chevaux légers, pour rafraischir l'armée dans 2 mois.

Mecredi 3. — Le Roy se purge. M^r le Cardinal, Mr de Schonberg et M^t d'Esfiat vont coucher à St Jan de Morienne, et, à un quart de lieue de là, rencontrèrent le Massarini; à cause qu'il estoit 8 heures du soir, n'y eut que complimens.

Jeudi 4. — M^r le Cardinal, quoyqu'indisposé, void le Massarini, prie Mr de Schonberg de s'assembler avec luy, M^r le Cardinal de Bagny, M^r d'Esfiat et Mr de Chasteauneuf. Le Massarini ne propose rien pour l'accommodement; parla seullement des troupes des ennemis, et ainsy sembla bien plus esloigné de la paix qu'à son dernier voyage.

[1] Inachevé.

Vendredi 5. — Mrs de Schonberg et d'Esfiat vont entre St Jan et Larebourg recognoistre un endroict, pour faire un fort nécessaire à garder un passage.

Mr d'Esfiat passe en Piedmont, avec qualité de lieutenant général (aprez Mrs de Montmorency et de La Force).

Le Massarini retourne, laisse mémoire signé de luy, portant que le Roy remette les choses en l'estat qu'elles estoient, et que l'Empereur et le Roy d'Espagne feront de mesme. Mais la question est sy cela se doibt faire et qui commencera — dit au Roy, de la part du Marquis mille biens de Mr de Thoiras.

Ledit jour, Mr de Montmorency arrive prez du Roy, pour scavoir ce qu'il feroit lors que, les 2 armées seroient joinctes; il trouva un courrier qui luy portoit son instruction.

Samedi 6. — Il s'en retourne en dilligence, touttes les troupes ayans passé le Mont Senis.

On tient que le Roy faict fournir 1 m{ns} (?) de livres au Roy de Suède et autant aux Hollandois.

Mardi 9. — Mr de Montmorency et Mr d'Esfiat menans X{m} hommes de pied et 800 chevaux, pour grossir l'armée de Piedmont, les chasteaux de St Jouars et St Ambroise se rendirent sans résistance. Tiennent conseil de guerre, où vint Mr le Maréchal de La Force; résolu que ladite armée s'iroit joindre, à Javenne à celle qui y estoit désia; que pour cêt effect on décamperoit ceste mesme nuict de S¹ Ambroise, mettant l'armée en bataille au pied de la montagne et faisant défiler troupe à troupe.

Mecredi 10. — Le Prince de Piedmont, venu à Vigliano avec ses meilleures troupes et celles que le Marquis Spinola luy avoit envoyées pour s'opposer à notre passage, voyant notre ordre des lieux les plus eslevez de ses retranchements, fit trois corps outre la face de ses retranchements garnie. En mesme temps que nos Suisses, Liégeois, La Meilleraye, Janson et S¹ Forgius eurent défilé et que notre cavalerye légère parut dans la montagne à leur suitte, ces 3 corps du Prince de Piedmont se mirent en ordre; le plus grand suivy des deux autres sortant d'auprez d'une Église, prit à main gauche, pour venir passer un ruisseau qui vient des lacs de Vigliano et se va rendre dans la rivière de Doire. Le pont ne suffisant à passer, partye prit à gauche à gué à travers le ruisseau, ayant l'eau jusques aux genoux. Le pont et le gué passez, ceux qui avoient pris à droicte forment dans un champ deux bataillons et un grand esquadron de cavalerye et advancent.

Ceux de main gauche, tenans par la prairye forment un bataillon, sans former d'esquadron, estans suiviz seullement d'une compagnie de cavalerye, et viennent très bien à l'escarmouche, le long des hayes et furent fort bien soustenuz. De l'autre costé fut le grand effort, et commençoit à y avoir quelque désordre parmy notre infanterye, qui estoit restée partye en un lieu estroict; mais ayant par bonheur esté résolu le jour précédent, bien qu'il y eust de grandes raisons du contraire, que les compagnies de Gendarmes de la garde du Roy de Monsieur de Nouailles et les chevaux légers de la garde du Roy demeureroient à la retraicte, M^r d'Esfiat, qui y estoit aussy demeuré avec Mr de Montmorency; ou de les presser, suivant le desseing du voyage, ou d'arrester promptement les troupes pour combattre. Mr de Montmorency choisit le dernier, se mit à la teste des Gendarmes du Roy, et M^r d'Esfiat à celle des chevaux légers, et, avec 200 chevaulx soustenuz de leur infanterie, deffirent 5,000 hommes de pied et 1,200 chevaulx, tuèrent 800 hommes sur la place et prirent 200 prisonniers, entre lesquelz y avoit plusieurs chefz et le duc de Veillano, frère du duc Doria, que Mr de Montmorency prit de sa main, aprez luy avoir donné 2 coups d'espée; il se plaignit que le Marq. de Ville, général de leur cavallerye militaire, ne l'avoit pas soustenu, et de faict, la cavalerye de main gauche, qui estoit dans la prairie, se retira, sans soustenir le choc ny favoriser la retraicte des siens, et l'on ne sçauroit mieux venir au combat ny mieux faire que firent les ennemis.

(On a sceu depuis que les ennemis y ont perdu 1,800 ou 2,000 hommes, et que le régiment d'Allemans de Galasse (venu de Mantoue), réputé le meilleur d'Allemagne, lesquelz firent merveilles et tous venuz au combat l'espée à la main, y fut entièrement deffaict, dont Walestin, qui aymoit passionnément ce régiment, recent un extresme desplaisir.)

Mʳ de Montmorency estoit armé de touttes pièces, excepté le bras droict; il receut beaucoup de coups de mousquet, de pistolet et d'espée sur ses armes, et seulement une esgratigneure à la lèvre. Mʳ d'Esfiat fit aussy très bien et eut son cheval blessé. — Mʳ le Comte de Cramail [1], maréchal de camp, receut 12 ou treize mousquetades dans ses habitz, sans estre blessé. Mʳ des Forges, aussy maréchal de camp, fit aussy très bien. Il estoit aux mains avec ceux de main gauche, qui avoient faict habandonner à nos gens une maison, où il y avoit 200 mousquetaires. Elle fut regagnée à coup d'espée. On tient que nous perdismes à ce combat environ 100 ou 150 hommes et entr'autres l'Isle, Sérillac et le jeune Vesly. (Lettre du Roy à Monsieur porte que le Sʳ de *Marolles* fut tué).

Drouet et Savignac furent blessez, et le jeune De Montz de Provence eut un bras et une jambe cassez de mousquetades. Nous y gangnasmes 17 drappeaux et 2 ou 3 cornettes, qui furent apportez au Roy le 14 par le Comte de More.

Le Roy escrivit aussi tost à la Reyne, sa mère, l'ex-

[1] Adrien de Montluc, comte de Cramail, prince de Chabanais, né en 1588, mort en 1646, petit-fils du maréchal de Montluc, gouverneur du comté de Foix, mis à la Bastille par Richelieu, y resta douze ans; s'occupait de littérature.

tresme contentement qu'il recevoit du service que Mʳ de Montmorency luy avoit rendu et la prioit de le tesmoigner à Madᵉ de Montmorency, à laquelle Mʳ le Cardinal et Mʳ le Premier (Sᵗ Simon) escrivirent, pour se resjouir avec elle. La lettre de Mʳ le Premier porte qu'il y avoit 14,000 hommes de pied et 4,000 chevaux dans Veillano; que celles de nos troupes, qui restoient à passer, estoient 4 compagnies du Régiment des Gardes [1], le Régiment de Picardie et la moictyé de Normandie. (La relation imprimée adjouste Rambures). Les compagnies de gens d'armes du Roy de Monsieur de Nouailles et la compagnie de chevaux légers de la Garde du Roi, faisans en tout 3,000 hommes de pied et 300 chevaux; que Monsieur de Montmorency estant à la teste des gens d'armes du Roy sauta un fossé, pour aller attaquer les ennemis, sans que personne le suivist que Soudelles, son capitaine des gardes, les autres ne pouvans passer le fossé, et, s'estant meslé parmy les ennemis, nostre cavallerie ayant passé incontinent aprez l'alla desgager fort heureusement etc; que le cheval de Mʳ d'Esfiat a receu 2 mousquetades.

Dimanche 14. — Le Prince de Galles, né le [2]. . . . . est *baptisé* — nommé Charles Frédéric, au nom du Roy par le duc de Lenox, qui néantmoins n'en

---

[1] La lettre du Roy à Monsieur porte 8 compagnies du Régiment des Gardes. (Note d'Arnauld d'Andilly.)

[2] Fils de Charles Iᵉʳ et d'Henriette de France, né le 29 mai 1630, mort le 6 février 1685.

avoit procuration, cet expédient ayant esté trouvé pour contenter Mʳ le Nunce, qui ne pouvoit aprouver que le Roy envoyast procuration pour assister en son nom à une cérémonie, qui se faisoit dans un temple et par un Evesque Protestans. Montagu (venu trouver le Roy pour luy dire la nouvelle de l'acouchement de la Reyne et le prier d'estre parrain) escrivit à son maistre que le Roy trouvoit bon qu'il choisist pour le représenter, et cela se fit ainsy.

Le Marquis d'Amilthon représentait le Roy de Bohême ; 2 parrains suivant la coustume d'Angleterre, et la Duchesse de Richemond la Reyne, mère du Roy.

On avait parlé d'envoyer Mʳ de Lyancour ambassadeur extraordinaire pour faire compliment sur la naissance du Prince ; mais cela a esté rompu par Mʳ de Chasteauneuf, à ce que l'on dit pour obliger Mʳ de Fontenay, ambassadeur ordinaire, qui eust esté preceddé par un ambassadeur extraordinaire, et Mʳ *d'Esguilly* y est allé, seullement en qualité d'envoyé.

Monsieur y a envoyé Mʳ de   pour le mesme subject.

Madame de K   , Escossoise, est gouvernante du Prince de Galles.

Jeudi 18. — La nuict du mercredy au jeudy 18, *Mantoue* surpris. — Le 19, Mʳ de Mantoue capitule dans Porto et sort.

Vid. 3 relation et les articles de la capitulation, qui

sont ensemble, Striggy et Martruelli estoient mortz de peste.

Sans la prise de Mantoue la paix estoit faicte. Le Mazarini en apportoit les articles à Mʳ le Cardinal, pour les signer, lorsqu'un courrier de Collotte, qui l'ateignit à Vigliano, le fit retourner.

Vendredi 19. — Mʳ d'Elbeuf, estant revenu de Picardie 3 ou 4 jours auparavant, fut saluer Monsieur, qui luy fit fort mauvaise mine; à peyne le regarda; il le laissa dans sa chambre et mena dans son cabinet Mʳ de La Rochefoucault, son ennemy déclaré. Ensuitte, le dit vendredy 19, au soir bien tard (à 7 ou 8 heures), le Comte de Brion l'alla trouver chez Mʳ de Choisy et l'appella pour le Chevallier de Senetaire, lequel entra à l'instant et luy dit qu'il ne vouloit point d'esclaircissement (sur ce que Mʳ Elbeuf disoit vouloir sçavoir le subject), mais le vouloit voir l'espée à la main. Mʳ d'Elbeuf respond que ceux de sa qualité n'alloient pas ainsy; l'autre réplique qu'il ne debvait ce respect qu'aux seulz princes du sang, etc.

Voilà comme quelques'uns le comptent. Mʳ d'Elbeuf dit n'avoir nullement esté appellé, mais que le Comte de Brion l'ayant supplié de luy dire s'il avoit dit que le Chevallier de Senetaire fust un assassinateur, il luy avoit respondu qu'il ne parloit jamais ainsy des gentilzhommes; ce qu'il ne disoit point pour satisfaire le chevallier, luy estant fort indifférent ce qu'il en creust; que sur cela le chevallier s'avanceant dit qu'il estoit fort aise qu'il n'eust point parlé ainsy de luy. A quoy il avoit respondu qu'il avoit dit ce qu'il venoit de dire, pour ce qu'il estoit vray, et non pour le contenter, luy estant fort indifférent ce qu'il en creust.

Monsieur dit qu'il ne vouloit plus que l'on parlast de tout cela, et M^r d'Elbeuf ayant esté prendre congé de luy, pour retourner en Picardie, il luy fit assez bonne mine; mais il avoit auparavant faict faire des vers, disant que M^r d'Elbeuf avoit esté appellé et n'avoit voulu y aller.

Ce jour, le Roy, à St Jan de Morienne, eut de l'émotion. Il avoit eu deux ou trois petitz accez, qu'il avoit celez. Il fut seigné, et cela se passa.

SUITTE DE LA GUERRE DE PIEDMONT

Mr de Montmorency s'estant joinct à M^r de La Force aprez le combat de Veillano, et ainsy toutes les troupes du Roy estans ensemble, elles partent de Javenne et faisans chemin à travers les montagnes, les ennemis se trouvans en présence au pas de Cumiano où Mr de Feuquière faisoit la retraicte et fut 28 heures à faire une lieue, à cause des bagages, ilz n'ozèrent rien entreprendre. — On séjourne à Cumiano depuis le 12 jusques au 14. — Le 14, on loge à Macel; le 17, on en part envoyant tous les malades et blessez à Pignerol, où la peste avoit esté furieuse et estoit encor grande, et on va camper entre Briqueras et Bibiane.

Le 18, l'armée s'avance jusques à une mousquetade de Ruel, où l'on fit rendre un petit château.

Le 19, on arrive de bonne heure aux fauxbourgs de *Salusses*, que l'on prend d'abord. Quant à la ville, y ayant dedans 4 ou 500 hommes de guerre, et le canon n'estant arrivé, elle ne se rendit que le lendemain, 20 à midy, aprez qu'il fut venu ; ce qui fut cause de faire tuer aux aproches *Valliraux*, capitaine au Régiment de Champagne et *Chauvey*, capitaine en celluy de Navarre, au lieu de S¹ Germain mort de peste. M⁺ de Feuquière y entra avec le Régiment des Gardes, sur les 2 heures aprez midy, le peuple tesmoignant une extresme joye de se voir soubz la domination des François et criant : « Vive France ! »

Les susdits gens de guerre se jetent dans le château. La prise de ladite ville rafraischit extrêmement notre armée.

Le 22, canon tiré contre le château ; aprez 50 ou 60 coups, brèche. Les nôtres entrent jusques au milieu de la place. Ennemis, qui estoient 300, se rendent à discrétion. On retient les principaux prisonniers ; on donne la vye aux Soldatz.

Samedi 27. — Le Roy part de S¹ Jan de Morienne, où la cour estoit effroyablement incommodée ; va coucher à Barrault. M⁺ le Cardinal et M⁺ le Maréchal de

Schomberg demeurent à S¹ Jan de Morienne et M' de Châteauneuf avec eux.

Le dessein, en prenant Salusses, estoit, outre les rafraischissements qu'on en tire, de s'en servir pour passer le Pô et aller au secours de Cazal. On a escript que Spinola, laissant son filz au siège de Cazal, estoit venu avec ses meilleures troupes pour joindre duc de Savoye et l'empescher.

Aprez la prise de Salusses, l'armée ennemie se retire vers Savillan. (Nos troupes qui passoient à Suze luy donnans jalousie).

Vrezelles et le fort de Sainct Pierre se rendent après la prise de Salusses; ce qui espargne 15 jours de fatigue à notre armée.

De peur d'infecter Salusses, d'où nous tirions de grands rafraischissements, on en faict desloger nos troupes, y laissant en garnison M' de La Tour avec son Régiment et dans Vrezolles et le fort S¹ Pierre 4 cornettes de cavallerye et 400 hommes de pied.

Jeudi. — Mort du duc de Savoye Charles Emanuel [1] à Savillan de fiebvre maligne, avec resverye continuelle, dont ne fut malade que 3 jours, qu'il gangna à l'embouchement qu'il fit avec le Marquis Spinola prez Pontes, au siège de Cazal.

1 Richelieu, *Mémoires*, p. 238.

On tient qu'il se saisit du regret de la perte de Mantoue, jugeant que c'estoit la sienne.

Travail de la mine dans le roc, sur lequel est Montmelian.
Vid. lettre du 31 juillet 1630.

Savignac, l'un de nos maréchaux de camp, tué par un de nos soldatz devant Montmelian, faulte d'avoir l'ordre.

Le 26 Juillet, le chauld estant très grand, et un couvreur, qui travaillait au clocher de la Ste Chapelle estant allé gouster, il laissa du feu qui se prit à sa soudure, à sa poix résine et de là à toutte la couverture, qui fut entièrement bruslée.

Le plomb fondu couloit comme de la pluye. Par l'ordre qu'on y donna, le feu ne passa point la voûte. Mr de Montbazon, comme Gouverneur de Paris, y fut et fut un peu blessé à la main. Il ne se trouva point de crocqs à l'hostel de ville ny de seaux. On en fut quérir 5 ou 600 aux halles, et on fit dans la cour du pallais deux grands trous, que l'on emplissait de l'eau de la rivière. Mr Prévost, chanoine de la Ste Chappelle, fut un de ceux qui entrèrent, pour sauver les reliques qui ne furent point gastées. Le Trésor des Chartes est dessus la sacristie; on craignoit extrêmement pour cela.

En la conférence, qui se devoit tenir pour quelques affaires contentieuses entre le Roy et Mʳ de Lorraine, Sa Majesté avoit nommé pour Commissaires Mʳˢ de Roissy (?), de Bisseaux et Mʳ le Procureur Général.

AOUST

Jeudi 1ᵉʳ. — Le Mazarini, arrivé le 3 à Sᵗ Jan de Morienne prez Mʳ le Cardinal, luy apporte la nouvelle de la prise de Mantoue, dont on fit des feuz de joye dans l'armée de Mʳ de Savoye, encores que le feu Duc en soit mort de regret.

Il y a eu de grandes parolles touchant l'admirauté de Levant entre le Roy et Mʳ *de Guise*, qui en trouva Sa Majesté fort instruicte, et luy parlant avec beaucoup de respect ne laissa de tesmoigner ses sentimens.

Idem, Mʳ le Maréchal *de Créquy* sur ce qu'on luy vouloit faire commander à une armée en Piedmont autre que la principalle, et il a envoyé son filz dire ses raisons à Mʳ le Cardinal, le Roy l'ayant ainsy voulu.

Lundi 5. — Le Roy, qui attendoit à Barrault avec impatience des nouvelles de Mʳ le Cardinal, affin de partir pour aller à Lyon, en ayant receu le dimanche fort tard et en advis que Mazarini estoit retourné en Piedmont et avoit demandé jusques à l'XIᵉ pour apporter une résolution finalle, Sa Majesté, dez le lundy, va à Grenoble et de là, en deux jours à Lyon.

GUERRE DE PIEDMONT

Aprez la prise de Salusses, l'armée va à Prevel, prend la ville, mais n'attaque le château, qui pouvoit tenir longtemps.

Aprez la mort du duc de Savoye, son armée, accablée de mille sortes d'incommoditez et encor plus que la nôtre, se desbande fort. Tous les François, Liégeois, Lorrains, Montferrains et beaucoup de Savoyards quictent le nouveau Duc, non seullement les soldatz, mais les principaux officiers. Tous ceux des régimens du Prince Thomas et de Fleury se rendent à notre armée, environ le 6.

(M^r le Marquis d'Esfiat s'abouche avec l'abbé de La Mante).

Sur les adviz que les nôtres eurent que l'armée du Duc de Savoye ainsy affaiblie avoit esté contraincte d'habandonner leurs quartiers et même leur camp de Poncallier et s'estoit logée en des quartiers sy esloignez et sy séparez qu'il seroit malaisé qu'elle se peust promptement rassembler, on résolut de partir de Ruel, et, le mesme jour, Mr de Montmorency avec l'avant garde s'avance à Villefranche. — M^r de St Fréjux, avec sa seulle compagnie de carabins, prend la ville;

150 hommes de soldatesque qu'il y avoit dedans s'estans jetez dans le château, qui est assez bon. — Sur ce temps, Mᵣ le Maréchal de la Force arrive avec le corps de bataille, et lors Mᵣ de Montmorency pousse jusques à Pancallier, qu'il prend sans résistance.

Mᵣ de Fenquière, avec l'arrière-garde, qui avoit esté retardée par l'embarraz du canon, estant arrivé à Villefranche, on bat le chasteau, qui se rend le lendemain aprez 20 ou 30 coups de canon. Cependant une partie de ce qui estoit à Pancallier s'avancea à Carignan avec Mᵣ le Marquis de La Force. Les trouppes Espagnolles, qui le gardoient ayans lasché le pied, il y passe la nuict; en estant sorty sur un ordre qu'il receut de retourner à Pancaillier, les ennemis y reviennent. Comme il est à moictyé chemin, il reçoit ordre d'y retourner à toutte bride. Mᵣ de La Trimouille s'avance avec quelques compagnies de chevaux légers et carabins, pousse la cavalerye des ennemis, leur faict quicter leurs bagages, les suit jusques au pont, où ilz s'arrestent à la faveur de leur infanterye, et Mᵣ De La Trimouille n'en ayant point ne les en peust chasser et est blessé d'une mousquetade au genouil, dont il est estropié. La Roque et Mallebault et autres y figurent bien. Estant de retour à Carignan, le château se rend.

Miraumont, lieutenant-colonel du Régiment de Picardie, estant arrivé avec quelques soldatz, pour assister notre cavallerye passe jusques au pont et s'en rend maître; mais n'ayant assez de gens, il ne le peut conserver, et, laissant seullement un sergent et 30 soldatz pour garder le château de Carignan, se retira avec la cavallerye à Pancaillier, d'où les nôtres n'avoient pu partir, à cause qu'il falloit pourvoir à la conservation de la place, qui estoit très importante, et attendre, Mr le Maréchal De La Force demeure avec la bataille et l'arrière garde au siège du château de Villefranche, qui ne fut pris que le mesme jour.

Aprez le départ des nôtres, les ennemis reprennent la ville de Carignan avec les régimens de Longjumeau, Du Plessis Praslain et quelques compagnies de cavallerye ; aprit par quelques coureurs, des ennemis qu'il batit que 15 ou 16 cornettes et 1,500 ou 2,000 hommes de pied des ennemis avoient passé le pont et estoient dans Cariguan, dont il donne adviz à Mr de Montmorency ; ce qui fut cause que Mr le Marquis d'Esfiat, avec de la cavallerye et partie des régimens restans de l'avant garde, s'avance pour soustenir le M^{al} de La Force.

Les ennemis se retirent au pont et les nôtres se logent dans Carignan.

Le jour mesme, Mr le Maréchal De La Force, avec le reste de l'armée, arrive à Pancallier.

Le lendemain matin, Mr de Montmorency, avec le reste de l'avant-garde, 2 régimens de la bataille et partie des gendarmes, va à Carignan. En mesme temps l'armée entière des ennemis passe le pont et se vient loger à la teste de deça sur le bord de la rivière, lève quelques planches dudit pont plus proches de notre rive, faict des tranchées de long du bord de la rivière, dans lesquelles elle loge son infanterye et son canon, pour oster aux nôtres tout moyen de rien entreprendre sur ledit pont, et, le mesme jour, commence au-devant dudit pont, de nostre costé, un grand travail, qui enfermoit assez de terrain, pour contenir leur armée à couvert entre le pont et leurs fortiffications.

Mardi 6. — Combat de Carignan.
Vid. lettre et Relation imprimée cy attachées :

[On lit au dos de la lettre écrit, de la main d'Arnauld d'Andilly :]

8-9 Aoust 1630.

Mon Cousin de la Boderie.
Combat de Carignan.
R. 26 Aoust.

[La suscription porte :]

A Monsieur,

Monsieur d'Andilly, con^{er} du Roy
en ses conseilz d'Estat et Privé

A Pomponne.

De Carignan, ce huitiesme aoust 1630.

Monsieur,

Mes dernières partirent de Revel avec Monsieur Du Verger qui me promist au cas qu'il ne peust passer si tost à Paris de vous les envoyer seurement; par elles je vous mandois l'affaire de la prise de Salusses, et l'attaque de Revel, duquel nous avons la laissé le chasteau parce que c'estoit un siège d'une longueur *(sic)* qui eust empesché de faire prendre un plus court et plus utile chemin dans les affaires, comme vous verrez qu'il en a réussy. Je vous mandois — se me semble qu'il y avoit apparence que la mort du duc apporteroit changement advantageux pour nous, jusques icy elle na faict qu'esbransler pour la paix, et néantmoins selon l'abouchement de Mr d'Esfiat avec l'abbé de La Mante, il y a apparence que le nouveau duc viendra avec nous à Cazal, et d'ailleurs elle n'a pas peu contribué au desbandement de son armée d'ou tous les francois liegeois lorrains et montferrains et beaucoup de Savoyartz se retirent non pas seullement les soldatz mais les principaux officiers, tous ceux des Régimentz du Prince Tomas et de Fleury se sont renduz depuis deux jours. Ilz ressentent encor plus que nous les incommoditez de la maladie et sont tout a faict dans la disette. Sur les adviz que nous en eusmes et que leur armée avoit esté contraincte de quitter leurs postes ordinaires et mesmes d'abandonner entierement le camp de Pancallier et quelle s'estoit logée en des quartiers si loing et si séparez qu'il seroit malaisé qu'elle se peust rassembler en peu de jours, on résolut de partir de Revel et le mesme jour Monsieur de Montmorency s'advancea avec l'avant garde à Villefranche. Monsieur de St Fréjux prist avec sa compagnie seulle la ville, mais ce quil y avoit de soldatesque qui estoit environ cent cinquante hommes se jettèrent dans le chasteau qui est assez bon, sur ce temps le corps de bataille arriva avec monsieur le Mar^{al} de La Force et lors sans s'arrester monsieur de Montmorency poussa jusques à Pancallier et le prist sans y trouver personne qui résistat. Monsieur de Feuquière qui commandait l'arrière-garde qui n'avoit peu suivre à cause de l'embarraz du canon estant arrivé à Villefranche on attaque le chasteau et fut pris le lendemain aprez vingt ou trente coups de canon. Cependant une partie de ce qui estoit à Pancallier s'advancea à Carignan avec Monsieur le Marquis De La Force il le trouva gardé par les trouppes Espagnolles qui lâchèrent le pied. Aprez y avoir passé la nuict il eust ordre de s'en retourner à Pancallier, et estant sorty les ennemyz y revinrent et il receut ordre à moictié chemin d'y retourner à toute bride. Monsieur De La Trimouille s'advancea donc en diligence et fut blessé, les ennemyz se retirèrent encor et demeurèrent à la teste du pontz de l'autre costé de l'eau ou ilz avoient faict des retranchementz, on est demeuré ainsy quelques jours qui se sont passez sans combat que de quelques légeres escarmouches d'un costé de la riviere à l'autre; enfin toute l'armée estant arrivée à Pancallier on fit encor filler quelques trouppes à Carignan avec Mons' de Montmorency. La nuict les ennemyz passèrent le pont et se vinrent loger à la teste de deca ou ilz commencent à se retrancher puissamment; on les a laissé travailler deux jours et demy enfin toute l'armée estant arrivée hier icy, le conseil se tint et il fut trouvé que par point d'honneur nous étions obligez à les chasser de la; la résolution estant prise on donna en mesme temps les ordres de l'attaque et une heure apprez quatorze cents hommes choisyz des Gardes, Picardie, Piedmont, Navarre, Champagne, Normandie et Phalzbourg furent ordonnez pour les aller seullement recongnoistre attendans que lon peust loger le canon pour les attaquer tout de bon mais l'humeur françoise qui nous permet que le semblant d'estre sages fist qu'ilz sen allerent tout a la course dicy au retranchement des ennemyz ou il y avoit huict centz Espagnolz naturelz commandez par trois M" de camp, et quelques napolitains furent la teste baissée sans voir une mousquetade jusques au bord du fossé qu'ilz trouverent profond d'une picque sans que cela ny les belles salves que les ennemyz tiroient ny leurs canonnades qui venoient de l'autre bout du pont empeschassent noz gentz de passer et de les poursuivre jusques par dela le pont en tuant et noyant de sorte quil demeura dans les retranchementz et dans l'eau ou sur le pont plus de trois centz castillans et cinquante ou soixante prisonniers entre lesquelz, il y a un collonel et quatre ou cinq alfiers, jamais escarmouche ne fut plus chaude et néantmoins nous n'en sommes jamais sortiz a meilleur marché car dans l'éxecution nous ne perdismes pas dix hommes nous avons quarante ou cinquante blessez. Monsieur de Bouteville a eu une mousquetade à la cuisse assez favorable. Un capitaine de Vaubecour a este blessé qui est celuy qui deffendit si bien Bricqueraz; voila les blessez de remarque, Argencourt l'est aussy un peu a la fesse, aprez que nous fusmes maistres du pont la nuict survint et incontinent on commencea de travailler a rompre le pont. Monsieur de Feuquière y commandoit ou nous n'avions pas peu d'apprehension pour luy et il faisoit plus périlleux qu'au combat; enfin nous avons passe la nuict et sur le poinct du jour on a faict jouer un petart et a on rompu et bruslé le pont et cela faict nous sommes venuz nous rafraischir et essuyer la poussière et le sang. On a laisse seullement un corps de garde a la teste du retranchement.

Voyla le combat de Carignan dont vous aurez incontinent la relation faicte par le secretaire de Monsieur d'Esfiat dans laquelle de quelle facon quil soit rapporté vous le pouvez juger pour une des plus belles choses qui se soit faicte il y a longtemps et c'est une des actions que les françois ayant jamais faicte ou il y a moins à trouver à redire fors le trop de challeur, qui fist que tous les corps allèrent pesle mesle au combat sans avoir esgard à l'ordre d'attaquer ou de soustenir les trouppes espagnolles quoy que vieilles n'ont pas subject de se moquer des Allemands car encor qu'ilz se soient assez bien deffendus du mousquet, ilz n'ont rien faict qui vaille ven les bons retranchementz qu'ilz avoient ou des françois comme ceux qui les ont attaquez et comme ceux qui deffendirent Bricqueraz eussent soustenu leffort de cent mille hommes plus longtemps quilz nont faict la fougue de quatorze centz — enfin lés espagnolz sont venuz apprendre à nager dans le Po', et cela a rendu nos soldatz si gascons d'avoir battu les originaux des rodomontades que depuis ilz n'ont cessé d'en faire et cette action les a tellement mis en halleine quon les feroit courir si on voulait jusques à Cazal sans que rien les peust arrester. — Monsieur de Saint Simon menoit les enfans perduz de cette action luy et le Comte Charo' firent fort vaillamment et pour dire toute personne n'a esté remarqué avoir mal faict en cette occasion ou Manassé (M. de Feuquière) n'a pas esté peu remarqué des Cap^{nes} nostre petit vicomte de Courval tousiours aussy hardy et heureux que de coustume estant des plus advancez eust son espée couppée d'un coup de canon par le milieu l'ayant à la main et celuy a qui il parloit fut tué du mesme coup, pour vous faire mieux voir la force du retranchement je vous le vays figurer de l'autre costé.

Il vient d'arriver un trompette qui est venu recongnoistre les mortz et les prisonniers duquel nous avons apris quilz ont perdu bien plus grande quantité de gentz quil n'en est demeuré sur la place tellement quil fault que la riviere les ayt emportez et il dit quil leur manque force gentz de qualité; outre cette perte cinq ou six centz allemandz qui voulurent passer dans des chaloupes plus bas pour nous escarmoucher par derrière se noyerent.

Du 9me aoust.

Nous avons encor couché cette nuict en garde au lieu ou se fist le combat toute la nuit les ennemyz ont extresmement travaillé a coupper du bois je ne scay ce que cela veut dire Manassé (Mr de Feuquière) explique cela quelque dessein de vouloir repasser pour resprendre le poste quilz ont perdu ce quilz pourroient faire en faisant un pont de batteaux pour gaigner l'isle laquelle on auroit peine a leur faire quitter y ayans leur canon la ou ilz travaillent a le loger on envoye les prisonniers au Roy. Je viens de recepvoir presentement la vostre du 12 du passé a laquelle vous n'aurez autre response. Je suis

    Monsieur

        Votre tres humble et tres obligé serviteur.

            LA BODERIE.

Monsieur De Pont de Vez[1] ma envoyé un pacquet que vous escriviez à Monsieur de La Lotherie la premiere congnoissance que j'ay eue de luy ca esté l'escriture de son pere que j'ay congnüe. Il a esté fort mal du flux de sang; le pauvre garçon est en mauvais équipage.

Mardi 6. — Il s'est trouvé depuis que la perte des ennemis estoit plus grande que l'on ne croyoit, à cause qu'il s'en noya beaucoup en se retirant et mesmes une compagnie de cavallerye.

Il est vray que Dom Ph. Spinola, filz du Marq. Spinola gangna la colline, lorsque le combat commencea.

6 aoust 1630.

Relation[2] de ce qui s'est passé en l'attaque des forts et demies-lunes faites par l'Armée ennemie au devant du pont de Carignan le 6 Aoust 1630 depuis la prise de ladite ville.

Avec la mort et la prison des principaux chefs et grands Seigneurs qui commandoient l'Armée d'Espagne.

A Paris,
chez Antoine Vitray,
Imprimeur ordinaire du Roy,
ès Langues Orientales.

---

[1] En marge de la première page.
[2] Imprimée, 16 p. in-8° (note d'Arnaud).

M. DC. XXX.
avec permission.

Relation de ce qui s'est passé en l'attaque des forts et demies-lunes faictes par l'armée ennemie au devant du Pont de Carignan, le 6 aoust 1630.

Après que l'armée du Roy eut occupé le logement de Pancalier, Messieurs les Lieutenans généraux jugerent qu'il estoit à propos de se saisir de celuy de Carignan, et du Pont qui en est proche sur le Pô.

Monsieur De La Trimoüille s'avança avec quelques compagnies de chevaux légers. Et y ayant trouvé des compagnies de chevaux légers et Carabins, que les ennemis y avoient envoyez pour se saisir de ceste place, où ils vouloient faire loger leur armée, il les chargea et fist quitter leurs bagages pour se sauver. Il les suivit et poussa jusques au Pont, où ils s'arresterent assistez de leurs mousquetaires, d'où ledit sieur De La Trimoüille ne les peut chasser, parce qu'il n'avoit point d'Infanterie avec luy. Il y fut blessé d'une mousquetade au genoüil, qui luy a emporté un petit morceau de l'os : et Monsieur de la Rocquemassebault et autres y firent tres-bien leur devoir : Retourné qu'il fut à Carignan le chasteau se rendit.

Le sieur de Miraumont Lieutenant Colonel du Régiment de Picardie qui y avoit esté envoyé avec quelques soldats pour assister les gens de Cheval, y estant arrivé passa jusques au Pont duquel il se rendit maistre. Mais il ne le peut conserver pour n'avoir pas assez de gens, et laissa seulement un sergent et trente soldats pour garder le chasteau : et se retira avec les gens de cheval à l'avant-garde, qui n'avait peu desamparer Pancalier sans pourvoir à la conservation de la place, qui estoit tres-importante, et qu'il faloit attendre Monsieur de la Force, qui estoit resté avec la bataille et l'arrière-garde au siège du chasteau de Ville-Franche, qui ne fut pris que le mesme jour.

Peu apres leur depart, l'armée ennemie estant arrivee envoya se saisir de ladite ville de Carignan, et fit sommer ceux qui estoient dans le Chasteau de se rendre, ce qu'ils refuserent, et furent assiegez.

Le lendemain Monsieur le Marquis de la Force fut envoyé devant à Carignan avec les Regimens de Lonjumeau et du Plessis Praslin et quelques compagnies de Cavalerie, qui apprist par des coureurs des ennemis qu'il rencontra et batit, Que quinze ou seize cornettes de Cavalerie, et 1,500 ou 2,000 hommes de pied des ennemis avoient passé le Pont, et estoient dans Carignan, de quoy il donna advis à Monsieur de Montmorency.

Ce qui fut cause que Monsieur le Marquis Deffiat avec partie des Regimens restans de l'avant-garde et de la cavalerie, s'advança pour aller soustenir ledit sieur Marquis de la Force. Mais ceux qui estoient dans Carignan voyans venir nos forces à eux, ne les voulurent attendre, se retirerent et gaignerent le Pont, et les nostres s'y logerent.

Le jour mesme Monsieur le Mareschal de la Force avec le reste de l'armee arriva à Pancalier, et le lendemain matin monsieur de Montmorency prist le reste de l'avant-garde et deux Regimens de la bataille avec partie des gens d'armes et alla à Carignan. Et aussi en mesme temps l'armee entiere des ennemis campa sur le bord de la riviere tout joignant le Pont qu'elle avoit occupé, leva des planches d'iceluy plus proches de nostre rive, et fit des tranchees le long du bord de la riviere, dans lesquelles elle logea son Infanterie et son canon, pour oster aux nostres tout moyen de rien entreprendre sur ledit Pont : et le mesme jour commencea un grand travail audevant dudit Pont de nostre costé, lequel travail enfermoit assez de terrain pour contenir leur armee à couvert entre le Pont et leurs fortifications.

Ceste fortification consistait en une demie lune beaucoup plus grande qu'un bastion dont la pointe estoit opposee à nostre armee, et couvroit le Pont : et en deux autres demies lunes assises dans deux petites isles, qui sont à droicte et à gauche du Pont, lesquelles flanquoient et defendoient des deux costez ladite grande demie lune, dè laquelle les ennemis tiraient des lignes pour les aller joindre aux deux autres demies lunes. Ce qu'ils firent en si peu de temps avec toute leur armee, qu'il est difficile que les François qui ne sont pas accoustumez à tels travaux, s'imaginassent qu'en deux jours on eust faict un si grand ouvrage.

Les nostres n'estoient pas en estat au commencement de les aller attaquer, n'ayans que l'avant-garde : et prevoyans que la Cavalerie des ennemis, qui est de cinq mil chevaux pourroit passer à deux guais qui sont l'un au-dessus et l'autre au dessous dudit Pont, et l'Infanterie par dessus le Pont à la faveur de sa mousqueterie et canons, et que nous n'avions lors que deux petites pieces, de la poudre pour tirer fort peu, mesmes pour l'Infanterie, le reste des canons et munitions estans demeurez derriere.

Neantmoins les uns estimoient qu'il estoit bon de l'attaquer devant qu'elle fust davantage en deffence, et les autres en proposoient les inconveniens : Sur ce le jour devant que Monsieur le Maréchal de la Force arrivast, il fut tenu un conseil auquel tous les Maistres de Camp, Capitaines des gens-d'armes et de chevaux légers, et principaux officiers de l'armee furent appellez. Les uns disoient qu'un grand retranchement à la teste d'une puissante armee estoit très dangereux, qu'il estoit gardé par des Espagnols qui se defendoient mieux couverts qu'aucune autre nation. Que de hazarder un combat fort inégal, le succez n'en pouvoit être advantageux. Que nostre artillerie n'estoit pas encore arrivee : Que n'ayans pas desseing de faire passer nostre armee de là l'eau sur le Pont, l'entreprise n'estoit pas beaucoup utille, et feroit mourir beaucoup de monde : Les autres au contraire representoient qu'il ne falloit pas laisser ce passage libre aux ennemis estans si proches d'une grande villasse ouverte de toutes parts. Qu'il estoit de l'honneur des armes du Roy d'empescher que les ennemis travaillassent à la portee du mousquet de nos sentinelles, et qu'il estoit grandement considerable : Que si nostre armee se vouloit retirer par des chemins estroits et couverts, ou pour aller à Pancallier ou ailleurs, la retraicte à leur veüe, ayant le canon et tant de bagage, estoit plus perilleuse que l'attaque. En fin il fut resolu que ces fortifications seroient attaquees à l'heure mesme que nostre armee seroit joincte, apres les avoir recogneus et les lieux des environs.

En suitte, Monsieur de la Force fut mandé qui arriva avec le reste de l'armee et artillerie, vingt-quatre heures apres la deliberation. Il fut tenu conseil derechef, où il fut rapporté que l'on trouvoit ces fortifications tellement accreües et accomplies, qu'il sembloit difficile de les emporter : Car les ennemis y avoient tellement travaillé, qu'au lieu qu'on les pouvoit le jour precedent attaquer et prendre de vive force, qu'alors les trois demies-lunes estoient en estat de deffence, dont les deux assises dans les Isles pouvoient estre difficilement approchées, et l'autre tellement eslevée avec un fossé si profond qu'il les falloit par les reigles de la guerre, attaquer avec artillerie, et pied à pied par les voyes que l'on tient à un siège bien reiglé : mais qu'il se rencontroit et à droit à gauche desdites fortifications qu'il y avoit des bois couverts pour favoriser les approches et loger l'armee advantageusement. Et pour ce il fut resolu d'aller derechef recognoistre ou l'on pourroit loger l'armee et placer l'artillerie pour faire jour dans les fortifications, pour donner ouverture à nos soldats de les emporter.

Messieurs de la Force et d'Auriac qui n'avoient pas vu les lieux voulurent y aller. Et pour ce faire avec seureté, et chasser les ennemis qui s'estoient advancez loin audeça de leurs fortifications, on prist deux cens hommes de chacun des Regimens des gardes, Picardie, Champagne, Navarre, Piedmont, Normandie, Falsebourg et La Meilleraye (Falxbourg), et cinq cens chevaux qui furent partagez en deux, moitié à la droicte, où les gardes de Champagne, Piedmont et Falsebourg avoient leur département, et l'autre moitié à la gauche où estoient ceux de Picardie, Navarre, Normandie et La Meilleraye. Tout le reste de l'armée demeura en bataille dans les quartiers, excepté ceux qui campoient entre la ville et le Pô, ausquels l'on fit prendre des postes plus proches du combat pour soustenir et estre en estat de faire ce qui leur seroit commandé.

Les ennemis estoient environ neuf cens dans le premier retranchement qui faisoit la grande demye-lune, à sçavoir trois cents Espagnols pris et choisis de trois Regimens d'Espagnols, qui sont en leur armée qui estoient des premiers, puis trois cens Allemans et trois cens Millanois et Neapolitains, et six cens dans la seconde demye-lune, qui estoient Trentins, et autres : et avoient quatre pièces de canon de baterie de l'autre costé de l'eau pour les favoriser.

Encores que le dessein ne fust que de les recognoistre, l'escarmouche, ayant esté attaquée, la chaleur des gens de guerre, la jalousie des Regimens entr'eux qui craignoient chacun de son costé que ceux de l'autre prissent quelque avantage, joincte à la generosité des volontaires qui s'y rencontrerent, et sur tout le bonheur qui accompagne les armes du Roy, furent cause que les nostres allerent de toutes parts droit aux ennemis (quoy que logez) Auquel exploit ils furent favorisez, parce que les uns donnerent par la teste de ceste demye-lune, les autres par le derrière, se jettans, par l'entredeux desdites fortifications et demyes-lunes, dont les lignes n'estoient pas encores joinctes, feirent au jugement des ennemis mesmes qu'ils forcerent, plus que des hommes ne pouvoient faire. La bonne fortune voulut qu'à l'heure du frais, peu avant l'attaque commencée, les principaux chefs et Seigneurs Espagnols du camp ennemy estoient allez par promenade visiter les fortifications et voir travailler leurs gens avec Don Philippe Spinola General de la cavalerie legere, fils du Marquis, qui se retira à la première veüe de nos enfans perdus, mais divers autres chefs et Seigneurs y demeurerent engagez par honneur.

La resistance des Espagnols fut grande, ausquels l'on

ne peut oster qu'ils ne firent tres-valeureusement : en telle sorte que les trois cens soldats et les chefs sont demeurez presque tous morts, prisonniers, ou blessez sur la place, qui fut toute couverte de leurs corps morts, et d'autres, Entre lesquels Dom Diego Cardainas fils du Duc Maguera Vice Roy de Portugal, Dom Louys Sapata Lieutenant du Maistre de Camp general, Dom Alonso Suasso Lieutenant general de la Cavalerie et Infanterie, et Mareschal de Battaille, Dom Benisto de Ribera nepveu du Duc d'Alcala Vice Roy de Naples, Don Iehan de Mesquita, Dom Antonio Cavaliero, et quantité d'autres Gentilzhommes et Officiers ont esté tous tuez de coups d'espees.

Et Dom Martin d'Arragon Colonel du Regiment de Lombardie Espagnol de grande consideration et intime amy du Marquis de Spinola : Dom Madrigues de Lima son nepveu, Dom Louys de Castres, Gregorio de la Vega, Dom Mathias Perez, Dom Iacinthe de Cordoua, tous Capitaines, et quantité de Lieutenans et Enseignes ont esté pris et faits prisonniers.

La cause de la mort et de la prise de tant de gens, fust que les nostres prirent par les lieux ouverts qui estoient entre le premier et le second retranchement.

Pour les nostres il est mal-aisé de donner plus de gloire aux uns qu'aux autres, car une mesme ardeur les emporta tous. Messieurs de Montmorency et d'Effiat menerent chacun de leur costé avec l'ordre requis et necessaire les troupes destinees pour donner et soustenir les combattans, le gros desquels estoit commandé par Messieurs de Villeroy et de Fequieres Mareschaux de Camp qui y demeurerent jusques au lendemain matin : Monsieur d'Auriac fut tousiours dans le lieu le plus périlleux, et dans le danger conserva sa froideur et son jugement comme s'il eust esté dans le conseil. Monsieur le Mareschal de la Force y entra bien avant et ne s'y espargna point, non plus que Monsieur le Marquis d'Effiat et Monsieur le Marquis de Lonjumeau son fils, Monsieur le Marquis de Brezé ayant sceu l'ordre se desroba incontinant, et alla donner avec les enfans perdus de Picardie et la Milleraye si avant que d'abord il gaigna le Pont laissant les ennemis derrière, et tua un officier de sa main, et en amena un autre prisonnier, Monsieur le Marquis de la Force donna aussi l'espee à la main aux premiers rangs, Monsieur le Comte de Cramail y fit tout devoir, et son cheval y a esté tué sous luy d'une mousquetade au travers de la teste; Les Sieurs de Sainct Thibal et d'Argencour ramenerent quelques-uns de nos soldats qui estoient repoussez du bout du pont, et l'espee à la main soustindrent l'effort pendant qu'ils se r'alioient, et Argencour tua de sa main un Capitaine Espagnol qui l'avoit manqué d'un coup de pique : Ceux qui commandoient les Regimens, entre lesquels estoit Monsieur de Valence Capitaine qui menoit les enfans perdus des Gardes, et Monsieur de Malissy qui le soustenoit, et commandoit le Corps desdites gardes, Monsieur de Charost Maistre de Camp du

Regiment de Picardie, et de Sainct Simon Maistre de Camp du Régiment de Navarre et de la Milleraye conduisirent eux-mesmes ce qui estoit commandé de leurs corps, et s'y comporterent tres-genereusement. Ledit Sieur de S. Simon n'eut pas la patience de laisser passer Picardie, et se coula par un lieu perilleux, par lequel il y avoit peine à passer sans armes.

Les Sieurs de Varicarville Vicomte de Melun, Marcilly ordinaire du Roy et beaucoup d'autres, la plus part officiers des Regimens et Compagnies non commandees s'y trouverent et firent tout ce que l'on peut esperer de gens de Courage.

Monsieur de Montmorency qui avoit tres-prudemment commandé la marche et le combat, voulut demeurer pour faire faire les barricades et logemens du Pont, où il y eut grand peril. Il y fit valeureusement ce que l'on peut attendre d'un bon chef d'armee, et fut blessé en ceste occasion autant des nostres, qu'à l'attaque : et mon dit Sieur de Montmorency dist qu'il se sentiroit coupable, s'il ne faisoit remarquer messieurs de Brezè, de Thiau, et de Surville, pour le grand devoir qu'ils y rendirent.

Nous n'y avons perdu que le Baron des Cuirs de Picardie, le Baron d'Estré cousin germain de Messieurs de Valençay, le Breüil Lieutenant de la compagnie du maistre de camp de Picardie, et dix ou douze soldats qui y sont morts.

Quant aux blessez, Monsieur d'Argencour y a receu

un coup de mousquet à la cuisse, Bouteville un grand coup de mousquet dans la cuisse. Navaille trois coups de picque et de mousquet, Lassigny, Bonneval et Dispe des coups de picque, Vantoulx enseigne colonelle de Picardie a receu un coup de mousquet qui luy fracasse toute une espaule : Pijolet capitaine au Regiment de Champagne blessé. Sainct Limier une mousquetade au travers de la gorge, de laquelle on a quelque esperance, Gude lieutenant de Brissac capitaine aux Gardes a une jambe cassée et une cuisse percée, Vernatel la jambe percée, et quelques autres gens de commandement volontaires et soldats blessez en peu de nombre, il y a d'autres particularitez que le temps nous apprendra.

L'effroy et le desordre fut si grand parmy les ennemis, que si le Pont eust esté plus large, ou la rivière guayable, ils eussent esté entierement deffaits. Ils batirent aux champs, et retirerent leur canon : et faut advoüer que cette action, avec toutes les circonstances et dependances qui s'y rencontrent est aussi glorieuse qu'il se peut, et a donné aux ennemis une grande frayeur des armes de sa Majesté conduite de ses capitaines, et de la generosité de ses soldats [1].

---

[1] Ici se termine la relation imprimée.

AOUST

Mercredi 7. — Le Roy arrive à Lyon [1]. Il avoit attendu plus de 8 jours à Barrault des nouvelles du Mazarini.

Ce jour, Mʳ le Prince tenant les estatz de Bretagne y faict, à l'ouverture, une fort belle harangue. — Il fit résoudre aux Estatz de demander pour gouvernante la Reyne mère, et, en cas qu'elle le refuse, Mʳ le Cardinal pour Gouverneur.

Mardi 13. — Copie de la proposition faicte par l'ambassadeur d'Angleterre à Mʳˢ des Estatz pour les exhorter à un accommodement avec Espagne. Je l'ay dans une liasse.

Guerre de Piedmont.

Un colonel pris, au susdit combat de Carignan, eschangé contre des Roches Baritant retenu prisonnier à Thurin, lors de la rupture avec Mʳ de Savoye.

En suitte du combat de Carignan, les ennemis surprennent dans Villefranche les compagnies de cavalerie du comte de Luzerne et du capitaine Philippes Piedmontois, prennent presque tous les chevaux et 12 ou 13 cavalliers. La Borde, gentilhomme de Mʳ le Mareschal de Schonberg et cornette de La Luzerne y est tué malade dans le lict. Le Regiment de Gondin, qui estoit

---

[1] *Mercure français*, 1630, p. 634.

dans le château, fit sortye et leur tua 7 ou 8 hommes. Le Marquis de Rangon, qui commandoit 1,000 chevaux et 4,000 hommes de pied des ennemis, et qui avoit faict ceste entreprise pour prendre le Comte de Luzerne, reçoit une mousquetade dans la bouche, dont il est mort. Le dit Comte de Luzerne estoit dans le château.

Samedi 17. — Trefve entre l'armée ennemie et la nôtre, qui estoit à Pancallier. Le nouveau Duc de Savoye l'avoit pressée, voyant que, sy Cazal se prenoit, il perdoit le reste de son estat, et avoit mandé à Spinola que, s'il ne l'acceptoit, il seroit contrainct de se joindre avec le Roy. — Ceste trefve est depuis le 17 jusques à la fin du mois. — On ne pouvoit, sans cela, entrer en traicté, à cause que les armées estoient trop proches.

Ceste trefve ne se fit point ; car aprez plusieurs allées et venues de Mazarin, tout demeura rompu.

Mr de Laubespine, evesque d'Orléans estant mort à [1] le Sr de Retz, aumosnier du Roy, a l'Evesché. — Mr Dalincour avait obtenu du Roy, pour l'abbé d'Aisné, son filz, l'abbaye de St Gratien ; mais Mr de Chasteauneuf, frère du deffunct, la eut, par l'assistance de Mr le Cardinal de Richelieu.

Mr de Mercure filz aisné de Mr de Vendosme, fut malade, à Lyon, à l'extrémité.

[1] En blanc.

Guerre de Piedmont.

M' le Maréchal de Schomberg part de S' Jan de Morienne, le 15 aoust; couche à S' André; — le 16, visite le fort que le Roy faict faire à Soullier; couche à Termignan, le 17, passe mont Senis, couche à Suse, où donne les ordres nécessaires; — le 18, faict reveue des troupes à S' Joire (?), les met en bataille et faict marcher à 8 heures du soir, scavoir : 400 hommes du Plessis de Joigny; 400 de Grande Medauy; 400 de Loques; 200 de Croisil et 200 de Maugiron; 40 gendarmes, et une brigade des chevaux légers de la garde du Roy et des compagnies de Bligny la Palisse et Moulins. —

Lundi 19. — Arrivent, le 19, au point du jour, à Vigliane; 800 donnent par 3 endroictz, qu'ilz emportent sans grande résistance. — Le Plessis de Joigny, avec perte d'un soldat seullement et un blessé, prend, avec ses 400 hommes, les fauxbourgs des Chartreux et des Capucins. La nuict, M' de Schonberg faict attaquer la ville par différends endroictz. Roquetaillade et Moulins, sergent majeur de Maugiron, qui en conduisoient une, ouvrent avec un bellier une fausse porte mal murée, et, avec 120, entrent, sans en perdre un seul, dans la ville, où 400 des nôtres entrent et se logent prez du château, où le S' Emanuel commandoit avec 500 hommes.

M' de Frangipany y servoit de maréchal de camp;

M.' Donchans et De La Cour du Bellay y estoient aussy (je croy aydes de camp).

Le Mardy 27, le château de Vigliane est rendu à M' le Maréchal de Schomberg, aprez 10 coups de canon. On dit qu'il en pouvoit endurer 2,000. — M' de La Rocheposé y fut légèrement blessé d'un esclat de canon, et . . .[1], commissaire de l'artillerye tué d'un coup de pierre. Il n'y a pas eu 3 soldatz tuez.

Il y avoit dans notre camp grande abondance de vivres. Le Duc de Savoye passe val de Liana pour venir du costé de Suse, secourir Vigliane; mais il estoit pris.

Capitulation [2] accordée par M' le Maréchal de Schonberg, au nom du Roy, à M' le Colonel Manuel, commandant dans le château de Veiglane, et aux cappitaines, officiers et soldatz, qui y sont enfermez avec luy.

Premièrement.

Que ledit Colonel sortira, demain 28 aoust, à 7 h. du matin, avec toute sa garnison, et, pour plus grande seureté de cette promesse, il mettra desaprésent, entre les mains du dit Maréchal, 4 ostages, à son choix, de ceux qui sont dans ledit château;

[1] Illisible.
[2] Cette copie, écrite sur feuille volante, est attachée au manuscrit. On lit au dos, écrit de la main d'Arnauld : *28 Aoust, Piedmont*.

5

Que toute la garnison et ce qui sortira avec elle de quelque nation qu'il puisse estre, aura l'honneur et la vye sauve, et sera conduit en toute seureté, dez le mesme jour, jusques à l'armée de M. de Savoye, passant par Rivol et continuant droit à Turin;

Que tous les officiers, soldatz et autres sortiront, avec leurs chevaux, mulletz, armes, hardes et bagage, tambour battant, enseignes déploiées, balle en bouche, mesche allumée par les deux boutz et leurs bandoullières fournies de munitions de guerre, sans qu'il leur soit faict aucun tort ny déplaisir;

Que l'on donnera une maison ou deux, dans le faubourg de Veiglanc, où les malades de ladite garnison, pourront demeurer en toute seureté et s'y faire traicter, à leurs despens, pour s'en aller, quand ilz seront guériz, où bon leur semblera, et, pour cet effect, leur sera donné passeport;

Que le *cœur* du château et 5 ou 6 paisans se pourront retirer en toute seureté en leurs maisons, avec leurs chevaux et bagage ou ailleurs, où ilz voudront, comm'aussy les munitionnaires;

Qu'ilz pourront faire sortir une quaisse de pappiers concernans le service de M. de Savoye, pourveu qu'il n'y ait point d'autres choses en icelle, et leur est accordé de faire porter ladite quaisse comme aussy des chars, pour mener des malades, jusques à l'armée de M' le Duc de Savoye, où ilz seront conduictz en toute asseurance.

Faict au camp de Veiglane, ce 27 aoust 1630. Signé Schonberg et par 16 cappitaines et officiers.

Il y avoit 500 hommes, qui sont sortiz de la place.

Jeudi 22. — M' le Cardinal arrive à Lyon, fut chez le Roy 2 heures, de là chez la Reyne mère, où disne chez M' de Comballet et y repose, jusques à ce que le Roy, la Reyne mère, M' le Garde des Seaux de Marillac et M' Bonthillier le furent trouver, et là, il fut tenu conseil 2 heures, pendant lequel la Reyne regnante et toutte la Cour demeurèrent dans l'antichambre de la Reyne mère.

M' de *Mue*, capitaine au Régiment des Gardes, estant mort à Montmélian, le Roy donne sa charge à M' de Thoulongeon, capitaine au Régiment de Stissac, qui commandoit dans la citadelle de Pignerol.

Jeudi 29. — M' le Cardinal présente deux requêtes au conseil tenu pour avoir décret de prise de corps contre Grandpré, capitaine des Gardes de M' de Guise, pour s'estre saisy d'un huissier chargé de quelques commissions touchant l'amirauté de Provence, — l'autre, pour faire prendre sergent, affin de scavoir ce que portoit un exploict qu'il a porté de la part de M' de Guise au logis de Mʳ le Cardinal à Paris. — On décreta adjournement personnel contre ledit sergent.

Vendredi 30. — Trefve de 6 jours demandée par Mʳ de Savoye et accordée par nos généraux, pour commencer le lendemain, Dimanche 31.

Le Roy avoit convocqué *l'arrieban de Dauphiné*, commandé par Mʳ le Comte de Sault.

Samedi 31. — Mʳ de Schonberg estoit sur le poinct de recevoir à capitulation le château de Sᵗ Michel en l'air prez Vigliane [1].

SEPTEMBRE

Dimanche 1ᵉʳ.

Mecredi 4. — *Trefve générale* entre touttes les armées, pour jusques au 15 Octobre, arrêtée à Rivol, en Piedmont.

Les articles en sont cy attachéz.

Articles [2] de la Trefve.

4 Sept. 1630.

La suspension générale a estée accordée entre les Armées de Sa Majesté Impérialle des deux couronnes et de Monsʳ de Savoye, en toutz les lieux tant deca que dela les montz, jusques au XVᵉ d'Octobre prochain, sur

[1] Inachevé.
[2] Sur feuille volante attachée au manuscrit.

l'instance qui en a esté faicte, de la part de sa Saincteté, par le S⁰ Mazzarini, son ministre, pour faciliter les moyens de la paix, à laquelle les Ministres des susdites Majestés ont déclarré qu'elles sont entièrement résolues et disposées.

Durant ledit temps, il ne sera faict aulcun acte d'hostilité, pris ou demoly aulcunes places, lieux ou passages, soubz quelques prétextes que se puisse estre, les choses demeurant en mesme estat qu'elles sont à présent, et les armées de l'Empereur ny celles du Roy catholique, et celles de Mons⁰ le Duc de Savoye ne pouront prendre logement tant deça le Pau que deça la Douaire furine qu'aux places, où ilz ont garnison, comme aussy les armées du Roi très Chrestien se contiendront aux places qu'elles occupent au-delà le Pau, sans en pouvoir prendre d'autres, et pouront loger en toutz les autres lieux, qui sont de deça le Pau et la Douaire furine, si ce n'est en ceulx, où Mons⁰ le duc de Savoye a garnison, sans approcher néantmoins de la ville de Thurin, plus que de trois ou quatre mils.

Mons⁰ le Marquis de Spinola laissera les approches, fortifications et autres sortes de travaux faictz pour l'atacque de Cazal, mesme ceulx contre le secours en mesme estat qu'ilz sont à présent, sans qu'il puisse rien changer ni mesme en l'estat présent de la ville et château. Mons⁰ de Thoirax en fera de mesme, en ce qui regarde la deffence de la citadelle, tant dedans que dehors. M. le Marq. de Spinola donnera la quantité de vivres, qui sera accordée entre luy et Mr de Thoirax, pour ceux qui se trouveront dans la citadelle de Cazal, jusques au dernier jour du mois d'Octobre, lesquelz vivres seront payez par le Roy, au prix courant.

La paix ne se faisant point dans le XVe d'octobre, le Roy poura entreprendre dans le reste dudit mois, le secours de la citadelle de Cazal, depuis lequel jour XVe d'octobre la trefve demeurera rompue, et toutte sorte d'hostilité de nouveau permise entre les parties.

Dès à présent la ville et château de Cazal seront délivrez à Monsr le Marquis Spinola par Monsr le Duc de Mayenne ou aultre y commandant, et Monsr de Thoirax donnera des ostages et s'obligera, avec les cappitaines qui sont dans la place, de livrer la citadelle dudit Sr Marquis, si dans le dernier jour du mois d'Octobre la place n'est pas secourüe, en sorte que l'armée de Sa Majesté Catholique n'empesche pas la communication de l'armée de Sa Majesté très Chrestienne avec la citadelle.

Monsr le Marquis Spinola promet, si la place est secourue dans la fin du mois d'octobre, de rendre la ville et château et les ostages, qui luy auront esté donnez. A l'exécution de cest article, Monsr de Savoye s'y oblige, Monsr de Collalte, pour l'Empereur, promet de mesme.

Il sera au choix de Monsr le Marquis Spinola de prendre pour ostage les officiers qui sont dans la place ou bien de ceulz qui seront envoiez de l'armée du Roy très Chrestien ; mais, au cas que l'on prenne pour ostage ceulx qui seront dans la place, les Ministres du Roy très Chrestien pouront envoyer à la citadelle de Cazal d'autres personnes de la mesme condition que ceulx qu'aura pris le Sieur Marquis de Spinola.

Monsr le Marquis Spinola ne poura faire entrer en la ville que garnison suffisante pour la seureté d'icelle, laquelle garnison sera soldoyée, norie et entretenue aux despens dudit Sr Spinola, sans que les habitantz de la ville demeurent obligez à autres despens qu'aux ustensilles ny faire aucune innovation en leurs privilèges, ordre de la justice ny police de la ville.

Faict au camp de Rivolle, le quatriesme Septembre, 1630.

Signez : De Montmorency, De Caumont, Schomberg et Deffiat.

Ceste trefve, signée de notre part par Mrs de Montmorency, de la Force, de Schonberg et Deffiat, sans en donner part à Mr de Montmorency, qui en fut sy irrité qu'il demanda son congé et commanda à Soudeilles, son capitaine des Gardes et son grand confident, de porter de rudes parolles de sa part à Mr Deffiat; sur quoy Soudeilles, qui estoit amy de Mr Deffiat, adoucit l'esprit de Mr de Montmorency, et empescha ceste affaire d'aller aux extrémitez; dont M^r le cardinal, qui craignoit extrêmement que ce mécontentement de Mr de Montmorency ne le luy fist perdre, sceut un grand gré à Soudeilles.

Un des domestiques de M^r le Maréchal de Schomberg a escript qu'il avoit faict ce qu'il avoit peu, pour entreprendre le secours de Cazal; au lieu de faire ceste trefve ; mais qu'il avoit esté emporté par la pluralité.

La trefve estant résolue, le Marquis de Brezé va à Cazal, pour la faire signer au Marquis Spinola et puis entrer dans la place, pour voir en quel estat est Mr de Thoiras. Le Marquis estant malade voulut que la conférence se fist devant luy ; mais le Mazarini fut contrainct de la faire cesser, à cause qu'il extravagoit. On croit que le Marquis de Ste Croix et le Chancelier De Melun signèrent comme luy ledit Marquis l'a signée.

Ledit Marquis de Brezé avoit chargé du ravitaillement de Cazal[1]...

Mr de Montmorency demanda congé de revenir.
Mine de Montméliam jouée et ne faict grand effect.

Samedi 14. — Le Roy priant Dieu dans son cabinet, à Lyon, et M^r le Cardinal et M^r le Premier y estans à genoux, ilz y firent leur racommodement. Ceste forme sembla estrange.

En ce temps, on remarquoit que la Reyne mère n'estoit pas satisfaite de ce que le Roy luy disoit ; car l'on voyait souvent d'estranges altérations en son visage, et l'on jugeoit que c'est qu'il luy parloit de remettre M^r le Cardinal bien avec elle.

[1] En blanc dans le ms.

Aussy tost que le Marquis de Brézé fut revenu de Cazal, la trefve estant toutte signée, et les Espagnolz entrez dans la ville et dans le château (qui aussy bien ne pouvoient plus tenir), Mr de Montmorency et M. Deffiat partent de notre armée (où demeurèrent Mrs les Maréchaux de la Force et de Schonberg), pour revenir à Lyon; mais Mr Deffiat estoit sy malade, qu'il fut à l'extrémité, à Grenoble. Mr de Montmorency arriva à Lyon, environ le 24. Mr le Cardinal l'attendit dans la rue, avec un carrosse tout prest, pour le mener chez le Roy.

Dimanche 22. — Grande maladie du Roy à Lyon. commence [1].

Vid. Lettre du P. Suffren, son confesseur, au Père Segueran, cy attachée, qui est du 1er octobre.

Le Roy témoigna sy grande confiance en Mr de Montmorency, qu'il lui confia ses dernières volontez.

1er Octobre. — Copie de lettre escripte par le P. Suffren au P. Segueran, sur la maladie du Roy.

M. R. P.

Pax Cristi.

Il a plû à Dieu de nous affliger et consoler derechef. Car la joye, que nous avions eüe, voyant que le Roy

[1] Voir Richelieu, *Mémoires*, t. II, p. 268. V. *Mercure français*, 1630, p. 787.

entrant dans son 7ᵉ jour, qu'on craignoit qu'il ne luy fust mortel, eut une si bonne crise par des sueurs et flux, continuant en suite d'une médecine, qu'on luy avoit donnée fort à propos, se termina en une dissenterie, qui causa nouvelle fièvre. Ce flux estoit d'un sang tant pur comme s'il fust sorty des veines, et si fréquent que dans 24 heures il fut contraint d'aller à la celle plus de 40 fois, avecque de grandes douleurs, sans y avoir moyen de l'arrester. Il commença, le 29ᵉ à onze heures du soir, et se trouva si faible, à 3 heures du matin du 30ᵉ, qu'ayant esté appellé en diligence, je le trouvay quasi sans forces, ne pouvant plus se lever du lit, comme il faisoit le soir auparavant. Tous les médecins me conseillèrent de le disposer à la mort, disant que, si Dieu ne faisoit miracle, il ne passeroit pas cette journée là. Me voila bien estonné à cette nouvelle. La Reine mère s'estoit retirée, à un'heure après minuit; ne le croyant pas en si grand danger. La Reine regnante n'avoit voulu le quitter toute la nuit; si bien que consultant avec elle et les médecins, je me résolus de doucement disposer le Roy à ce dernier instant décisif de son éternité. Comme dont je luy parlois, quoy que non si clairement, il me demanda si je le croyois en danger. Je luy dis que, si le flux continuoit, il y avoit grand hazard de sa vie. Sur ce il appella les trois Médecins, et les conjura de luy dire la vérité de son mal, et le danger. Monsieur Seguin, au nom des trois, l'advertit du flux de sang continuel, luy ayant caché jusques alors que ce fust avecque sang ; et par conséquent qu'ils voyoient un évident danger de sa vie, veu mesmes que leurs remèdes estoient inutiles. Eux s'estans retirez, le Roy m'appelle ; demande luy mesme de se confesser, et qu'il luy fut permis de recevoir encore une fois le viatique, avant que d'avoir l'extreme onction. Il se confessa avecques un très grand jugement et sentiment sans appréhension aucune de la mort, et trouble d'esprit. Monseigneur le Cardinal de Lion dit la messe dans sa chambre ; et le communia. La Messe achevée, le Roy, quoy que tout languissant, commanda qu'aucun ne sortit, et ayant fait ouvrir les portes de sa chambre, afin que chascun entrast, dit ces parolles : Je suis marry de n'avoir les forces de pouvoir parler. Le P. Souffren vous parlera pour moy, et vous dira ce que je voudrois vous dire me trouvant icy au lit de la mort. Je vous demande pardon à tous de tout ce en quoy je vous puis avoir offensé, et ne mourray pas content si je ne scay que vous me pardonnez, et vous prie d'en dire le mesme de ma part à tous mes sujets. Ces parolles attendrirent si fort le cœur de tous ceux qui estoient présents (ilz pouvoient estre quelque cent) que tous, et la Reine, et Messeigneurs les Cardinaux et autres officiers de sa maison se jettans à genoux, pleurants et sanglottants crièrent : C'est à nous, Sire, à vous demander pardon ; jamais vous ne nous avez offensez ; pardonnez nous, Sire, etc. Cela dura l'espace d'un Miserere, où tant de larmes furent répandues, que la seule mémoire en escrivant cecy les fait sortir de mes yeux. Cela fait, il appella la Reine, laquelle s'estoit retirée en un coing de la chambre, d'où il ne pouvoit la voir, de peur de l'affliger, et s'embrassants tendrement, ils se parlèrent plustost de cœur que de bouche, plus des larmes que de la voix, l'espace de quelque peu de temps. En aprés il appella Monseig^r le Cardinal de Richelieu, et successivement quelques autres particuliers, disant à chascun en secret ce qui estoit propre d'un chascun. Pendant que tout cecy se passoit, Monseig^r le Cardinal de Lion avoit fait porter l'extreme onction, et attendoit qu'on l'advertit de la donner. L'on ne jugea estre encore temps, mais par une inspiration de Dieu les Médecins se résolurent de le saigner pour la 7e fois du bras droit. La saignée achevée, un abcés, que les Médecins n'avoient point descouvert, se creva et se vuida par le siège. Le sang s'arresta; le ventre qui durant 24 heures avoit demeuré fort enflé, et bien dur, s'amollit, et se desenfla. Lors on commença d'espérer. Sur ces entrefaites la Reine mère, à qui on avoit apporté la nouvelle du danger auquel le Roy se trouvoit, entra dans la chambre. Les larmes et sanglots se renouvellerent; les vœux nouveaux se firent à Dieu, à la Vierge, à St Claude, et autres. Si bien que depuis la communion faite le Roy est tousiours allé de mieux en mieux, de façon qu'avant que le soir arrivast, les mesmes qui le matin avoient asseuré l'évident péril de la vie, donnèrent l'asseurance de la guérison; et comme le dire de David, *Ad matutinum demoratus est fletus, et ad vesperam lætitia.* Car sur les dix heures du soir, les Reïnes y estant, il se trouva avecque tant de force, qu'il se leva tout seul, mangea de fort bon appétit, voulut se promener par la chambre, bref se comporta comme s'il n'avoit esté guères malade. J'y ai demeuré toute la nuit, et l'ay laissé ce matin, à six heures, en fort bon estat, ayant bien reposé toute la nuit, se trouvant sans fièvre, le flux continuant encores un peu sans sang, l'abcés se purgeant encores. Si bien que par la grâce de Dieu nous n'avons eu que la peur pour le coup jusques icy. Il avoit disposé de tout ce qu'il avoit à soy, tant de ses menus plaisirs, que d'autres choses, en faveur de ses pauvres officiers, et ordonné beaucoup de bonnes œuvres. Je puis asseurer V. R. que je ne voudrois pas ne m'estre trouvé à la cour, pour y voir ces actions héroïques. Car tout ce que j'escrivis Samedy le matin, et ce que je luy escris aujourd'huy a tellement touché les cœurs de cette cour d'une si grande opinion de la vertu du Roy, et des faveurs particulières qu'il reçoit de Dieu, qu'on ne le peut imaginer. La merveille estoit de voir ce Prince en la fleur de son âge mourir si constamment, que voyant tous les autres fondre en larmes luy quasi n'espandoit aucune larme, sinon lorsqu'il parla aux Reines ; faisant publiquement de si grands actes de résignation à la volonté de Dieu, que Monseig' le Cardinal de Lion me dit qu'il s'estimeroit heureux, si estant pour mourir il pouvoit arriver à la résignation qu'il voyait au Roy. Il me demanda une fois où estoit la Reine sa mère ; je respondis qu'elle estoit dans le cabinet toute affligée, fondant en larmes, n'osant approcher de peur de l'affliger. Il me commanda de l'aller consoler, et luy dire qu'elle ne s'affligeast point ; qu'il mouroit tout content ; qu'il valoit mieux estre Roy au ciel qu'en terre ; et que si elle s'approchoit de son lit, elle verroit que son visage n'estoit point changé, ny estonné de l'appréhension de la mort. Il avoit désiré qu'après la Messe, ne pouvant beaucoup parler quand il demanda pardon, je parlasse pour luy et disse quelque chose qu'il m'avoit ordonné de dire à tous ceux qui estoient présents. Mais mon cœur estoit si serré, et mes larmes si continuelles, qu'il me fut impossible de proférer trois parolles. Le mesme m'arriva quand un peu devant la Messe il me commanda d'aller de sa part trouver la Reine sa femme, pour la prier de luy pardonner toutes les fascheries qu'il pouvoit luy avoir données tout le temps de leur mariage. Car cette bonne Princesse jetta de si hauts cris, et espandit tant de larmes quand je luy dis cela, qu'elle pensa esvanouïr, et je ne pus parachever ce que je luy devois dire. Voila, mon R. P., ce qui s'est passé. Tout autre nouvelle qu'on vous dira ne sera pas vraye. *Ego testis oculatus et auritus*. Les oraisons jour et nuit, le saint Sacrement exposé partout continuent encores aujourd'hui en cette ville. Priez Dieu que tout ce que Dieu a disposé arriver au Roy serve à l'amendement de cette cour, qui est à cett'heure pleine de très bonne volonté. Mais cognoissant son inconstance, je me crains que *venerint filii usque ad portam, et non erit virtus pariendi.*

De Lion le 1ᵉʳ Octobre 1630.

Septembre. Mardi 25. — Le Marquis Spinola meurt à Castel Nuovo di Scrinia, dans le Tortouois.

Les Ministres firent prendre et ouvrir toutes lettres, qui estoient à la poste, et brusler toutes celles qui parloient de la maladie du Roy, affin d'empescher l'effroy que cela eust apporté partout.

OCTOBRE

Mardi 1ᵉʳ.

Dimanche 6. — Le Roy, pour esviter les vapeurs de la Saone qui coule le long de l'archevesché, où il estoit logé, va loger à Bellecour.

Vid. la suitte de sa maladie en la feuille cy attachée.

14 Octob. Lyon.

Suitte de la maladie du Roy.
Préparation au secours de Cazal.

Du 14 Octobre 1630 à Lion.

Les grandes maladies ne se terminent jamais tout-àcoup, et c'est chose assez ordinaire, qu'après que le feu est esteint, il laisse dans les cendres l'impression de la chaleur. Il en est arrivé de mesme en la personne du Roy, lequel ayant passé quelques jours depuis le XIe de sa maladie sans aucun sentiment de fièvre, le XVIe jour et XVIIe, il parut quelque esmotion, qui augmenta les deux jours suivants, et se rendit plus violente la nuit du XXe de la maladie, qui fut entre Vendredy et Samedy derniers. Mais dès le matin du Samedy la cause de cette ardeur extraordinaire, qui estoit préparation d'une nouvelle crise, parut évidemment par une très abondante sueur qu'eut S. M. toute cette journée, dans laquelle estoit comprise la fin de son XXe et le commencement de son XXIe. Cette sueur fut accompagnée d'un bénéfice de ventre, qui dès ledit jour Samedy au soir feit entièrement cesser la fièvre. De sorte que les Médecins ont jugé cette crise parfaite, et l'ont receüe pour une nouvelle et plus certaine asseurance qu'ils n'avoient point eu encores de la santé de S. M. Depuis elle s'est tousiours bien portée. Et néantmoins les Médecins estimèrent à propos de luy faire donner hyer au soir un lavement, pour détacher quelques humeurs qu'ils avoient jugées estre restées dans le mezentere. Le remede a fait son effet cette nuit, et a mené quatre ou cinq fois S. M. à la selle, où elle a vuidé quantité de mauvaises humeurs, qui pouvoient encore faire naistre quelque accident. Il est vray que cela n'a peu estre sans donner quelque esmotion et inquiétude, qui a esté réparée par le calme et le repos de cette journée. Les Reines ont esté ce jourd'huy rendre leur vœu à N. D. de l'Isle, qui est une dévotion à un quart de lieüe de cette ville, où elles ont esté à pied avecque les Princesses.

Le Roy fait estat de partir Lundy prochain pour retourner à Paris. Le séjour de cette ville luy est fort ennuyeux; de sorte que l'on estime que, si Sa M^{té} continue à se bien porter, elle partira dans la fin de la semaine prochaine au plus tard. Elle sera suivie des Reines, de Monseig^r le Cardinal et de toute la cour.

Il n'est point nouvelles de Casal depuis les dernières, qui monstroient toute bonne disposition au secours de la citadelle. L'on estime que l'armée marchera au premier jour pour cette expédition, puisque la trefve s'en va expirée.

De Lion le 1er Octobre 1630.

Les dernières esmotions de fièvre du Roy se sont évaporées par une crise universelle, dans laquelle il a trouvé non seulement allegement, mais recouvert sa première gayeté, avecque de grandes impatiences de revoir Paris, et ses environs. Il a ce matin fait dire sa Messe à sept heures afin de desjeuner, après lequel il s'est fait apporter la chaise dans laquelle les [1] . . . . le

---

[1] Illisible.

devoient porter, et dit qu'il partira Samedy prochain. Toutes fois ce ne peut estre plus tost que lundy, à cause de sa faiblesse. Outre laditte chaise il y aura un brancard, et une litière qui seront tousiours prests, que Monsieur le Card{al} n'abandonnera de loin, et les Reines suivront quelques jours après.

On continue d'espérer bien du secours de Casal, et croit-on que la trefve finissant aujourd'huy à minuit, les généraux d'armée auront peine de retenir les soldats qu'ils ne partent avant jour, tant on remarque de gayeté extraordinaire en eux, par l'opinion qu'ils ont conceue de rencontrer l'ennemi. Toutes choses sont beaucoup mieux réglées en l'armée qu'elles n'ont esté cy devant. Aussy n'y paroit-il aucune nécessité. Nous aurons bien tost nouvelles de ses progrès, et, à ce que je voy par des lettres de Monsieur le Mar{al} de La Force du Ve du Courant, ils iront droit teste baissée, sans marchander, ny se divertir, faisants estat de charger tout ce qu'ils rencontreront sans recognoistre. Les trois généraux promettent une favorable issue de ce secours, que ce malheureux Mazarini voudroit encores rallentir par une proposition de prolongation de trefves. Il n'aura point d'audience, qu'au préalable Casal ne soit secouru, et ne pourra meshuy faire cesser nos défiances que par de solides effets.

Monsieur le Surintendant partira Jeudy prochain de Grenoble pour cette ville.

Jeudi 10. — Mort du Mareschal De La Chastre [1].

Samedi 12. — Mort de Mr de Beauclerc, secrétaire d'Estat. — Mr Seruyen, maître des Requêtes, qui avoit esté pourveu de la charge de 1er Président au Parlement de Bordeaux, vacante depuis [2] . . . . par la mort de Mr de Gourg [3] . . . . . eut, environ le 9 Décembre 1630, la dite charge de secrétaire d'estat, en baillant 40,000 écus ou cm. livres à la vefve et enfans dudit Beauclerc, et, à condition de bailler 80,000 écus à Mr de Pisieux, pour sa récompense; mais Mr de Pisieux n'en voulut point.

Ledit St Seruyen eut pour département la guerre avec [4]. . . .

Piedmont.

Mr le Mareschal de Marillac arrive en l'armée de Piedmont, en laquelle, compris ceulx qu'il y mena, il y avoit lors pour maréchaux de camp : Frangipany, Feuquière, Marq. de Brezé, Chastellier Carlot, vicomte d'Arpajoux, Marq. de Tavannes, lequel demeurera pour recevoir les troupes qui venoient encor.

Dimanche 13. — Sur le subject de la maladie du

---

[1] Louis de La Chastre (fils de Claude Maréchal de la Ligne), chevalier des ordres, conseiller du Roi, gouverneur du Berry, maréchal de France en 1616.
[2] En blanc.
[3] Illisible.
[4] Inachevé.

Roy, on envoya Emery faire complimens à M⁰ la Duchesse de Savoye, et aussi, pour voir ce que le Duc voudroit dire touchant le voyage de Cazal. Du commencement, il voulloit demeurer neutre ; enfin se voyant pressé, il dict qu'il estoit prest de signer le traicté, par lequel il se déclareroit entièrement pour nous, pourveu qu'on prolongeast la trefve de 4 jours. Le dit d'Emery s'en estant quasy faict fort, revint comme pour quérir le consentement de Mʳ de Schonberg, qui ne l'aprouvant nullement envoya à l'instant Baltazar, son secrétaire, dire que, sy Mʳ de Savoye ne se déclaroit à l'heure mesme et sans prolongation de trêfve, il n'y avoit rien de faict. Baltazar retourne incontinent avec un homme chargé d'une lettre de Mʳ de Savoye, fort en cholère, disant qu'on ne désespérast point son mary.

Ceste action de Mʳ de Schonberg ne fut pas approuvée dans l'armée, et néantmoins elle réussit très bien.

Ledit jour Dimanche 13. — Traicté de la paix faicte à Ratisbonne par Mʳ de Leon [1], ambassadeur extraordinaire du Roy et le Père Joseph [2].

Vid. icy à costé les articles.

Le Roy tesmoigne la trouver mauvaise. Mʳ de Leon

---

[1] V. Richelieu, *Mémoires*, p. 288. — V. *Mercure français*, 1630, p. 704.
[2] François Leclerc du Tremblay, capucin, né à Paris en 1577, mort à Rueil en 1638. Fils de Jean Leclerc, seigneur du Tremblay, et de Marie de La Fayette, réforma Fontrevault, créa les bénédictines du Calvaire. Ami et conseiller de Richelieu, qui l'employa dans beaucoup de négociations.

y fut renvoyé, et Sa Majesté despescha au Roy de Suède et aux Hollandois, pour les asseurer qu'il les assisteroit plus que jamais. Ce fut à Rouane que le Roy en receut la nouvelle.

13 octobre 1630.

TRAICTÉ DE PAIX DE RATISBONNE

Articles du traité de paix conclu à Ratisbonne le 13 octobre 1630.

I. Le premier article comprend une paix générale entre l'Empereur et le Roy.

II. L'ajustement des intérests du duc de Savoye, auquel l'on adjuge dix-huit mille escus de rente sur quelques lieux du Montferrat, dedans lesquels Trin sera compris, qui luy demeurera en l'estat qu'il est. Et cette exécution est remise aux commissaires de l'Empereur et aux députés de Sa Majesté.

III. Les prétensions de Madame la Duchesse de Lorraine remises dedans six mois, du jour de l'investiture, à la voye d'arbitres ou amiables compositeurs, au jugement de Sa Majesté Impériale avecque les vœux des Électeurs.

IV. Les intérests de Guastalla sont vuidez et terminez, moyennant six mille escus de rente, que l'on adjuge, sur des terres du Mantoüan, qui seront estimées par amis communs.

V. Sa Majesté Impériale reprend en grâce le Duc de Mantoue, sur les submissions qu'il luy rend par une lettre, en laquelle ce mot de Pardon n'est pas inséré.

VI. L'investiture accordée dedans six sepmaines de la date du traité, sur la procuration pour la demander, dont un envoyé du duc de Mantoue sera chargé; et dans lequel temps l'ajustement des intérests de Savoye et de Guastalla seront vuidez; et à faute d'estre terminez, ne laissera d'avoir la ditte investiture.

VII. Protection de Sa Majesté Impériale contre tous ceux qui contre l'investiture, ou en suite de ces derniers mouvements, voudroient troubler ou inquiéter Mr de Mantoüe.

VIII. Tous actes d'hostilité cesseront dès l'heure que les chefs d'armée auront cognoissance du présent traité de paix. Nota qu'en conséquence de cet article a esté donné ordre expres par l'Empereur au Comte de Colalte de laisser refraischir la citadelle de Casal de soldatz, vivres, et munitions, comme l'on voudroit, et mandé au Prince de Piémont de faire fournir vivres à prix raisonnable.

IX. Après l'investiture donnée au Duc de Mantoüe, Sa M^{té} Imp^{le}, dedans quinze jours ou tel autre terme qui sera accordé entre les chefs d'armées, retirera ses troupes d'Italie, fors que de la ville et chasteau de Mantoüe et de Canete où elle tiendra une garnison convenable. Le Roy Catholique fera aussy retirer ses forces de la ville et chasteau de Casal et de tout le duché de Montferrat et Principauté de Piémont; et Sa M^{té} Très Chrestienne fera le semblable de la citadelle de Casal, de tout le Montferrat, de Piémont, de Savoye et de toute l'Italie, fors de Pignerol, Suse, Vigliane et Briqueras, où elle pourra tenir garnison suffisante et nécessaire. Le duc de Savoye retirera aussy ses gents de guerre du Montferrat, fors de Trin, qui luy demeurera en l'estat qu'il est, pour le regard de la fortification. Et tous les Princes dessusdits désarmeront de telle sorte, qu'ils ne donnent juste occasion de jalousie.

X. La ville, chasteau et citadelle de Casal, et autres lieux appartenans au dit duc de Mantoüe dans le Montferrat, excepté ce qui sera adjugé au duc de Savoye, seront remis en mains du duc Charles, qui les pourra munir de garnisons convenables et dépendantes de luy, selon que ses prédécesseurs en usoient, et en sorte qu'il ne donne aucun ombrage aux voisins. Si néantmoins quelque accord et convention s'estoit passée entre les chefs des deux armées avant la subscription de ce traité sur la démolition de Casal, elle sera exécutée.

XI. Les armées estant licentiées de part et d'autre, Sa M^{té} Imp^{le} remettra la ville de Mantoüe et le chasteau de Porto, comme aussy Canete en la libre disposition du duc de Mantoüe, et le Roy fera le semblable au Duc de Savoye des places susdites, après que les fortifications nouvelles en auront esté desmolies.

XII. L'Empereur retirera toutes ses forces des Grisons, et les remettra au premier estat qu'ils estoient, sans que qui que ce soit y puisse fortifier, sous quelque prétexte que ce puisse estre, et sauf les droits, traitez et considérations d'un chascun.

XIII. Pour la seureté des choses cy-dessus, sera donné des ostages de mesme qualité ès mains de Sa S^{té} ou du Grand Duc de Florence, ou d'un Prince Catholique en Allemagne, lesquels seront rendus au premier qui aura satisfait au traité; et, en cas que par la briefveté du temps l'un des deux n'y pust satisfaire, seront retenus; et, où par mauvaise foy, l'une des dittes parties ne voulust accomplir les choses cy-dessus, lesdits ostages seront remis entre les mains de celuy qui aura satisfait. Il appartiendra aux chefs d'armée de choisir lesdits ostages, ou de prendre quelque autre expédient.

XIV. La République de Venise, sur l'instance du Roy, jouira du bénéfice de la paix et luy sera rendu ce qui aura esté occupé sur elle, sans qu'à l'advenir elle puisse estre molestée pour raison de ces derniers mouvements; comme aussy de son costé elle n'entreprendra rien contre Sa M^{té} Imp^{le}.

XV et XVI. Les articles 15 et 16⁰ concernent les innovations de Lorraine sur la frontière d'Allemagne, sur lesquelles il n'y a rien de déterminé.

XVII. L'article 17, pour le désarmement du dit Duc de Lorraine.

XVIII. L'article 18, oubliance des choses passées.

XIX. L'article 19, que s'il avoit esté fait deux traités, le premier en date aura lieu.

XX. L'article 20, promesse réciproque d'entretenir et observer cy-dessus.

Lundi 14. — Le Mazarini, voyant que l'on se préparoit dans l'armée du Roy pour secourir Cazal, vient dire que la paix estoit faicte à Ratisbonne (et M⁽ʳ⁾ de Frangipani en avoit aussy receu lettres du camp des ennemis); mais ne le pouvant faire voir par escript, puisqu'il n'en parloit que par conjecture, la paix n'ayant esté signée que la veille, on ne s'arresta point à cela.

M⁽ʳˢ⁾ de Schonberg, de La Force et de Marillac voulans partir le 16 (lendemain de l'expiration de la trefve), pour aller secourir Cazal, ilz partagèrent les Maréchaux de camp. M⁽ʳ⁾ de Schonberg voulut avoir M⁽ʳ⁾ de Feuquière; M⁽ʳ⁾ de La Force eut M⁽ʳ⁾ d'Arpajoux et M⁽ʳ⁾ de Marillac, M⁽ʳ⁾ de Chastellier barlot le bonhomme, M⁽ʳ⁾ de

Frangipani, qui ne servoit guère qu'au Conseil, n'abandonna point Mr de Schonberg. Quant à Mr le Marq. de Brézé, personne ne l'eut.

Mercredi 16. — La trefve générale estant expirée, noz généraulx marchèrent au secours de Cazal et le secoururent, ainsy qu'il se void par la relation imprimée cy attachée, faite par le Sr Du plessis Bezançon, laquelle est fort bonne.

Relation très particulière de ce qui s'est passé en Piémont, depuis le commencement de la Trève jusques après le secours, et la paix de Cazal.

La trève ayant esté acceptée en Piémont, tant par les Généraux de l'armée du Roy, que par les Impérialistes, par les Espagnols, et par Monsieur de Savoye, la ville et le chasteau de Cazal furent déposez entre les mains des ennemis, pour faciliter les moyens d'une paix que ceste trève sembloit devoir produire; mais comme des choses de l'avenir, et qui dépendent de plusieurs intérests différents, les événements sont tousiours douteux; Monsieur le Mareschal de Schonberg pour se préparer à ce qu'il faudrait faire à la fin de la trève, et pour délivrer l'armée des nécessitez où elle estoit pour lors, jugea qu'il estoit nécessaire de l'eslargir, et pour cet effet il fut résolu entre luy, et Monsieur le Mareschal de La Force que la plus part des troupes passeroit le Pô, et se jetteroit dans la partie du Marquisat de Sahisses, qui estoit de l'obéyssance du Roy, où il y avoit plus de vivres, et moins de peste.

Cette résolution ainsi prise fut aussy tost exécutée, si bien que dès le quinziesme Septembre tout ce qui devoit aller de ce costé là prist cette route, et les vivres pour ce qui devoit demeurer s'y bien establis, qu'il n'y avoit rien à douter jusques à la fin de la Trêve ; et afin que toutes choses se fissent avec plus d'ordre, et de surreté, Monsieur des Chasteliers Barlot, Mareschal de Camp, et Monsieur Détempes, intendant de la Justice, et des Finances de l'armée, demeurerent pour en avoir le soin, et recevoir les nouvelles forces qui venoient de jour à autre du costé de France.

Pour ce qui est des troupes qui passerent le Po, les quartiers ou elles furent mises leur fournirent le pain, quelques-uns gratuitement, et les autres à fort bon prix.

Les vivres de l'armée asseurez de la sorte jusques au quinziesme Octobre, l'on ne pensa plus qu'aux moyens de se préparer au voyage de Cazal, au cas que la paix n'intervint pas dans la fin de la Trêve : E(t) comme il est certain que les principales difficultez, qui s'opposoient à cette entreprise estoient les vivres, et les expédiens de les voiturer, l'on travailla si puissamment à l'un et à l'autre, que quatre jours avant l'expiration de la Trêve il y eut du pain, du biscuit, et des farines prestes pour plus de dix-huict jours à toute l'armée.

Pour cet effet l'on envoya les drapeaux (excepté un

pour chaque Régiment) et les bagages à Chasteau Dauphin, à Pignerol et à Veillane, selon que le voisinage du logement des troupes le permettoit, avec ordre de ramener toutes les bestes de voiture pour porter le biscuit des soldats, et pour quatre jours de farine; dont la garde et le soin fut commis aux principaux officiers de chaque Regiment, et le pain distribué aux soldats pour cinq jours en partant de leurs garnisons pour s'en aller au rendez-vous général. Outre un petit fonds de farine que Monsieur Demery qui avoit eu le principal soin des vivres faisoit encore porter pour ne s'en servir qu'à l'extrême nécessité.

Tandis qu'on agissait de la sorte le sieur Mazarini fist plusieurs voyages; mais tous infructueux pour la paix qu'on avoit espéré de la Trève, les Espagnols ne voulans point se mettre à la raison, sur l'imagination qu'ils avoient qu'il estoit comme impossible d'aller à eux, et que par ce moyen la Citadelle de Cazal ne leur pouvoit eschapper, d'autant qu'on estoit convenu par la Trève de la leur remettre entre les mains quinze jours après qu'elle seroit expirée, s'y dans ce terme l'armée du Roy n'avoit libre communication avec elle; mais Messieurs les Mareschaux de la Force et de Schomberg [1], bien informez de ce qu'ilz avoient à faire, et du chemin qu'ils devoient tenir : afin qu'il ne se perdist pas une heure de temps, s'il se pouvoit, don-

---

[1] Nota que Monsieur le Mareschal de Marillac n'estoit pas encore arrivé à l'armée. *(Note d'Arnauld.)*

nerent le rendez-vous général à toute l'armée dans la pleine de Scarnafix pres Salusses, au quinziesme Octobre precisément, qui estoit le dernier jour de la Trève, pour de là s'en aller droit à Cazal, suyvant les ordres expres qu'ils en avoient eus de Sa Majesté.

Le quinziesme Octobre venu, toute l'armée s'achemina au rendez-vous qui luy avoit esté donné, avec tant de résolution, et d'envie de faire un si beau voyage, qu'il n'y avoit soldat qui ne se tint heureux de se trouver en une telle occasion, et qui contre l'ordinaire ne semblast se piquer d'honneur pour la reputation des François.

Le lendemain qui estoit le seiziesme, fut employé a mettre l'armée en bataille, et coupler les Regiments, et les Compagnies de Cavallerie, afin que tous les bataillons fussent de neuf cens, ou mille hommes, et tous les escadrons de six vingtz maistres au moins.

Cela fait : le total de l'armée fut divisé en trois corps, le plus égallement qu'il se pût, excepté la battaille qui demeura plus forte que les autres, d'autant que les gardes Françoises, et Suisses, et toute la Noblesse de Dauphiné fut destinée pour en estre tousiours.

Cette division ainsi faite l'avant garde se trouva de six bataillons, et six escadrons de Cavallerie, qui faisoient près de six mille hommes de pied, et huict cens chevaux, l'arrière garde à peu pres de pareil nombre, et la battaille plus forte de deux mille hommes de pied, et de toute la Noblesse de Dauphiné, qui faisoit quatre cens cinquante maistres, Commandez par Monsieur le comte de Saux.

Pour ce qui est du commandement de l'armée Messieurs les Mareschaux de France s'accorderent entr'eux qu'ils commanderoient chacun leur jour, et que celuy qui commanderoit la battaille, donneroit le mot, et auroit toutes les marques du souverain commandement.

Mais d'autant que l'armée estoit composée des trois corps susdits, et qu'un seul chef ne pouvoit pas agir partout, chacun prit en particulier le soin de commander à l'une des trois brigades, ayant comme il est desja dit concerté entr'eux de réferer tout à celuy qui seroit en jour de commander la Battaille.

Monsieur le Mareschal de La Force comme l'aisné des Mareschaux de France, le premier jour que l'armée marcha, qui fut le dix septiesme Octobre voulut commander à l'arriere garde, Monsieur le Mareschal de Schomberg prist l'avant garde, et Monsieur le Mareschal de Marillac la Battaille : avec cét ordre, que le Corps qui auroit marché un jour à l'avant garde, marcheroit le lendemain à l'arrière garde; et l'arrière garde à la Battaille, et ainsi consécutivement, pour reprendre tousiours un mesme poste de trois en trois jours.

Or tout ainsi que l'armée avoit esté divisée en trois corps, pour servir sous Messieurs les Mareschaux de France, tous les officiers d'armée furent aussi divisez de mesme; asçavoir Messieurs de Féquières, et Franchipany, Mareschaux de Camp, et les sieurs de la

Haye, et Beauregard aydes de Camp sous Monsieur le Mareschal de Schomberg.

Messieurs des Chasteliers Barlot, et Marquis de Braizé, Mareschaux de Camp, et les Sieurs de Rogles, et le Bosque, aydes de Camp, sous Monsieur le Mareschal de Marrillac.

Monsieur le Vicomte d'Arpajon Mareschal de Camp, et les Sieurs de la Fitte, du Fraische, et le Vijan, aydes de Camp, sous Monsieur le Mareschal de La Force.

Quant aux Sieurs du Plessis Besançon, et de Vignolles aussi aydes de Camp, ils furent destinez pour estre ordinairement à la teste de toute l'armée, avec les deux cens mousquetaires qui leur estoient ordonnez pour soustenir les travailleurs, qui servoient à ouvrir dans les Champs des *chemins nouveaux aux gens de guerre*, pour marcher au moins dix hommes de front, afin que *les chemins ordinaires ne servissent qu'aux vivres, à l'artillerie et aux bagages*, et que par ce moyen l'Armée pût marcher avec plus d'ordre et de diligence; ce qui a esté punctuellement exécuté pendant le voyage.

Le Sieur d'Argencour sergent de bataille, n'eust point de place affectée d'autant que sa charge l'obligeoit d'estre tantost à la teste et tantost à la queue de l'armée, pour voir si les troupes marchoient dans l'ordre qui leur estoit prescrit.

Pour ce qui est du sieur de la Noüe, qui faisoit la

charge de Mareschal général des logis de l'armée, il estoit ordinairement auprès de celuy qui commandoit la bataille, et fournissoit de fourriers aux autres Mareschaux de France pour les autres brigades de l'armée.

Avec cet ordre, l'Armée du Roy partit du rendez-vous général le dix septiesme Octobre, et s'en alla camper aux environs de Rancoins, faisant ce jour-là sept grands milles de chemin, et laissant encore près de huict mille hommes de pied, et mille chevaux au tour de Turin, sous la charge de Monsieur le Marquis de Tavane, Mareschal de Camp, pour donner la jalousie toute entière à Monsieur de Savoye.

Le lendemain dix huictiesme elle fist quatre milles, et alla camper à Somerive del Bosq.

Le lendemain dix neufiesme elle ne fist que deux milles, et n'alla camper qu'à Cérizolles pour attendre l'arrière-garde qui n'avoit pû partir de Raconis avec le reste de l'armée.

Le lendemain *Vintiesme*, elle marcha en trois colonnes, ou par trois chemins différens, fist sept grands milles, et alla camper à Canalle, ou elle se rejoignit le soir et ou *Messieurs les Mareschaux de France receurent* les nouvelles *du traicté de Ratisbone, par le sieur de Sainct-Estienne qui les vint trouver de la part de Monsieur de Léon ;* et encore par le sieur Mazarini.

Sur cette nouvelle, Messieurs les Mareschaux de France s'assemblèrent pour délibérer de ce qu'ils avoient à faire, mais enfin voyans que ce traicté estoit du tout contraire aux intentions du Roy, pour ce qui regardoit Cazal particulièrement, ils se résolurent de poursuivre leur voyage, et se tenir aux conditions de la Trêve faicte en Italie, que ledit traitté d'Allemagne sembloit plustost ratifier que destruire ; et pour cet effect, prièrent le Sieur Mazarini de sommer de leur part le Comte de Colalte, qu'il eust à se retirer avec les troupes Impériales hors de l'armée espagnolle, d'autant qu'il n'y avoit que les armes d'Espagne qui se pussent opposer aux armes de France dans ce voyage : suivant ce qui avoit esté résolu par la Trêve.

Le lendemain vint et uniesme l'armée fist sept milles, et alla camper près d'Ast, aux environs des Cassine de Ravignan, ou il parut quelque Cavallerie des ennemis qui fust poussée des Carabins de l'avant-garde, commandez par le Sieur de Bideran, jusques aux portes d'Ast.

Le lendemain vint-deuxiesme l'armée fist quatre milles, et alla camper, au-delà d'Ast (d'où il fust quelques volées de Canon sur elle en passant), sçavoir l'avant-garde à la Croix blanche, et le reste de l'armée aux Cassines d'Ast.

Le lendemain vint-troisiesme, l'armée fist six milles, et alla camper, sçavoir l'avant garde et la bataille à une grande cassine nommée Roque Sivalere, et l'arrière garde à la Serre (village de Montferrat), ayant *passé environ deux milles dans l'Estat de Milan*, où il fut treuvé dans un pré sur le bord du Tanaro plus de cent cinquante barils de poudre, qui furent bruslées par les soldats, excepté la charge des bandolieres des Mousquetaires de l'avant-garde.

Ce jour là le sieur Mazarini revint encore, mais avec aussi peu de fruict que l'ordinaire, ne proposant que l'exécution du traicté d'Allemagne, et faisant entendre que les Espagnols avoient travaillé continuellement à se retrancher contre l'armée du Roy (depuis la fin de la Trêve) à l'entour de la ville, de la Citadelle et du Chasteau de Cazal, pour luy en oster la communication.

Le lendemain vint-quatriesme, l'avant-garde fist cinq milles, et alla camper à Cuquarro, et la bataille, et l'arrière garde à Fioubine, un mille moins autant. Le vint-cinquiesme toute l'armée fist six milles, et alla camper à Occimiane, quatre milles loing de Cazal; ce soir là il fut tenu Conseil, pour se resoudre sur les divers advis qu'on recevoit touchant l'attaque des ennemis du costé de la Coline, ou de la pleine : mais enfin il fut *resolu* pour plusieurs raisons *qu'on les attaqueroit du costé de la pleine*, ou leurs travaux estoient moins achevez que du costé de la Coline, ne s'estans pas imaginez qu'on les deust prendre de ce costé-là.

Suivant cette resolution le lendemain vint-sixiesme l'armée marcha droit au bourg S. Martin, et de la, passa le canal d'un torrent nommé la Gatola (qui semble plustost un fossé faict exprès pour l'esgoust des eaux que le lit naturel d'un torrant, ou d'une ravine) et apres avoir gaigné la pleine descouverte, fut mise en battaille à la veüe de l'armée des Espagnols, et sans marchander alla vers leurs retranchements dans le plus bel ordre, et avec la plus grande résolution qui se puisse imaginer.

Comme elle en fust environ à mille pas, la pleine s'estant tout à fait eslargie, et permettant de pratiquer tel ordre qu'on vouloit, on luy fist faire halte, pour disposer les troupes selon celuy qui avoit esté resolu pour l'attaque, et cet *ordre* fut tel.

L'on mit sept bataillons sur une ligne droicte, qui faisoit front aux ennemis, à telle distance l'un de l'autre, qu'il y avoit place entre deux, pour les esquadrons qui estoient destinez, pour avoir la premiere pointe de la Cavallerie.

De ces sept premiers bataillons il y en avoit deux sur l'aisle droite du corps de Monsieur le Mareschal de la Force, qui avoit eu l'avant garde du marcher ce jour-là ; deux sur l'aisle gauche du corps de Monsieur le Mareschal de Marrillac, qui avoit eu l'arrière garde ; et les trois du milieu du corps de *Monsieur le Mareschal de Schomberg* qui *commandant la bataille, commandoit aussi* par conséquent *toute l'armée ;* et sur les aisles de l'Infanterie, deux esquadrons de Cavallerie de chaque costé et cinq compagnies de Carabins un peu plus avancées que tout le reste.

Environ à cent pas, derrière ces sept premiers bataillons qui faisoient la véritable avant garde du combat de toute l'armée, il y en avoit sept autres pour les soustenir, et huict esquadrons, disposez de telle sorte qu'ils n'avoient rien directement devant eux qui pust empescher les ennemis de les voir, et ce corps sur une autre ligne droicte plus reculée faisoit la bataille du combat.

Environ cent cinquante, ou deux cens pas derrière ce second corps, il y en avoit un autre de six bataillons, et de douze esquadrons aussi disposez sur une ligne droicte, qui faisoient l'arrière garde du combat, et encore cinquante ou soixante pas plus en arrière, il y avoit trois esquadrons en reserve ; et tout cela par tel ordre que tout se deffendoit, comme une fortification bien entendüe.

Il ne faut pas oublier qu'entre la bataille, et l'arrière garde du combat, sur le milieu du front de toute l'armée, il y avoit un esquadron de cent trente gensdarmes commandé par le sieur de la Ferté Imbault, qui devoit estre la place de combat de Monsieur le Mareschal de Schomberg ; et cét esquadron estoit soustenu de la Noblesse de Dauphiné qu'on avoit divisée en deux esquadrons à droit et à gauche : un peu plus avant sur la main droicte, celle de Monsieur le Mareschal de la Force, à la teste des gensdarmes et chevaux legers de la garde du Roy, commandez par le Comte de Saligny, et en mesme esloignement des ennemis, sur la main gauche, celle de Monsieur le Mareschal de Marillac, à la teste d'un esquadron ou estoit sa compagnie de chevaux legers.

L'armée estant en cet ordre, composée de dix-huict mille hommes de pied, deux mille trois cens chevaux sous cornette, et quatre cens cinquante Gentilshommes de Dauphiné, sans comprendre les officiers de Cavallerie n'y d'Infanterie; les sept bataillons qui faisoient l'avant garde du combat détachèrent leurs enfans perdus, au nombre d'environ deux cens tant picquiers que mousquetaires de chaque bataillon, qui s'avancerent quelque cens pas devant tout le reste; et ensuitte de cela, on la fist marcher aux ennemis jusques aux vieux retranchemens, qui avoient esté faits au temps du premier siège, qui estoient esloignez des nouveaux de la portée du mousquet seulement; là on luy fist faire halte, pour se mettre à genoux, et faire la prière; les soldats estans relevez, on leur fist quelque petit discours pour les animer à bien faire, mais ils n'en avoient pas grand besoing, dans la bonne humeur où la présence des ennemis les mettoit.

Toutes choses estans en cét estat, l'on fist avancer à la queuë des premiers bataillons, les *quatre canons* qu'on avoit menez, et *trois charettes chargées de piqs et de pelles*, pour faire des ouvertures aux retranchements des ennemis, afin de les rendre accessibles à la Cavallerie.

Pendant tout cecy, il parut quelque troupe des Carabins des ennemis, hors de leurs retranchements, qui à la faveur d'une mazure essayoient d'incommoder l'aisle gauche de l'armée, où le Picolomini estoit en personne, avec quelques autres Officiers; et comme il semble, pour recognoistre plustost que pour combattre.

Aussi tost qu'on les aperceut, cinq ou six volontaires furent à eux, et les gardes de Monsieur le Mareschal de Marrillac, de sorte qu'il y eut quelque légère escarmouche, où les ennemis furent repoussez, et où le sieur *de Marsilly* fut *tué* d'un coup de carabine s'estant fort avancé; *Picolomini y eut un cheval tué sous luy*, et en suitte de cela chacun se retira de part et d'autre, pour suyvre l'ordre général.

Ce jour là, le sieur de Mazarini avoit fait plusieurs allées et venuës d'une armée à l'autre, à cause de leur voisinage, mais inutiles comme à l'ordinaire.

Jamais il ne fit un si beau jour, et sembloit que le soleil eust redoublé sa lumière pour faire voir plus distinctement les particularitez d'une si grande et si importante action. Désia le peu de chemin qui restoit à faire pour joindre les *ennemis*, permettoit à tout le monde de voir *leur ordre* qui paroissoit fort beau; et de juger à peu pres de leur nombre, et de l'estat de leurs retranchemens; leur ordre estoit tel.

Ils avoient disposé trois rangs de mousquetaires derrière le parapet de leur retranchement, et laissé bien cent cinquante pas de vuide entre ledit parapet, et le front de leurs bataillons, pour leur servir comme de place d'armes et donner passage à leur Cavallerie; et de trois en trois qui se deffendoient l'un l'autre en forme d'eschiquier, il y avoit des gros de Cavallerie qui sembloient n'estre pas moindres que de quatre à cinq cens chevaux, voilà leur ordre. Pour leurs retranchemens ils paroissoient beaucoup plus achevez sur leur aisle droite que sur la gauche, qui estoit le costé du Pô, aussi y avoient-ils mis beaucoup plus de Cavallerie : leur parapet estoit eslevé plus haut que la ceinture, et le fossé creux et large à proportion, avec des demy lunes, ou avances de deux cens pas, où ils avoient logé *vint six canons chargez de balles de mousquet ;* un peu derrière leurs bataillons, ils avoient aussi quantité de redoutes à raisonnable distance les unes des autres, et un peu plus en arrière que tout cela, quelques troupes de Cavallerye et d'Infanterie, capables de s'opposer à *Monsieur de Thoiras*, qui estoit *sorty de la Citadelle avec deux cens cinquante maistres, et cinq ou six cens hommes de pied*, n'attendant que le commencement du combat, pour faire ce qu'il eust estimé le plus à propos.

Quand *(sic)* au nombre des *ennemis*, il est assez difficile de le dire bien précisément, néantmoins l'on jugea qu'ils estoient aussi forts d'Infanterie que les François, et beaucoup plus de Cavallerie, et s'y l'on croit à ce qu'ils en ont dit eux-mesmes ; ils avoient vint cinq mille hommes de pied, et six à sept mille chevaux.

Voila l'estat auquel estoient les deux armées, quand le commandement fut donné à celle du Roy, d'aller aux ennemis, et pouvoit estre environ trois heures après midy ; alors la Cavallerie mist l'espée et le pistolet à la main, les Officiers d'Infanterie mirent pied à terre ; et toute l'armée marcha d'un temps et d'un pas égal, dans l'ordre exprimé cy-dessus droit à leurs retranchemens, avec tant de résolution et de gayeté que les coups de canon que les ennemis tirèrent (quoy qu'ils fis sent assez de mal), ne purent apporter la moindre confusion parmy les soldats ny faire paslir un seul visage, (bien que ce fust en passant le vieux retranchement, dont il a esté parlé cy devant qui estoit assez incommode) au contraire, ils sembloient en marcher plus résolument et plus serrez, avec un *silence*, que la liberté Françoise n'a point accoustumé de pratiquer en pareilles occasions.

Jusques là Messieurs les Mareschaux de France, marchoient encore à la teste des premiers bataillons, bien qu'ils fussent assez pres des ennemis pour estre offensez de leur mousqueterie.

Sur ces entrefaites, comme l'on alloit tousiours en avant, les ennemis (soit ou pour crainte qu'ils eussent de l'espée des François, ou pour quelque considération d'estat qui les empeschast de rien hazarder, ou peut-estre pour des nécessitez qui n'estoient pas cognuës) tesmoignèrent tout d'un coup n'avoir point envie de combattre, mais plus tost de donner aux armes du Roy toute la satisfaction et l'honneur qu'elles pouvoient souhaiter, et pour cét effet envoyèrent en diligence le sieur Mazarini, vers Monsieur le Mareschal de Schomberg, comme à celuy qui commandoit l'armée ce jour là, et qui outre cela tenoit en Italie la principale clef du secret des volontez du Roy ; pour lui offrir de la part du Marquis de Saincte-Croix ce qu'il avoit tousiours refusé jusques là.

Le party proposé par le Sieur Mazarini fut trouvé si raisonnable, que comme le Roy n'avoit porté ses armes en Italie, que pour l'interest de ses alliez, et particulierement pour délivrer les Estats de Monsieur de Mantoüe de l'oppression des armes Imperialles et Espagnoles : aussi Monsieur le Mareschal de Schomberg le receut, et à mesme temps toute l'armée fist alte *(sic)*, Messieurs les Mareschaux de France s'assemblerent, et ledit Sieur Mazarini fust r'envoyé au Marquis de Saincte Croix, pour l'en asseurer de leur part.

Aussi tost que ledit sieur Mazarini fut arrivé aux retranchemens des ennemis, il y fut deffendu de tirer sur l'armée du Roy, mais deux volées de canon estants encore tirées depuis par mesgarde toute l'armée s'esbranloit derechef pour aller à eux, si elle n'eust esté retenüe par la présence, et par l'authorité des Généraux, ledit sieur Mazarini en vint faire des excuses, et donner en mesme temps un moyen prompt et facile pour exécuter ce qu'il avoit proposé de la part des Espagnols.

Ce moyen fut que le Marquis de Saincte-Croix sortiroit de ses retranchements avec les principaux Chefs de son armée jusques au nombre de trente, et qu'au mesme temps Messieurs les Mareschaux de France s'avanceroient aussy hors du corps de l'armée du Roy, accompagnez des Mareschaux de Camp, et autres Officiers de l'armée jusques à pareil nombre, pour adviser ensemble aux seuretez qui se pourroient prendre de part et d'autre : ce qui fust accepté par Messieurs les Mareschaux de France.

Incontinent après l'*on vit sortir du retranchement des ennemis, le Marquis de Saincte-Croix, Dom Philippes Spinola,* général de la Cavallerie; *le Duc de Lermes,* maistre de Camp, général de l'Infanterie, *le Duc de Nochera, le Comte de Serbelon* général de l'Artillerie, et *le reste jusques au nombre* susdit des plus honnestes gens de leur armée; *les Généraux de l'armée du Roy* s'avancèrent *au mesme temp en pareil nombre,* et faisoit fort bon de voir cette entrevüe de tant de gens de qualité armés de toutes pièces à la veüe de deux grandes armées, pour décider un différent le plus important de la Chretienté. Aprcs les embrassades et les compliments qui furent faits et receus de part et d'autre, et que l'on eust convenu de tout ce qui se devoit executer, chacun se retira dans son armée, sans avoir pris autre asseurance l'un de l'autre que la seule parole, et la foy des Generaux.

Ce qui fut *arresté en ceste entreveüe* fut; que le traicté faict à Ratisbonne seroit entierement suivy (excepté pour le regard de Cazal) c'est à dire, que l'Empereur envoyeroit dans un mois l'investiture du Mantuan et du Montferrat, à Monsieur de Mantoüe;

apres avoir receu de luy une lettre de sumission, des termes de laquelle l'on estoit désia demeuré d'accord : que les Valtolins, et les Grisons seroient remis en leur premiere liberté, et les forts qui pourroient avoir esté faits en leurs pays razez. Qu'en attendant l'execution de tout cela, les armes du Roy demeureroient en Italie, sans qu'il fust rien rendu à Monsieur de Savoye de tout ce qui a esté pris de ses Estats, que toutes choses ne fussent plainement executez.

Et *pour ce qui regardoit Cazal, que les ennemis sortiroient le lendemain de la Ville, et du Chasteau;* et *généralement de toutes les places du Montferrat;* que leur armée se retireroit par l'autre costé du Po dans le Milanois, et l'armée du Roy vers Salusse, Veillane, et Pignerol, par le chemin qui luy seroit le plus commode.

Qu'il demeureroit un Commissaire de la part de l'Empereur avec son train seulement dans la ville de Cazal, pour y donner le mot, attendant l'investiture, et que pendant ce temps là, il n'y pourroit aussi demeurer aucunes troupes Françoises au nom du Roy :

Toutes choses ainsi resolües, l'armée du Roy fit demy tour à droit, et vint prendre les logemens de Fressinet del Po, du bourg Sainct Martin, et d'Occimiane, (le tout à un mil du travail des ennemis) et celle des Espagnols demeura en bataille dans leurs retranchements.

Les vint septiesme et vint huictiesme suivans, les

ennemis furent occupez à tirer leurs canons, et munitions de la ville et du chasteau de Cazal, et à dresser des ponts au dessus et au dessous de la ville pour faire passer leur armée, mais d'autant que cela tiroit un peu de longue, et qu'ils estoient pressez de la part de Messieurs les Mareschaux de France, de se retirer promptement ils demandèrent par le sieur Mazarini qu'on leur laissast les logements de Fressinet, et du bourg Sainct Martin, afin qu'ils se peussent plus diligemment retirer, à cause que n'ayant pu faire un pont sur le Pô, il leur eust falu trop de temps s'ils eussent esté nécessitez de le passer autrement.

Cela leur ayant esté accordé on leur laissa les deux logemens susdits, et le vint neufiesme ils se retirerent vers Vallance, et Allexandrie, qui sont les deux premieres places de l'Estat de Milan.

Le trentiesme, Messieurs les Généraux de l'armée du Roy furent dans la citadelle de Cazal et demeurerent dans la ville à cause du mauvais temps jusques au premier de Novembre : cependant une partie de l'armée se retira par la mesme route qu'elle estoit venüe, sous la conduitte de Messieurs les Viconte d'Arpajon et Chasteliers Barlot Mareschaux de Camp, et l'autre partie passa le Po, pour se retirer du costé de Veillane, avec Messieurs les Mareschaux de France, et le reste des Officiers de l'armée ; après avoir pourveu autant qu'il estoit possible aux plus pressantes nécessitez de Cazal. Le deuxiesme Novembre, Messieurs les Mareschaux de France estans sur le point de passer le Po, sur les plaintes qui leur furent faites qu'au préjudice du dernier traicté, il y avoit des troupes dans le Montferrat, qui faisoient quantité de rançonnements, et de désordres; il fut advisé avec le sieur Commissaire qui devoit demeurer au nom de l'Empereur dans Cazal, qu'il envoieroit un homme de sa part, avec le sieur de La Haye ayde de Camp, vers le duc de Saxe qui commandoit les Allemans en l'absence du Comte de Colalte et du Colonel Garasso, afin de faire cesser les violences que ses troupes commettoient, et qu'une paix si solemnellement faite ne fust point altérée; ce qui fut executé.

Le mesme jour Messieurs les Mareschaux de France allerent prendre un logement au delà du Po, nommé Rive de Balsola, ayant auparavant fait sortir de Cazal tous les François qui pouvoient y estre demeurez apres le passage des troupes [1].

Le lendemain troisiesme Messieurs les Mareschaux de France séjournerent audit logement de Rive, attendant le retour du sieur de La Haye, qui ne revint que le quatriesme sans rapporter aucun fruict de son voyage, dautant qu'il n'avoit trouvé personne à qui parler, ceux de l'armée Espagnolle avec lesquels l'on avoit traicté, s'estans escartez qui de çà, qui de là pensant par cette substilité tenir les choses en longueur, et que ce pen-

[1] *Mercure français*, 1630, p. 725.

dant l'armée du Roy s'esloignant tout à fait de Cazal, et le laissant desgarny de gens de guerre, et de vivres, ils demeureroient en possession des autres places du Montferrat, et pourroient encore former un nouveau dessein de l'avoir.

Messieurs les Mareschaux de France jugeans bien où les ennemis tendoient par ce dilayement, et voulans mettre Cazal hors d'échec avant que l'armée s'en esloignast davantage, après avoir bien considéré toute chose, se resolurent enfin d'y r'envoyer les Regimens du Plessis Pralin, Turenne, et la Grange, estimant avoir un légitime sujet d'en user ainsi, puis que les Espagnols estoient encore dans le pont Destura, Nice de la Paille, et Rozignan, dont ils devoient estre sortis le même jour que les troupes Françoises sortirent de Cazal, ainsi qu'il avoit esté résolu par le traicté du vint-sixiesme Octobre.

Mais afin qu'une si juste raison ne demeurast pas incogneuë, et que les Espagnols ne peussent accuser les François de les avoir surpris ou manqué leur parole, *Monsieur le Mareschal de Marillac*, qui *menoit dans Cazal les trois Regimens* susdits fist une déclaration très expresse audit sieur Commissaire Imperial, en la présence de monsieur le Nonce extraordinaire, et des ambassadeurs de Venize et de Mantoüe, qu'il ne les y avoit amenées pour contrevenir en aucune façon audit traicté du 26 Octobre, et qu'aussy tost que les Espagnols l'auroient sincerement exécuté, comme il avoit esté desjà fait de la part du Roy, lesdites troupes qu'il avoit amenées sortiroient aussy de Cazal ; mais qu'en attendant il n'estoit pas raisonnable pour l'interest de Monsieur de Mantoüe, n'y bienseant pour l'honneur des armes du Roy, qu'elles s'en élognassent, sans avoir pourveu à sa seureté.

A cela mondit sieur le Nonce, n'y mesme ledit sieur Commissaire Imperial n'ayant sceu que respondre, mon dit sieur le Mareschal de Marillac, laissa lesdites troupes dans Cazal, avec Monsieur de Franchipany Mareschal de Camp, et s'en retourna joindre messieurs ses Compagnons ; et tous ensemble accompagnez du reste de l'armée, ils prirent la route de Veillane, selon les quartiers et les estapes que monsieur de Savoye avoit fait préparer aux troupes du Roy.

La nuit d'entre le 7 et le 8, le sieur Mazarini vint trouver messieurs les Mareschaux de France à Sainct Antonin prez Lyvourne, pour leur dire que les Espagnols, et Allemans, offensez de ce qu'on avoit jetté des troupes Françoises dans Cazal, s'estans resolus de les venir attaquer, marchoient en grande diligence droit à eux, et que dans trois heures on les auroit sur les bras avec toutes leurs forces.

Messieurs les Mareschaux de France luy respondirent à cela que cette nouvelle les surprenoit bien fort, par ce qu'apres la declaration faite sur ce sujet par Monsieur le Mareschal de Marillac, au Commissaire Impérial, en la presence de Monsieur le Nonce, et des ambassadeurs de Venize, et de Mantoüe, ils estoient demeurez contans, et qu'en suitte de cela, l'elongnement de l'armée des environs de Cazal, suivant le concert pris, et la parole donnée entre eux, que les trouppes des uns et des autres se retireroient des le lendemain, l'on devoit plus tost croire qu'ils fussent au-delà de Novarre, qu'en chemin de les venir attaquer hostillement, sans plainte n'y declaration precedente, mais que s'ils osoient venir jusques à eux, ils les treuveroient en estat d'appaiser leur colere, et de chastier par un second affront, le second manquement de foy, qu'ils commettoient par une telle action, dont il pourroit luy mesme estre le spectateur, s'il en vouloit attendre l'heure.

Il repartit qu'il pretendoit retourner vers eux en diligence pour essayer de les arrester, et les rendre capables de quelque raison en cette nouvelle difficulté ; de laquelle il jugeoit la suitte tres perilleuse, et sur laquelle cependant il estimoit à propos de faire quelque proposition par avance : on luy dit la-dessus que l'acheminement des ennemis vers l'armée du Roy, ostoit toute sorte de moyens d'entendre à aucune nouvelle proposition, n'y décider aucun differend que par les armes, que s'il(s) s'en retournoient sur leurs pas, et sortoient des terres du Montferrat, comme les François avoient desja fait, l'on pouroit lors en escouter quelqu'une, pourveu qu'elle ne portast point de préjudice, à ce qui avoit esté traicté l'espée à la main le 26 Octobre.

Avec ceste response ledit sieur Mazarini partist en mesme temps, et desira mener avec luy quelqu'un de l'armée du Roy, pour estre tesmoin de ce qu'il auroit fait.

Cependant l'ordre fust envoyé aux troupes, un peu escartées (à cause de la peste, des estapes, et sous la foy d'un traicté) de se rendre en la pleine de Livourne avec toute la diligence possible, les Gardes, les Suisses, et cinq cens chevaux y furent à la pointe du jour, et à huict heures du matin les autres troupes, dont il fust tiré deux bataillons, et trois cens chevaux, pour aller gaigner, et garder le pont de la Doire Baltea, qui estoit necessaire pour les vivres, et le reste attendit en bataille les ennemys jusques à quatre heures du soir desquels n'ayant aucune nouvelle, l'on alla camper à deux mille de là pres d'un bourg nommé Salugio, qui se rencontroit à la teste du pont.

Les ennemis qui eussent pu estre ou les troupes du Roy les *avoient attendus dès les dix heures du matin*, ne parurent point, mais comme l'on estoit dans Salugio, celuy de l'armée du Roy que ledit sieur Mazarini avoit mené avec luy arriva, conduisant un capitaine de l'armée ennemye, pour dire à messieurs les Mareschaux de France que Picolomini s'offroit de les venir trouver, pour leur parler suivant ce que ledit sieur Mazarini leur devoit avoir fait entendre, à quoy ils respondirent, que s'il avoit quelque chose à leur dire il seroit le bien venu, son capitaine s'offrit lors de demeurer en ostage, pourveu que celuy de l'armée du Roy qui estoit revenu d'avec les ennemys y retournast semblablement; ce qui fut fait.

A une heure de là, ledit sieur Mazarini revint, declarant à Messieurs les Mareschaux de France, qu'il ne pouvoit retarder le dessein des ennemys, ny apaiser leurs mescontentements, s'ils ne vouloient consentir à quelque proposition qu'il vouloit faire. L'un deux estoit lors sur la Doire Baltea, pour en garder le passage durant la nuit, et partant il ne pût avoir de response jusque au lendemain.

A la diane messieurs les Mareschaux de France s'estant assemblez, et ledit sieur Mazarini ayant faict instance d'estre escouté, ses propositions furent : que si sur les plaintes que faisoient les uns et les autres, l'on se vouloit remettre à un tiers pour juger qui des deux partis auroit tort, il s'en pourroit ensuivre un bon accommodement; que Monsieur de Savoye seroit un médiateur pour cela, lequel promettoit de ne juger rien jusques au temps que l'investiture doit estre baillée par l'Empereur à Monsieur de Mantoüe, et laquelle estant donnée, comme il ne seroit plus question de ne rien terminer, il ne se parleroit plus aussi de ces présentes et differentes plaintes; que moyennant cela, les armes de l'Empire, et de l'Espagne, se retireroient de Montferrat comme celles de France : et que les garnisons Françoises et Espagnolles qui se trouvoient lors dans Cazal, et autres places du Montferrat, y demeuroient jusques à la réception de l'investiture, et puis chacun se retireroit de son costé.

Il fut respondu audit sieur Mazarini, que Monsieur de Savoye ayant tousiours tenu le party contraire ne pouvoit estre recevable pour mediateur, qu'il ne se pouvoit parler d'accommodement les ennemys estans proches, et qu'en toutes façons il se faloit tenir au traicté du vint-sixiesme Octobre.

Le sieur Mazarini assez mal satisfait de cette responce, s'en retourna avec le capitaine de Picolomini, et dit, que si dans deux heures l'on n'avoit de ses nouvelles, l'on devoit tenir tout pour rompu, et bien prendre garde à soy, dautant que les ennemys plus forts que l'armée du Roy, la viendroient infailliblement attaquer. A quoy on lui respondit que du mesme pas, elle alloit se remettre en bataille pour les attendre dans la pleine, qu'elle y demeureroit jusques à unze heures, et qu'après cela elle passeroit la Doire, non pas pour se retirer, mais pour aller prendre la commodité des vivres qui luy estoient preparez au delà.

Les ennemis qu'on sçavoit asseurément avoir campé entre Bianzay et Livourne, virent l'armée du Roy en bataille tout le matin, mais sans se montrer sinon sur le dernier corps de garde de cavallerie qu'on avoit laissé à la teste de la pleine pendant que l'infanterie filoit par des chemins estroits pour passer la Doire sur un pont de batteaux que monsieur de Savoye y avoit fait faire ; ce corps de garde commandé par *le Chevalier de Sene-*

terre les receut, et les arresta si bien que monsieur *de Fequières* l'estant venu retirer à la faveur des Gardes qui faisoient la retraicte, les ennemis attaquerent l'escarmouche sur eux par quelques Cravattes à la teste du bourg, mais n'y ayant pas treuvé leur compte, ils firent ferme, jusques à ce que toutes les troupes passées au delà de la Doire, sçavoir l'Infanterie sur le pont, et la Cavallerie et les bagages au guay, les mesmes Cravattes soustenus d'un escadron de deux cens chevaux, revindrent à la faveur d'un bois qui est sur le bord de la riviere faire une autre descharge, et voyant qu'on leur respondoit assez brusquement, disparurent en un instant.

Sur ces entrefaites le sieur Mazarini revint trouver messieurs les Mareschaux de France, disant qu'il ne vouloit jamais désespérer des affaires, et travailleroit tousiours à les accommoder, on luy dit la dessus, qu'il faloit attendre à parler jusques au lendemain pour voir si les ennemys seroient assez honnestes gens pour passer la Doire.

Le jour ensuivant qui estoit le unzième de Novembre l'armée du Roy fust mise en bataille à un mil de la riviere, n'y ayant point de lieu pour ce faire plus proche que celuy la, qui estoit une autre belle pleine raze, comme celle de Livourne et Salugio. Mais, apres avoir attendu quatre heures, et veu que les ennemys n'entreprenoient point de passer l'eau, encores qu'ils eussent plusieurs guais, bons et larges à la teste de la dite pleine, et sur le bord desquels ils avoient campé la nuict, l'on fist marcher l'armée en bataille (autant que le pays le pouvoit permettre) jusques à Folisso, qui est un fort bon quartier pour la commodité des vivres, et celuy de tout le Piémont le moins ruiné des gens de guerre, et de peste, seitué entre Yvrée et Chiras, où l'on fait estat de faire subsister les troupes (bien que contre la volonté de Monsieur de Savoye), tant qu'il ayt fourny trois mille sacz de blé qui ont esté promis de sa part par Monsieur Mazarini, et depuis par le retour de Monsieur d'Hemery pour le ravitaillement de Cazal.

Et par ce qu'on a jugé qu'il ne restait rien pour lors de plus important affaire que de faciliter l'entrée des vivres dans Cazal; afin d'en venir plus aysément à bout, l'on fist entendre audit sieur Mazarini, que puisque l'armée du Roy avait passé la Doire sans que les ennemys eussent osé l'attaquer, et que l'arrivée de Monsieur de Tavannes qu'on attendoit le lendemain avec de grandes forces ostoit toute espérance de les voir; on luy respondoit sur sa derniere proposition, que s'il n'estoit question que de faire voir, qui avoit le tort, des François ou des Espagnols, touchant ce qui s'estoit fait de part et d'autre depuis le traicté de Cazal, messieurs les Mareschaux de France consentiroient de faire voir leurs raisons au Pape, à condition néantmoins de deux choses. L'une, qu'il ne pourroit donner aucun jugement, et qu'il s'arresteroit entierement à ce qui est porté par le traicté du vint-sixiesme Octobre : l'autre, que les ennemys sortiroient au mesme temps toute leur armée du Montferrat; cette derniere condition fust cause qu'on se relascha pour la première, cependant les trois mille sacs de blé furent fournis par Monsieur de Savoye, et depuis menez dans Cazal.

Voilà de quelle sorte le plus hardy secours qui ce soit jamais entrepris, a esté glorieusement executé par les armes du Roy, durant cinquante mil de pays ennemy et ruiné, ayant à surmonter les difficultez que luy pouvoient opposer la peste, la famine, et toutes les puissances de l'Empereur, du Roy d'Espagne et de Monsieur de Savoye jointes ensemble en cette occasion.

OCTOBRE

Samedi 18. — Le Roy part de Lyon, se fait porter en chaire jusques à Rouane, et de là se met sur la rivière. — Le 29, arrive à Versailles désià sy robuste que, non seullement il fit la dernière lieue à cheval, mais galoppa aussy vertement que s'il n'eust point esté malade.

Monsieur alla au-devant de luy jusques à Montargis, et, aprez l'avoir accompagné un jour, s'en revint à Paris.

Le lendemain que le Roy fut à Versailles, il envoya

convier les Princes, qui estoient à Paris, de l'aller voir.

Révolte en Provence touchant l'establissement des alleuz.

Mʳ le Prince y fut envoyé le [1] . . . . 1631, ayant avec luy Mʳ de La Poterye, conseiller d'Etat, pour commissaire, outre Mʳ D'Aubray, maître des Requêtes, qui estoit désia sur le lieu. Mʳ le Prince accommoda l'affaire moyennant XVᵉ m. liv., que les Provençaux donnèrent, pour s'exempter d'avoir les alleuz.

NOVEMBRE

Vendredi 1ᵉʳ. — La diète de Ratisbonne finit.

Mʳ le Cardinal de Richelieu revient de Lyon avec la Reyne mère, qui luy fit plus de caresses qu'elle n'avoit jamais faict, et mesmes le fit monter dans son carrosse, faveur qu'il n'avait point receue auparavant; estans sur riviere, il fut tousiours dans son bateau, et ainsy chacun croyoit qu'il estoit mieux avec elle que jamais; mais la suitte fit voir que c'estoit une extresme dissimulation.

Samedi 9. — Le Roy estant à Paris, à l'hostel des Ambassadeurs, envoye querir Monsieur, qui s'excuse sur indisposition. Le Roy renvoye luy dire qu'il le prioit bien fort de prendre ceste incommodité et qu'il

---

[1] En blanc.

ne manquast pas de venir. Monsieur y va. Le Roy le tire aux fenestres de sa chambre, où ils parlent assez longtemps ; on ne sçait ce qu'ils dirent que par conjecture. Sur cela, M^r le Cardinal entre, et s'estant aproché de Monsieur avec grand respect, Monsieur luy dit que, puisque le Roy desiroit qu'il l'aymast, il le feroit pour luy complaire, pour veu qu'il luy en donnast plus de subject à l'advenir qu'il n'avoit faict par le passé. Sur quoy M^r le Cardinal se voulant justiffier, Monsieur l'interrompant luy dit que de ce qui s'estoit faict il n'en falloit plus parler, pourveu qu'il fist mieux dores en avant.

Dimanche 10. — On dit que la Reyne mère, qui avoit désiré que ceste réconciliation se fist par son entremise (il semble par la suitte que la Reyne mère ne pouvoit avoir dessein que M^r le Cardinal se reconciliast avec Monsieur), fut extrêmement irritée de ce que M^r le Cardinal s'estoit servy de celle du Roy, et que Monsieur l'estant allée voir le lendemain, elle luy dit : « Et bien, mon filz, vous estes donc maintenant bons amiz, vous et le Cardinal de Richelieu. » A quoy Monsieur respondit : « Madame, nous ne sommes point sy bien ensemble que, sy vous luy en voulez, je ne sois de votre costé », et en suitte luy fit clairement entendre que, quoy que l'on peust faire, il ne l'aymeroit jamais.

Ce mesme jour, M^r le Cardinal fut 3 fois chez Monsieur (s'y sentant obligé en suitte de ce qui s'estoit passé), sans le pouvoir voir, quoy qu'il y fust.

Lundi 11, St Martin. — La Reyne mère, très mal satisfaicte de long temps de Mʳ le Cardinal de Richelieu et mescontente de ce qu'elle prétendoit que, contre sa volonté, il avait faict de très instantes sollicitations au Roy, durant le dernier séjour de Lyon, pour faire esloigner Mʳ le Garde des Seaux de Marillac, auquel elle se confioit entièrement, avoit, dez Lyon, extrêmement pressé le Roy d'esloigner Mʳ le Cardinal, disant qu'il n'estoit plus en sa puissance de le souffrir; à quoy elle prétend que le Roy l'avait priée d'attendre que la paix fust faicte, affin que cela n'apportast point de préjudice à ses affaires et que il l'avoit remise à son retour à Paris. Sur ce fondement, s'asseurant que le Roy estant arrivé à Paris, il ne luy pouvoit l'exécution d'une chose dont elle avoit pris pour promesse la prière du retardement, le Roy luy estant allé dire a Dieu à Luxembourg, pour aller à Versailles, la Reyne luy dist qu'il luy estoit impossible de plus voir Mʳ le Cardinal, et qu'il falloit qu'il se deffist ou d'elle ou de luy. Sur quoy le Roy la priant d'avoir patience, et elle le pressant, Mʳ le Cardinal entre. La Reyne augmentant sa cholère le voyant entrer en un lieu, où le Roy estoit seul avec elle, luy dit qu'elle ne le vouloit jamais voir. Mʳ le Cardinal se met à genoux pleurant, se justifie, prend le Roy à tesmoing s'il avoit jamais perdu une seule occasion de la servir; elle insiste, et, le Roy ne disant mot, Mʳ le Cardinal se croit ruyné. Il dit à la Reyne que, sa Majesté luy ayant plus faict de faveur et d'honneur que jamais, au retour de Lyon, il ne pouvait s'imaginer comment, depuis ce temps là, elle estoit sy mal satisfaicte de lui; elle respond que ce n'avoit esté que par dissimulation, Mʳ le Cardinal ayant esté demie heure à genoux, sans la pouvoir fleschir, luy remet la charge de superintendant de sa maison, et incontinent aprez Madᵉ de Comballet luy remet celle de sa dame d'atour et prend congé d'elle.

Alors chascun croyoit Mʳ le Cardinal ruyné. Le Roy lui commande de le suivre à Versailles — et Sa Majesté, avec un visage tesmoignant de l'indignation commande aussy à Mʳ le Garde des Seaux de le suivre.

Le matin de ce mesme jour XI, ou le jour précédent, Mʳ le Cardinal qui, dans le désir et l'espérance de se remettre bien avec la Reyne mère, ne voulloit pas chocquer Mʳ le Garde des Seaux, avoit faict resoudre au Conseil que le Mareschal de Marillac demeureroit en l'armée de Piedmont pour la commander et pour traicter l'execution de la paix, et la depesche luy en avoit esté faicte le mesme jour XI, au matin.

Le Roy estant allé à Versailles, Mʳ le Cardinal qui avoit dit qu'il alloit à Pontoise, suivit Sa Majesté à Versailles, et, chacun le croyant ruyné, et il n'y eut presse à l'accompagner. Le marquis de Sourdis Mʳ Boutillier, Mʳ de Tremblay, et [1] . . . . estoient dans son

---

[1] En blanc.

carrosse. Mʳ le Duc d'Halluin courut à cheval le trouver à la porte Sᵗ Honoré et s'offre à luy, au nom de Mʳ de Schonberg et au sien, avec toutte la passion qu'il se peult.

Mʳ le Cardinal arrivant à Versailles, le Roy le reçoit parfaictement bien et le faict loger au-dessus de sa chambre. Ilz parlèrent la nuit 4 heures ensemble.

Ce mesme jour, le Roy mande à Mʳ le Mareschal de Schonberg en Piedmont d'arrester prisonnier Mʳ le Mᵃˡ de Marillac; ce qu'il fit; tellement qu'en mesme jour il fut expédié deux despesches, l'une pour donner pouvoir à Mʳ le Mᵃˡ de Marillac, l'une pour commander en Piedmont et traicter l'execution de la paix, et l'autre pour l'arrester. Vid. dans la Liasse la lettre du Roy et sa response.

Mardi 12. — Mʳ de La Ville aux Clercs va le matin, de la part du Roy, trouver Mʳ le Garde des Seaux de Marillac à Glatigny, prez Versailles, où il avoit couché, pour lui demander les seaux. Mʳ le Garde des Seaux, se doubtant de ce qu'il luy venoit dire, luy rendit les seaux, sans s'esmouvoir, et le pria de porter au Roy une lettre qu'il avoit escripte, la nuict, sur ce subject à Sa Majesté. Il me semble avoir ouy dire que Mʳ de La Ville aux Clercs ne s'en voulut pas charger. En suitte ayant receu commandement de suivre un exempt, qui avoit charge de le mener prisonnier à Caen, il pallit, mais parla fort constamment. De Caen il fut amené à Lisieux, où en fin on luy osta ses gardes qui luy estoient fort amitieux, et on lui donna Chasteaudun pour prison.

Le Roy mande par Mʳ de La Ville aux Clercs à la Reyne, sa mère, qu'il avoit osté les seaux à Mʳ de Marillac et l'envoyoit prisonnier à Caen ; qu'il y avoit plus d'un an qu'il se seroit asseuré de sa personne, sachant asseurément qu'il le trahissoit ; mais qu'en sa considération il l'avoit souffert le plus qu'il avoit peu ; qu'en fin ayant descouvert de nouvelles fautes, il n'avoit pas jugé qu'il fust à propos de les plus endurer. La Reyne luy fist une response fort aigre, et luy commanda de la rapporter au Roy ; mais il s'en excusa et s'offrit seullement de la porter par escript, s'il luy plaisoit de luy confier la lettre ; ce qu'elle ne voulut pas faire.

Le lendemain 13, elle vouloit aller à Versailles ; mais le Roy luy manda par le Père Sufferen que, sy c'estoit pour luy parler du Garde des Seaux, elle se pouvoit exempter de ceste peyne ; ainsy elle ne bougea.

Mecredi 13. — Le Roy donne *les Seaux à Mʳ de Chasteauneuf* et faict *Mʳ* le Président *Le Gé* 1ᵉʳ *Président du* Parlement de Paris, dont il estoit 2ᵉ Président.

Mʳ le Prince est mandé par le Roy, pour se rendre à la cour au 25. Il y a apparence que cela fut résolu la nuict d'entre le 11 et le 12 à Versailles.

La Reyne mère chasse de sa maison tous ceux qui avoient dependence de Mr le Cardinal, comme Mr de La Meilleraye, son capitaine des Gardes, Mr de Roches son lieutenant — Mr de Rançoy frère de Mr Bouthillier, son secrétaire (au lieu duquel elle prend Mr Cotignon).

Mr le Cardinal, pour destacher Monsieur d'avec la Reyne sa mère, y employe Mr le Comte (qui s'y porte pour empescher que Mr le Prince désia arrivé à Vallery ne vienne à la cour, et de faict, il fut lors contremandé), Mr de Longueville et Mr le Cardinal de La Vallette.

Depuis, Mr le Marquis de Rambouillet entra le plus avant en ceste négotiation, qu'il acheva moyennant VIIIe m. livres qu'il en cousta au Roy, Puylaurens, outre Lm écus, ayant promesse d'estre Duc et pair; le Président Le Coigneux, outre [1] . . . . . ayant eu la charge de Président au Mortier qu'avoit le Président, Le Gé; — Mr de Rambouillet ayant asseurance de Cm livres, qu'il n'a point touchez, à cause de la rupture qui arriva depuis. Monsieur, depuis cela, fit grandes protestations d'amityé à Mr le Cardinal (qui luy présenta Mr de Cusac, contre lequel il estoit en Cholère, depuis la prison de la Princesse Marie), et mesme s'entremit, à ce qu'il parut, pour le racommoder avec la Reyne mère; mais cela ne réussit.

[1] En blanc.

Mardi 19. — La Reyne mère fut à S¹ Germain trouver le Roy et traicta avec luy, comme à l'ordinaire. Quelques jours auparavant elle avoit envoyé visiter la Princesse Marie.

Quelques 2 ou 3 jours aprez, 3 Présidens, 4 Conseillers et les Gens du Roy du Parlement ayans esté trouver le Roy à S¹ Germain, Sa Majesté leur dict, qu'ilz sçavoient bien ce qui s'estoit passé naguères ; qu'il avoit faict tous ses effortz, pour empescher la violence de la Reyne, sa mère ; qu'il luy porteroit tousiours toutte sorte de respect; mais que, Mʳ le Cardinal l'ayant sy bien et sy fidellement servy tant dedans que dehors le Royaume, il estoit résolu de se servir de luy plus que jamais et de le protéger envers tous et contre tous; qu'il leur avoit voulu dire cela, affin qu'ilz en fissent rapport à leur compagnie.

Lundi 25. — *Mʳ de Luxembourg meurt* à Paris. — *Le Gouvernement de Blaye* fut donné à Mʳ de S¹ Simon, premier escuyer, favory du Roy, qui auparavant avait eu à Lyon, lors de son racommodement avec Mʳ le Cardinal, le gouvernement de ¹ . . . . . (vaccant par la mort du Marquis de Grimault d'Esplan), pour son frère aisné, bien qu'il eut esté promis en Piedmont à Mʳ de Feuquière; auquel on croit asseurément que le Roy eut donné celluy de Blaye, s'il n'eust point esté

¹ Illisible.

sy malheureux que de rencontrer pour la 2º fois en teste un favory.

Le Gouvernement de Bourg, prez Blaye, fut donné[1] . . . . .

Sa charge de lieutenant des 200 chevaux légers de la Garde du Roy prétendue par Mʳ de Vic, Cornette, fut donnée à Mʳ le Duc d'Halhin, aprez le retour de Mʳ le Mᵃˡ de Schonberg, son père. Sa charge de capitaine du Louvre fut donnée à Mʳ le Marq. de Mortemar, auquel le Roy l'osta incontinent aprez, pour la rendre à Mʳ le Duc de Chaulnes, frère du deffunct.

Mardi 26. — Mʳ le Prince arrive à la cour à Sᵗ Germain.

DÉCEMBRE

Dimanche 1ᵉʳ.

Environ 9. — *Mʳ Servien* faict segrétaire d'estat au lieu de Mʳ de Beauclerc. Vid. sup. au 12 Octobre. Mʳ le Garde des Seaux de Chasteauneuf, qui est fort son amy, le porta à ceste charge; à quoy l'intendance de l'armée de Piedmont, où il servit soubz Mʳ le Cardinal, luy ayda beaucoup.

Jeudy 19. — *Mʳ de Montmorency* faict à Sᵗ Ger-

[1] Inachevé.

main le serment de *Mareschal de France*. Il y eut grande contestation entre Mrs les Secrétaires d'Estat touchant ledit serment, Mr Servyen prétendant que c'estoit à luy à le recevoir, à cause qu'il a le département de la guerre, et Mr de Laurillière, qui estoit en mois, Mr de la Ville aux Clercs et Mr Bouthillier prétendans que c'estoit à celluy qui estoit en mois à le recevoir. Chascun dit ses raisons au Roy, et Mr Servien le perdit; car ce fut Mr de Laurillière qui le receut.

Vendredi 20. — *Mr de Thoirax* revenu, il y avoit quelques jours de Cazal, faict aussy à St Germain le serment de *Maréchal de France*. Mr de Montmorency lui ayant faict compliment, le jour précédent, sur ce qu'il debvoit le premier faire le serment, Mr de Thoirax luy respondit avec de grandes submissions, et luy dit que, non seullement il se tenoit trop honoré de passer aprez luy, mais qu'affin que chacun veist quelle différence il recognoissoit y avoir entreux, il ne désiroit nullement faire le serment le jour mesme, mais seullement le lendemain, affin que cêt intervalle fit voir la distinction.

La Reyne, mère du Roy, dit sur ceste promotion : « Le Roy a faict deux bons choix ; car Mr de Montmorency honore la charge, et Thoirax l'a bien méritée. »

Le Roy avoit résollu de faire le Marquis d'Es-

fiat[1] Mareschal de France avec Mr de Thoirax, mais
aprez luy; sur quoy M^r d'Esfiat se picqua tellement qu'il
contraignit M^r le Cardinal d'aller demander son congé au
Roy, et, sans avoir la patience qu'il fust revenu, y alla
luy-mesme dire au Roy que, puis qu'il estoit sy malheureux qu'aprez l'avoir servi et de la teste et de la main
on luy préféroit Mr de Thoirax, qui ne l'avoit servi que
de son espée et qui n'avoit point eu l'honneur de commander de général d'armée ny d'estre appellé dans ses
conseilz et dans l'administration de ses affaires, il supplioit très humblement Sa Majesté de luy donner congé;
qu'il se retireroit avec ce contentement que tout ce que
ses ennemis luy pouvoient reprocher estoit d'avoir un
peu plus de pierres les unes sur les autres qu'il ne
debvoit; mais qu'il ne les craignoit point, la plus
grande faveur que Sa Majesté luy pouvoit faire estant
de luy donner pour commissaires, en luy faisant faire
son procez, les plus grands ennemis qu'il eust dans le
parlement de Paris, ou, sy ceux-là ne suffisoient, d'en
faire venir telz autres qu'il luy plairroit des autres
parties de France. Le Roy, sur cela, luy respondit
fort civilement qu'il ne mettoit point de comparaison
entre ses services et ceux de Mr de Thoirax; mais
qu'il luy estoit engagé, il y a longtemps, et ne luy
pouvoit manquer de parolle. M^r le Cardinal, sur cela,

---

[1] Né en 1581, mort en 1632, se distingua dans la guerre, dans l'administration et les négociations, maréchal de France en 1631, père de Cinq-Mars.

disoit à M⁏ d'Esfiat qu'il avoit tout subject de se contenter de la responce et de la bonne volonté du Roy, et taschoit de l'appaiser; mais il n'en pouvoit venir à bout. M⁏ d'Esfiat en suitte se retira tout malcontent à Chilly, où il demeura jusques aprez les festes de Noël, sans revenir à la cour, encor qu'il eust esté mandé diverses fois. Ses amyz furent en grande peyne pour luy de toutte ceste action, craignans qu'il n'eust trop aigry le Roy, et que Sa Majesté en suitte ne le fist plus volontier maréchal de France; néantmoins il le fut le 27 Janvier 1631.

Dimanche 22. — Le Roy revient de S⁏ Germain à Paris, pour y faire séjour.

Lundi 23. — Baptesme dans Paris, à l'hostel de Condé, au fauxbourg S⁏ Germain, de M⁏ le Prince de Conty, segond filz de M⁏ le Prince. M⁏ le Cardinal de Richelieu, parrain, luy donne son nom d'Armand; Madame la Duchesse de Montmorency, marraine.

Il y avoit désià longtemps que M⁏ le prince l'en avoit prié.

Ce mesme jour, le Roy et la Reyne mère vont loger au Louvre, où ilz n'avoient pu loger plus tost, à cause que l'on vouloit de pierre la grande salle des Suisses.

Jeudi 26. — M⁏ le Cardinal de Richelieu, le lendemain de Noël, veid la Reyne, mère du Roy, en présence du Père Suffren. On croyoit que c'estoit racommodement; mais il a bien paru depuis, qu'il n'y en avoit point.

Ce mesme jour, il fut résollu que l'Ambassadeur d'Espagne n'iroit plus chez la Reyne mère, sans y estre mandé; ce que le Marq. de Mirabel, ambassadeur d'Espagne, receut avec grand desplaisir, représentant qu'il seroit bien malheureux, sy l'on exécutoit ce règlement, sur le point qu'il estoit prest de partir, au lieu d'attendre son successeur, auquel on imposeroit, sy l'on vouloit, ceste loy; mais quoy qu'il dist, il ne peust rien obtenir.

Lundi 30. — Mr de Vendosme est mis hors du bois de Vincennes. — M^r le Marquis de Brézé, capitaine des Gardes et beau-frère de M^r le Cardinal, le fut quérir. — M^r le Mareschal des Trées travailla extresmement pour sa dellivrance. On demeura d'accord qu'il ne verroit point le Roy et qu'il iroit pour [1] . . . . hors le royaume; ce qui a esté exécuté. Au sortir du bois de Vincennes, il fut soupper chez M^r le Maréchal des Trées et de là coucher à l'hostel de Vendosme. Puis il fut quelque temps à La Villette, et puis à Annet, et enfin s'en alla en Flandres, puis en Hollande.

N'estant pas content de M^r de L'Estangères il luy osta l'intendance de ses affaires, que M^r le M^{al} des Trées

[1] En blanc.

luy fit bailler à Mr Mesmin, qui estoit Ambassadeur aux Grisons.

Mr de Vendosme, au sortir de sa prison, ne veid point Madᵉ la Duchesse d'Elbeuf, sa sœur, à cause qu'elle estoit très mal avec Mr le Cardinal.

Mardi 31. — Mr le Mareschal de Schonberg arrive à Paris, revenant de Piedmont, amenant avec luy Mr de Frangipany et le Mazarini. Mr le Comte de Sault vint aussy avec luy. Mondit Sr le Mareschal avoit auparavant envoyé en poste Mr de Feuquière au Roy, avec une lettre de créance pour luy rendre compte de tout ce qui s'estoit passé au secours de Cazal et de l'estat des affaires d'Italye.

Madame des Fargis, dame d'atour de la Reyne, et extrêmement aymée d'elle, aprez avoir receu commandement de se retirer et avoir rendu à Mr de la Villeauxclercs, avec l'inventaire, les bagues de la couronne et quelques autres de la Reyne, qu'elle avoit en garde, prend congé de sa maistresse à diverses reprises, Sa Majesté estant au lict s'esvanouit, et enfin se retire, la Reyne pleurant, s'affligeant et protestant qu'elle n'en auroit jamais d'autre. On tient que c'estoit par son entremise que, depuis quelque temps, la Reyne estoit en estroicte liaison avec la Reyne, sa belle-mère, et que c'estoit aussy par son conseil qu'elle s'estoit allé offrir à elle, le jour de la St Martin, lors de sa rupture entière avec Mᵣ le Cardinal, et qu'elle avoit tousiours continué dans ceste intelligence, nonobstant les sentiments contraires du Roy, son mary, qui s'estoit entièrement déclaré pour Mʳ le Cardinal; que ceste affection de Madame de Fargis venoit de ce qu'ayant tousiours esté parfaictement bien avec Mʳ le Cardinal de Berulle, lequel avec Mʳ le Garde des Seaux de Marillac n'estoit qu'une mesme chose, elle estoit depuis sa mort demeurée entièrement unie avec Mʳ le Garde des Seaux.

On fit aussy commandement de se retirer d'auprez de la Reyne à Dunse, son apotiquaire et sa femme (qui depuis furent remis), La Vau, Catherine Lingendes, et Marie Poupée.

1631

Gustave-Adolphe avait en vain demandé à l'empereur d'abandonner le roi de Pologne et de lui faire justice sur d'autres griefs : les rois du Nord n'inquiétaient guère alors Ferdinand qui ne se flattait pas moins que de rendre l'empire héréditaire dans sa maison, et de changer la forme du gouvernement en Allemagne; mais il ne connaisssait pas Gustave. Ce prince s'empare de Stettin, qui lui avait été confié par le duc de Poméranie, ennemi secret de l'empereur; et le cardinal de Richelieu et lui, sentant qu'ils étaient faits pour s'unir et pour s'opposer à la trop grande puissance de la maison d'Autriche, il y eut un traité conclu par Charnacé, allié du cardinal, le 23 janvier, entre la France et la Suède. Les conditions de ce traité furent de porter la guerre dans le sein de l'Allemagne, pour obtenir le rétablissement des princes de l'empire qui avaient été dépouillés, sans pourtant que la religion catholique en pût souffrir, et de vivre en bonne intelligence avec le duc de Bavière. Gustave fournissait les troupes et le roi l'argent; cette diversion changea toute la face de l'Allemagne; la disgrâce de Walstein y contribua beaucoup.

Ligue entre la France et la branche catholique de Bavière. Assemblée des protestants à Leipsick pour faire la guerre à l'empereur. Traité de Querasque; il y en eut trois : le premier du 31 mars; le second, du 6 avril; le troisième du 30 mai. Ces traités terminèrent la guerre d'Italie. Le duc de Mantoue reçut l'investiture de son duché par l'empereur, qui abandonna les passages des Grisons; et la ville de Pignerol, qui fut cédée au roi pour six mois par un traité conclu à Millefleurs le 19 octobre, lui resta par un autre traité conclu à Saint-Germain le 5 mai 1632 et ne revint au duc de Savoie qu'en 1696. Gustave prend la ville de Demim sur la Pène le 15 février; il emporte d'assaut Francfort sur l'Oder; il rétablit les ducs de Meklembourg dans une partie de leurs états, dont Walstein avait eu la confiscation; il gagne la bataille de Leipsick le 7 de septembre contre Tilli et Pappenheim. Gassion se signala dans l'armée suédoise. Gustave prend Witzbourg; Rostok est rendu aux ducs de Meklembourg; la ville de Prague est emportée d'assaut le 28 novembre par Jean-Georges Ier, électeur de Saxe. Il est curieux de remarquer que cette même ville fut emportée par escalade, à pareil jour, en 1741, par son arrière-petit-fils Maurice, comte de Saxe, depuis maréchal général de nos armées. L'électeur s'était brouillé avec l'empereur à l'occasion d'un édit de Ferdinand pour la restitution des biens ecclésiastiques, et commandait l'aile gauche de l'armée de Gustave à la bataille de Leipsick. L'électeur de Trèves se met sous la protection du roi pour être à l'abri des armes de Gustave. Vismar est rendu aux Suédois ainsi que Mayence.

Pendant ce temps-là il y avait de grands mouvements à la cour de France. Gaston s'était retiré en Lorraine et la reine à Bruxelles, tous deux mécontents du cardinal. Gaston accorde son mariage avec la princesse Marguerite, sœur de Charles, duc de Lorraine, y étant, dit-on, engagé par Puilaurens, son favori, amoureux de la duchesse de Phalsbourg, sœur de Marguerite; car c'était la destinée des deux frères Louis XIII et Gaston, de n'agir que par l'impression de leurs ministres ou de leurs favoris. (Ce mariage ne fut célébré que le 3 janvier suivant, dans le plus grand secret.) Le roi punit tous ceux qui avaient eu part à cette intrigue; la princesse de Conti, Mme d'Elbœuf, sœur du duc de Vendôme retenu en prison, et le grand prieur; Mmes de Lesdiguières et d'Ornano furent exilées; le maréchal de Bassompierre, l'abbé de Foix, et Vautier, médecin de la reine, mis à la Bastille. Le Maréchal n'en sortit qu'à la mort du cardinal. La princesse de Conti, qui avait épousé secrètement Bassompierre, en meurt de douleur. (Elle était fille du duc de Guise, tué à Blois, et avait épousé en premières noces le prince de Conti, qui était sourd et muet.) Le comte de Moret, les ducs d'Elbœuf, de Bellegarde et de Rouanez, le Président Le Coigneux, le conseiller Payen, le sieur de Puilaurens, chancelier de Monsieur, Montigot, maître de comptes, et le père Chanteloube, déclarés criminels de lèse-majesté. Les deux offices de Le Coigneux et de Payen furent supprimés et le roi rendit une déclaration qui porte que ces offices seront éteints sans attendre les cinq ans portés par l'article 28 de l'ordonnance de Moulins pour purger la contumace, attendu le crime de lèse-majesté.

Moyenvic est pris sur le duc de Lorraine; il fait sa paix avec le roi par le traité de Vic, du 31 décembre. Il y eut un article ajouté à ce traité le 6 janvier suivant, par lequel M^r s'étant obligé à sortir de Lorraine, se retire en Flandres auprès de Marie de Médicis. La Cour des aides ayant fait difficulté d'enregistrer quelques édits, est interdite, et on fait exercer la justice par une commission composée de maîtres des requêtes et de conseillers du grand conseil.

Commencement de *la Gazette* par Théophraste Renaudot, médecin.

Richelieu, ses héritiers, successeurs et ayant causes mâles et femelles.

L'ancienne porte St-Honoré, qui était proche des Quinze-Vingts, est abattue, et la nouvelle porte St-Honoré est construite; elle a encore été abattue, en 1733, pour qu'il n'y eût plus de séparation entre la ville et ce faubourg, qui était fort augmenté.

JANVIER

Mecredi 1ᵉʳ. — Madᵉ « la Mareschalle de Marillac¹ reçoit commandement de sortir de Paris. — Va en une de ses maisons de Normandie.

Lundi 27. — Mʳ le Marquis d'Esfiat, superintendant des finances, preste à Paris le serment de Maréchal de France.

Vendredi 31. — Mʳ de Puylaurens² et le Président Le Coigneux³ vivans de long temps auprez de Mʳ en estroicte intelligence, quelques amis de Puylaurens luy représentent que ceste amityé luy estoit fort préjudiciable; ce qu'ayant dit par confience au Président Le Coigneux, pour luy tesmoigner qu'il vivoit sincèrement avec luy, le Président en entre en telle peyne que, mesmes discours estans encor faictz depuis à Puylau-

---

¹ Catherine de Médicis, fille de Cosme de Médicis et de Diane comtesse de Bardi, épousa Louis de Marillac, le 20 décembre 1607, et mourut sans enfants le 19 septembre 1631.

² Enfant d'honneur de Gaston, puis son favori, devint duc d'Aiguillon en 1634 et mourut à Vincennes, le 14 février 1635.

³ Voy. *P. Griffet*, t. II, p. 112. — Jacques Le Coigneux, président au mortier en 1630; fils d'Antoine Le Coigneux, sieur de Lierville, maître des comptes; mort le 21 août 1651.

rens, il creut ne luy en debvoir plus parler, de peur de l'affliger à l'extrémité. Le Président, qui avoit mis de tous costez des espions en campagne, descouvre qu'on avoit encor tenu le mesme langage à Puylaurens, et, voyant qu'il ne luy en avoit rien dit, s'imagine qu'il s'est laissé persuader et entre dans un tel désespoir, qu'il n'eut jamais de repos qu'il n'eust faict résoudre Mᵣ à se retirer de la cour. Ainsy, ledit jour dernier janvier[1], Mʳ ayant dict qu'il voulloit aller trouver le Roy à Versailles, mande au comte de Moret[2] (qu'il avoit esté visiter la veille se trouvant mal) qu'il le vint trouver avec un habit de campagne ; faict de mesmes monter la pluspart des siens à cheval, et luy 25 ou 30 entre à cheval chez le cardinal de Richelieu, accompagné du comte de Moret, Puylaurens, etc. ; entre dans son cabinet, où luy dit qu'il venoit retirer sa parolle, ne voullant plus estre son amy, pour ce qu'il l'avoit trompé, en ce qu'il luy avoit promis touchant la Reyne, sa mère, et Mʳ de Lorraine. Mʳ le Cardinal se voullant justiffier, il ne le voullut point escouter, et, Mʳ le Cardinal le suivant, il descend et monte à cheval, s'en va chez le Président Le Coigneux, où estoit Mʳ de Rambouillet[3], qui ne

---

[1] Voy. *Mémoires de Richelieu*, t. II, p. 313. — Fontenay-Mareuil, *Mémoires*, t. V, p. 231. — Bassompierre, *Mémoires*, t. IV, p. 128.

[2] Antoine de Bourbon, né à Fontainebleau en 1607, fils naturel de Henri IV et de Jacqueline de Bueil. Il prit part à la révolte de Montmorency, fut blessé à la bataille de Castelnaudary. On ne sait s'il est le frère Jean-Baptiste qui mourut en 1692. Sa fin est obscure.

[3] Charles d'Angennes, marquis de Rambouillet et de Pisani, né vers 1577, mort le 26 février 1652.

sçavoit rien de cela. Le Président Le Coigneux, qui estoit tout botté, se jette dans le carrosse de Mʳ de Rambouillet avec luy, et fait suivre le sien. Monsieur, à cheval avec tous les siens, alloit devant le carosse et fut ainsy jusques à fauxbourg Sᵗ Michel, d'où Mʳ de Rambouillet revient [1]... Le bruit estant venu que les gens de Monsieur s'assembloient, comme s'ilz eussent venir faire quelques efforts au logis de Mʳ le Cardinal, Mʳ le Maréchal de Schonberg s'offrit d'aller au Louvre prendre deux des compagnies, qui estoient en garde, et de se mettre à leur teste pour venir au logis de Mʳ le Cardinal. Monsieur alla coucher à [2]... et le lendemain à Orléans [3]. Aussy tost que le Roy sceut le partement de Monsieur, il revient de Versailles, va chez Mʳ le Cardinal, où estoit toutte la cour; faict la meilleure mine du monde; avant qu'entrer dans le cabinet (où il tint conseil 2 ou 3 heures et jusques à 8 ou 9 heures du soir), il demeura long temps à entretenir tout le monde. De là estant allé au Louvre, il ne témoigna nullement à la Reyne, sa mère, estre content d'elle en ceste occasion et, en sortant de chez Mʳ le Cardinal, il dit tout hault; « Ilz ont eu 800,000 lv de mon argent, et puis m'ont trompé ».

On a creu que le partement de Monsieur avoit esté concerté avec la Reyne, sa mère (on a sceu depuis

---

[1] Lacune.
[2] Lacune.
[3] Voy. *P. Griffet*, t. II, p. 112. — Fontenay-Mareuil, t. V, p. 231.

qu'ilz estoient en parfaicte intelligence), pour ce qu'il avoit demeuré la veille fort longtemps enfermé avec elle, et qu'elle luy avoit baillé une grande partie des bagues de feue Madame [1]; ce qu'elle n'avoit jamais voulu faire auparavant, encor qu'il luy en eust faict grande instance. Ce que le Roy ayant tesmoigné trouver fort mauvais en parlant à la Reyne, sa mère, depuis le partement de Monsieur, Monsieur les luy renvoya quelques jours aprez par Moussigot, l'un de ses secrétaires, et le Roy dit à la Reyne qu'elle les gardast, sy elle voulloit; que quant à luy, il n'en voulloit point. L'on argumenta du prompt renvoy de ces bagues que la Reyne mère et Monsieur estoient en grande intelligence, puisqu'il les luy avoit renvoyées, aussy tost qu'elle luy avoit faict sçavoir le désirer.

Entre ceux, qui furent trouver M^r le Cardinal, le jour que Monsieur sortit de Paris, fut M^r de La Rochefoucault, dont Monsieur tesmoigna grande indignation, disant qu'il luy avoit donné parolle absolue. Il fut dict aussy qu'il s'asseuroit du Maréchal de Créquy, et que pour cela il trouva estrange qu'il eust été s'offrir à M^r le Cardinal, mais non qu'il eust désiré qu'il l'allast trouver à Orléans.

[1] Voy. Richelieu, *Mémoires*, t. II, p. 320.

FEBVRIER

Samedi 1ᵉʳ.

Environ 3. — Ayant esté faict un édict, pour supprimer quelques impostz mis sur les vins, comme jaugage d'esprit, etc., et augmenter le 8 au quart pour le vin qui se vend dans les cabaretz, les cabaretiers de Paris, en nombre de 40 ou 50, vont à l'Hostel de Ville faire leurs plaintes à Mʳ le Président Sanguin[1] prévost des marchans, qui faict doucement qu'ilz se séparent, leur remonstrant qu'il ne falloit point venir tant de personnes ensemble et qu'il parleroit de leur affaire à Mʳ le Garde des Seaux. Il va en suitte chez Mʳ le Garde des Seaux, qui envoye quérir lieutenant Civil. Peuple s'assemble l'après disnée devant logis de *Briais,* qu'il veult enfoncer, le croyant autheur de cêt édict : — Prevost des marchans vient, va trouver Garde des Seaux. On y envoya Chevalier du Guet, puis Grand Prévost, qui les font retirer. Le Roy avoit envoyé quérir Prévost des marchans, lieutenant Civil, lieutenant Criminel, et les avoit faict opiner devant luy, Mʳ le Maréchal de Schonberg présent, qui opina aussy. Prévost des marchans estoit d'aviz d'y envoyer

---

[1] Christophe Sanguin, seigneur de Livry, conseiller au Parlement de Paris en 1613, membre des Conseils d'État et privé, mort le 29 septembre 1641.

100 hommes du régiment des Gardes (qui estoit un fort bon adviz); lieutenant civil, faisant l'asseuré, dit qu'il n'en estoit besoin. M⁰ le Maréchal de Schomberg au contraire ne l'improuva, et le peuple s'estant rassemblé sur les cinq heures, il en fallut venir là; ce qui dissipa tout. Briais s'estant sauvé par dessus les tuilles, se trouva dans un grenier de quelques passementiers, ausquelz ayant donné des pistolles, ilz se retirèrent. Il y eut 4 ou 5 hommes tuez à ceste esmotion, et cêt édict n'eut point de lieu.

Luudi 10. — Le Roy part de Paris, pour aller à Compiègne¹, où ne se rend que le²... ayant chassé en chemin.

On m'a dict que ce jour là M⁰ le Cardinal et M⁰ de Schonberg furent à La Villette voir M⁰ de Vendosme.

Le matin, M⁰ le Comte, accompagné de M⁰ le Maréchal de Vitry³, de M⁰⁰ Vignier (mort peu de temps aprez) et Le Bret, va faire vériffier quelques édictz à la Chambre des Comptes.

Ordre de la séance :

Au banc hault : 1ᵉʳ Président. Monsieur le Comte.

¹ Lacune.
² Fontenay-Mareuil, *Mémoires*, t. V, p. 232.
³ Nicolas de l'Hôpital, marquis puis duc de Vitry, capitaine des gardes, maréchal de France en 1617, conseiller au Parlement, chevalier des Ordres, gouverneur de Provence, duc et pair, mort le 28 septembre 1644 à soixante-trois ans.

Autres Présidens. — Mʳ le Mareschal de Vitry s'y vouloit assoir, après le dernier Président (ce qui ne se fit jamais, au lieu de s'aller assoir au banc des Maitres des Comptes, qui est plus bas et auquel estoient Mʳˢ Vignier et Le Bret; sur ceste contestation, il se retire. Aprez que Mʳ le Comte eut dict un mot, et que Mʳ Vignier eut parlé, le 1ᵉʳ Président Nicolaï¹, reprenant tous les poinctz touchez par Mʳ Vignier, parla, à ce que l'on dict, excellemment bien.

Mʳ le Comte, pensant aller de là à la *Cour des Aydes*, le Président Loisel vint au-devant de luy luy dire que la Cour estoit levée, et de faict elle n'y estoit plus; ce qui fut une hardie action, pour laquelle le Roy l'interdict par arrest du Conseil du 27 febvrier², et par commission du 7 mars³ (vide liasse) establit en leur place Mʳˢ La Bret et Favier pour présidens, 9 maitres des Requêtes et 6 Conseillers du Grand Conseil pour conseillers; ce qui dura jusques au...⁴ may de la mesme année que le Roy leva l'interdiction⁵. — Nota que, durant tout ce temps, il ne se donna qu'un arrest contradictoire, personne ne voullant plaider, pource qu'on jugeoit que la Cour des Aydes seroit bien tost

---

¹ Antoine de Nicolaï, fils de Jean, mort à Essonnes le 1ᵉʳ mars 1656.
² Ledit arrest fut signiffié à la Cour des Aydes le 5 mars.
³ Lesdits commissaires furent establiz le lundy 10ᵉ mars.
⁴ Lacune.
⁵ Nota : restabliz, à condition de vérifiier quelques-uns des edictz qu'ilz avoient reffusez. — Le Roy a donné aux commissaires 24,000 livres pour leur vacation.

restablie, et que tout ce qui avoit esté faict ce pendant ne seroit point lors considéré. — Au commencement de l'establissement des nouveaux juges, il y eut mesmes des huées, et il fallut donner un arrest sévère pour obliger les advocatz, qui estoient chargez de causes, à se trouver aux audiences.

M" les Maîtres des Requestes ayant faict difficulté de servir à la Cour des Aydes et *M" Turquam de Chaulnes et Thermes* ayans parlé fort hault sur cela, prétendans que c'estoit leur faire tort que de les faire présider par M' Le Bret, qui n'estoit de leur corps, le Roy, avant que partir de Paris le 11 mars pour aller vers Orléans, leur fît faire commandement de sortir de Paris et s'en esloigner à 10 lieues.

Environ. — Besme, gouverneur de S' Dizier et serviteur de la maison de Guise, ayant cy devant donné retraicte à Monsieur, lorsqu'il alla la première fois en Lorraine, et le Roy ayant eu adviz qu'il faisoit encor quelque caballe, le fit prendre par le S' Du Hamel dans la ville de S' Dizier (où il y avoit eu garnison [1]...), Besme y estant venu du Chasteau.

Dimanche 23. — Le Roy mande de bon matin à la Reyne, sa femme, qu'elle se haste de s'habiller et le vienne trouver aux Capucins, où il entendoit la messe.

[1] Lacune.

La Reyne y va. Il arrive avec elle en carrosse à Senlis, où couchèrent ensemble. Le Roy avoit auparavant envoyé à Paris un courrier au C. D'Allez, pour le venir trouver en dilligence à Compiègne, sans en rien dire à personne; ce qu'il avoit faict. Le Roy, partant de Compiègne [1]; donne charge au Maréchal des Trées, lieutenant au gouvernement de l'Isle de France (dont est Compiègne), de dire à la Reyne, sa mère, que les mauvais conseilz qu'elle avoit euz depuis quelques temps le contraignans de s'esloigner d'elle, il avoit esté obligé de s'en aller à Paris, sans luy dire a dieu, et lui avoit donné charge de demeurer auprez d'elle pour la servir, etc. Le C. D'Allez y demeura aussy et y avoit à l'entour de Compiègne des troupes de cavalerye et 8 compagnies du régiment des Gardes.

Ce mesme jour, Vaultier [2], premier médecin de la Reyne mère et en grand crédit auprez d'elle, est amené prisonnier à Senlis et de là à la Bastille.

Ce mesme jour, M' de La Ville aux Clers [3] fit faire commandement, de la part du Roy, à Madᵉ la Princesse

---

[1] Voy. Richelieu, *Mémoires*, t. II, p. 319. — Fontenay-Mareuil, t. V, p. 332.

[2] Henri-Auguste de Loménie, comte de Brienne, fils d'Antoine, seigneur de la Ville aux Clercs, né en 1595, mort en 1666, secrétaire d'État en 1615, ambassadeur en Angleterre.

[3] Voy. *P. Griffet*, t. II, p. 110 et 125. — Voy. Richelieu, t. II, p. 319. — Vautier, né à Arles en 1589, mort en 1652; premier médecin de Marie de Médicis en 1624; emprisonné à la Bastille de 1631 à 1643, fut en 1646 premier médecin de Louis XIV, surintendant du Jardin du Roi en 1647, créa les cours d'anatomie, employa le premier le quinquina.

de Conty ¹ de se retirer à Eu ; elle respond que les personnes de sa qualité ne reçoivent commandement que de la bouche du Roy mesme ; ce qu'ayant rapporté à Sa Majesté, le Roy luy dit : « Allez luy dire que je ne « prétens nullement retourner pour l'amour d'elle, et « qu'elle ne manque de partir à l'heure mesme. » Mad⁰ *la Duchesse d'Onano* ² eut aussy commandement de se retirer, et ayant demandé d'aller à Eu avec la Princesse de Conty ³, le roi le trouva bon. — Mad⁰ *la Duchesse d'Elbœuf* ⁴ eut aussy commandement de se retirer à Elbœuf, prez de Chastelleraud, où elle fut. La *Connétable de Lesdiguières* ⁵ eut aussy commandement de se retirer de Paris.

Ce mesme jour, Mʳ l'abbé de Foix fut pris à Paris et mené à la Bastille par le Chevalier du Guet ⁶.

Ce mesme jour, le Roy partant de Senlis donna à la Reyne pour dame d'atour Madᵉ de la Flotte ⁷ (gʳᵉ des

¹ Voy. *P. Griffet*, t. II, p. 123. — Fontenay-Mareuil, t. V, p. 232.
² Renée de Lorraine, fille de Charles, duc de Mayenne, épousa en 1613 Marie Sforze, duc d'Ognano, mourut à Rome le 23 septembre 1638.
³ Louise-Marguerite de Lorraine épousa en 1605 François de Bourbon, prince de Conti, dont elle devint veuve en 1614 ; elle avait contracté, dit-on, un mariage avec Bassompierre de qui elle avait un fils naturel, M. de la Tour. Elle mourut le 30 avril 1631.
⁴ Marie Vignon, mariée en 1617 à François de Bonne, duc de Lesdiguières, maréchal de France.
⁵ Voy. Richelieu, *Mémoires*, t. II, p. 319. — Bassompierre, *Mémoires*, t. IV, p. 129.
⁶ Voy. *P. Griffet*, t. II, p. 125.
⁷ Catherine-Henriette, fille de Henri IV et de Gabrielle d'Estrées, épousa en 16 9 Charles de Lorraine, duc d'Elbeuf, mourut le 20 juin 1663 âgée de soixante-sept ans.

— 149 —

filles de la Reyne, mère du Roy), grand'mère de Haultfort, qui estoit fille d'honneur de la Reyne mère. Ainsy Mad⁰ de la Flotte suivant la Reyne regnante (qui tesmoigna ne la recevoir que par force, à cause de la protestation qu'elle avoit faicte, lorsqu'on luy osta Mad⁰ du Fargis, de n'en recevoir jamais d'autre), amena avec elle Haultfort[1], sa petite fille, pour laquelle le Roy tesmoigne d'assez long temps de l'inclination, sans néantmoins que l'on y ayt jamais recognu aucun mal ny rien qui en aproche.

Ce mesme jour, la Reyne mère ayant sceu, à son réveil, le départ du Roy, lui escrivit la lettre qui est dans la liasse de 1641 et dans le Registre, Page 2, et en suitte il y a plusieurs autres lettres de Sa Majesté au Roy. Vid. ledit registre.

Le Père Suffren demeurant auprez de la Reyne mère pour son confesseur, comme il l'estoit auparavant que l'estre du Roy, le Roy prit quelque temps aprez pour *Confesseur* (sans estre prédicateur) *le père Maignon*, Jésuite (cousin de Mʳ Servyent, secrétaire d'estat), lequel Mʳ le Cardinal avoit cognu, durant qu'il estoit à Avignon.

Ce mesme jour, le Roy escript au Prevost des Mar-

[1] Marie de Hautefort, née en 1616, morte en 1619, fille du marquis Charles de Hautefort et de Renée du Bellay, de la maison de La Fotte-Hauterive. En 1637 fut dame d'atours en survivance, épousa le duc de Schomberg en 1646.

chands de Paris, sur le subject de ce que dessus (vide), la lettre, qui est dans la liasse, laquelle parle aussi de Monsieur.

La plus grande partye de ce qui estoit de la Cour à Paris estan allé à Senlis au-devant du Roy, qui y séjourna tout le lundy, Mr le Maréchal de Bassompierre y fut aussy.

Mardi 25. — Mr le Maréchal de Bassompierre [1] estant couché avec Mr de Grandmont, Mr de Laulnay, lieutenant d'une compagnie des gardes du corps, vient à son logis, attend qu'il fust éveillé (estant dans la chambre), luy dit avec respect qu'il avoit commandement du Roy de l'arrester. Mr de Bassompierre respondit avec une grande constance qu'il estoit très humble serviteur du Roy et prest d'obéir à tout ce qu'il plairoit à Sa Majesté, à laquelle il n'avoit jamais manqué de fidellité, et dit à Mr de Laulnay : « Monsieur, puis
« que je scay que vous ne debvez point maintenant me
« perdre de vue, vous trouverez bon que je m'habille
« devant vous et que je parle tout haut en votre pré-
« sence à Mr de Grandmont » ; auquel il dit : « Mon
« frère (car ils se nomment ainsy), je vous prie de dire
« à Mr le Maréchal de St Luc, mon frère, et ma sœur
« de Tellières, ma niepce de [2]. . . , et tous mes proches

---

[1] Voy. P. *Griffet*, t. II, p. 128 et 132. — Voy. Richelieu, *Mémoires*, t. II, p. 319. — Fontenay-Mareuil, t. V, p. 233. — Bassompierre, *Mémoires*, t. IV, p. 131.

[2] Illisible.

« qu'ilz s'affligent point, puis qu'ilz n'ont rien à
« craindre pour moy, n'ayant jamais que très fidelle-
« ment servy le Roy. Dittes, s'il vous plaist, à mon
« neveu de Bassompierre (c'est le marquis, filz de son
« frère aisné, lequel demeuroit avec luy) qu'il demeure
« à la Cour, tant que le Roy l'aura agréable, et à mes
« gentilzhomes, serviteurs, etc. » Aprez cela, il dit :
« Voilà mon testament faict, allons, quand il vous
« plaira. » Mr de Launay le mena le mesme jour à la
Bastille. M^r le Maréchal de St Luc et autres proches de
Mr de Bassompierre estans venuz trouver le Roy sur
son subject, Sa Majesté leur dit qu'elle ne croyoit pas
qu'il fust criminel, mais que, de peur qu'on lui desbau-
chast, elle l'avoit faict mettre à la Bastille. Incontinent
après qu'il y fut, au lieu d'un vallet de chambre, on lui
en bailla deux et permission de se promener sur le hault
des tours, dont il fut long temps sans voulloir user; estant menassé d'hidropisie, on luy fit venir tant de médecins qu'il voulut.

Ce mesme jour, le Roy arrive à Paris et avoit faict
dire à Me de Guise que tout cela ne regardoit point
Mr de Guise.

Jeudi 27. — M^r le Maréchal de Schonberg espouse
en secondes noces Mlle de la Guiche, sœur de Mad^e la
Comtesse d'Allais, auparavant vefve du Comte de Tho-
rigny. Ce fut Mad^e la Comtesse de Lude, sœur de M^r le

Maréchal de Schomberg et belle tante de Mlle de la Guiche, dont la mère estoit sœur de feu M^r le Comte du Lude, qui fit ce mariage.

Le jour précédent, M^r le Duc de Bellegarde avoit de Bourgogne escript au Roy, par le Sr de Boucarre, dont la créance était que, par le discours d'un gentilhomme que Monsieur lui avoit envoyé, il jugeoit qu'il pourroit bien tost passer dans son gouvernement, désirant de sçavoir sur cela l'intention de Sa Majesté, qui lui mande de faire sçavoir aux villes de son gouvernement de ne recevoir Monsieur en aucune sans son ordre. Néantmoins Mr de Bellegarde receut depuis Monsieur dans Seure Bellegarde, dont il se voulut excuser par une lettre qu'il escrivit par M^r d'Amanzé, le Roy estant à Auxerre, sur quoy et tout ce que dessus, vide responce du Roy par la relation, depuis le 6 febvrier, qui est dans la liasse.

Le susdit 27. — M^r le Cardinal de La Vallette va trouver Monsieur à Orléans [1], de la part du Roy ; revient sans rien faire. La lettre du Roy envoyée aux provinces porte que le voyage de M^r le Cardinal de La Vallette estoit pour prier Monsieur de penser à se marier.

---

[1] Voy. Richelieu, *Mémoires*, t. II, p. 321. — Fontenay-Mareuil, t. V, p. 233.

MARS

Samedi 1ᵉʳ.

Dimanche 2. — Le Roy à Paris *racommoae Mʳ le Cardinal avec la Reyne* très mal contente de luy, à cause de l'affaire de Madᵉ du Fargis et qui d'ailleurs s'estoit offerte avec grande affection à la Reyne mère le jour de la Sᵗ Martin 1630, auquel arriva le grand esclat avec Mʳ le Cardinal, et avoit toujours depuis esté fort bien avec elle, par l'adviz, à ce que l'on croit, de Mᵉ de Farges, qui avoit lors tout pouvoir auprez d'elle, et qui ayant tousiours vescu en grande amityé avec feu Mʳ le Cardinal de Bérulle, estoit aussy fort amie de Mʳ le Garde des Seaux de Marillac. En suitte de ce racommodement, le Roy, qui pour cela estoit chez la Reyne, y tint conseil en sa présence, et, pour l'obliger entièrement, luy accorda le *retour de Madᵐ la Duchesse de Chevreuse*, qui, estant mandée à l'heure mesme, arriva le lendemain de Dampierre (où elle estoit) à Paris, avec une joye incroyable de la Reyne. Quelques'uns ont dit que le rappel de Madᵉ de Chevreuse avoit esté à desseing de s'asseurer par elle de Mʳ le duc de Lorraine, vers lequel on jugeoit bien que Monsieur avoit dessein de se retirer.

Mardi 11. — Le Roy ayant adviz par ce que dessus de Mʳ de Bellegarde que Monsieur avoit dessein de passer en Bourgongne¹ ; que Mʳ de La Ferté, lieutenant de sa compagnie de gens d'armes l'assembloit en dilligence; que La Feuillade, parent de Mʳ de Puylaurens assembloit ses amiz en Limousin, et autres pointz contenus en la lettre du roi envoyée aux provinces, qui est dans la liasse, Sa Majesté part de Paris pour aller vers Orléans². Estant entre Linas et Estampes, Mʳ de Chaudebonne luy apporta une lettre de Monsieur du 10 Mars et luy dit de bouche que Mʳ le Président Le Coigneux ne demandoit pas mieux que de se retirer; à quoy Sa Majesté respondit que c'estoit le vray moyen d'accommoder les affaires et qu'il ne pouvoit faire chose qui fust plus utile et plus agréable à Sa Majesté, qui bailla au dit Sʳ de Chaudebonne sa responce qui est imprimée et dans la liasse de 1631 avec la lettre de Monsieur; elle contenoit 4 poinctz : Tesmoignage de grande affection ; désir qu'il esloigne les mauvais espritz qui sont auprez de luy, qu'il revienne trouver Sa Majesté — et pense à se marier. — Mʳ de Chaudebonne ne fut pas plus tôt arrivé à Orléans que Monsieur en partit accompagné du C. de Moret, du duc de Rohannois, de sa compagnie de gens d'armes de sa maison et quelques gentilshommes volontaires; le tout faisant, compris valletz, quelque 400 chevaux. C. de Moret menoit l'avant-garde, et une partye estoient armez. Il fut disner à Sully.

¹ Voy. Richelieu, *Mémoires*, t. II, p. 320 et 323.
² Voy. P. *Griffet*, t. II, p. 236.

On m'a dict depuis que Monsieur partit armé, ayant auprez de lui le duc de Rohannois, Puylaurens, le Président Le Coigneux et Moussigot aussy armez, et estoient à la bataille; que La Feuillade de Limozin menoit l'avant-garde et le comte de Moret l'arrière-garde; que Monsieur fut en passant deux heures avec Mr de Sully; que tous les siens ont un cordon Isabelle à leur chappeau; qu'il coucha le premier jour à Ausay, le 2e à Bleneau, le 3e à Toury.

Jeudi 13. — *La Reyne* part de Paris, va à Fontainebleau, et de là à Sens, où elle demeura croyant estre grosse, et on fut quelque temps tenant, par l'advis des médecins mêmes, la chose asseurée.

M^r d'Oppide, 1er Président du Parlement d'Aix, estant mort, le Roy donne sa charge gratuitement à Mr Laisne, S^r de La Marguerie, maitre des Requêtes et gendre de feu Mr Pontcarré, fort habile homme et très homme de bien.

Le Comte de Caravaz tout bossu et contrefaict voulant espouser, comme il fit quelque temps aprez, Mlle de Gaucour, l'une des filles de la Reyne, donne une de ces abbayes à M^r le Cardinal de Richelieu, une autre à M^r le Cardinal de Lyon, et une au frère de sa maîtresse, à laquelle M^r l'archevesque de Bordeaux donne X^m écus, en faveur de mariage.

On dit que M' le Cardinal ne voulut prendre ceste abbaye et que M' l'Archevesque de Bordeaux en a eu une.

Combat à Paris, derrière les Minimes, au clair de la lune, entre le Comte de Carres et le Marquis d'Asserac désarmé par le Comte de Carres, qui est néant moins fort blessé. — Le Roy manda qu'on leur fit leur procez.

Le Roy envoye d'Estampes M' de Feuquière [1], maréchal de camp, à Amboise, lequel il investit, et en suitte de la permission demandée par M' de La Vaupot, parent de M' de Puylaurens et gouverneur de la place d'envoyer vers Monsieur, ainsy qu'il fit, il remit le chasteau entre les mains de M' de Feuquière (lequel d'abord s'estoit rendu maistre de la ville), la veille dont M' le Maréchal de Chastillon arriva, pour commander au siège, IIII^m. liv. seullement furent donnez à M' de La Vaupot pour payer 3 monstres de sa garnison. Incontinent aprez le Roi fit razer les fortifications du chasteau d'Amboise, les habitans de la ville ayans tesmoigné le désirer passionnément, et ceste commission fut donnée au S' de La Gaxirie, trésorier de France à Tours.

Samedi 15. — Encores que le Roy, en partant de Paris, eust faict deffence au Parlement de s'assembler,

---

[1] Voy. *P. Griffet*, t. II, p. 137.

il s'assemble néantmoins; mais l'action se passa avec grand respect et députèrent seullement M' le Président de Bellièvre pour aller faire remonstrance au Roy sur les mauvaises impressions qu'on luy donne de son Parlement.

Le Chevallier de Senetaire, qui avoit autres fois esté fort bien auprez de M' le Comte et depuis mal, s'estoit donné à Monsieur, qui tesmoignoit l'affectionner et luy bailloit 8,000 liv. de pention; mais lorsque Monsieur fut prest de partir d'Orléans, il luy dit qu'ayant dessein de se retirer eu Lorraine, il n'y auroit pas seureté pour luy, ayant parlé comme il avoit faict de M' d'Elbeuf, et que, plus tost que s'embarrasser dans la peyne de le protéger sans cesse contre des gens qui estoient ses amis, il valloit mieux qu'il se retirast. Ainsy le Chevallier revint à Paris.

Lundi 17. — Mad° de Marillac [1], la vefve, par ordre du Roy sort de Paris et va aux Carmélites de Pontoise. — M' l'Evesque de Riez [2] fils de M' d'Attichy et neveu de M' le Garde des Seaux de *Marillac* et un homme qui sollicitoit les affaires du Maréchal de Marillac eurent aussy commandement de sortir de Paris — et M. d'Ableges Maup [3], beau-frère de Mad° de Ma-

---

[1] Voy. P. *Griffet*, t. II, p. 122.
[2] Louis-Doni d'Attichy, évêque de Riez de 1628 à 1652.
[3] Illisible.

rillac, la vefve eut deffences de suivre pour servir son quartier de Maître des Requêtes.

Mecredi 26. — Le Roy estant allé à Sens, puis à Auxerre, et de là à Chanceaux, il y reçoit, par Mʳ de Briançon, une lettre de Monsieur escripte de Bellegande du 23 mars ¹, à laquelle Sa Majesté fit responce ledit jour 26; elles sont imprimées. Vide dans la liasse.

Mʳ le D. d'Elbeuf (qui estoit fort mal à la cour et avec Mʳ le Cardinal), se trouvant en Bourgongne, où il estoit allé voir Madᵉ sa mère, va trouver Monsieur qui lui faict grandes caresses, et, sur ce que Mʳ d'Elbeuf luy voulut parler pour se justiffier des mauvaises impressions qu'on luy avoit autresfois données de luy, Monsieur l'interrompit et lui dict en l'embrassant qu'il ne falloit plus parler de cela.

Mʳ le Comte de Harcour est tousiours demeuré bien auprez du Roy et avec Mʳ le Cardinal, auquel, depuis la sortie de Monsieur de la cour, il vint dire qu'il estoit son serviteur envers tous et contre tous.

Ledit jour 26, le roy arrive à Dijon ².

Environ ce jour, Monsieur sort de France, va à Dole dans la Franche-Comté et de là à Besançon ³, auxquelz lieux il est fort bien receu.

¹ Voy. Richelieu, *Mémoires*, t. II, p. 323.
² *Ibid.*, p. 324.
³ Bassompierre, *Mémoires*, t. IV, p. 139.

Mr de Bellegarde, qui l'accompagna, envoya au Roy les clefs de touttes les places qu'il avoit en Bourgongne.

M^rs d'Elbeuf, de Moret, de Rohannois et autres accompagnent aussy Monsieur, Mr de Nantouillet estoit avec luy des Orléans (ledit Sr de Nantouillet est revenu); M^r dez Farges et le Baron de Stissac, frère de Mr de la Rochefoucault, le furent trouver hors de France, et le Commandeur de Valencé.

Le Roy met dans le chasteau de Dijon un lieutenant de ses Gardes jusques à l'arrivée de Mr de Percy, auquel il en a donné le gouvernement (depuis c'a esté Loustelnau, que le Roy a mis dans le château de Dijon); envoye M^r de La Grange Creneau avec son régiment dans Bellegarde et le régiment de Piedmont à Auxonne et St Jan de Losne; met 300 chevaux en garnison en autres places frontières, laisse Mr de Haulterive, Maréchal de camp, pour commander aux troupes et Mr du Chastellet pour intendant de la justice.

Dimanche 30. — Le Roy estant à Dijon [1], faict expédier sa déclaration contre ceux qui avoient acompagné et porté Monsieur à sa sortie hors le royaume adressante au parlement de Dijon qui la vériffie le lendemain sans difficulté. Vide ladite déclaration dans la relation

---

[1] Voy. *P. Griffet*, t. II, p. 137. — Richelieu, *Mémoires*, t. II, p. 324. — Fontenay-Mareuil, t. V, p. 234.

de ce qui s'est passé durant le séjour du Roy à Dijon, laquelle est dans la liasse.

Ce mesme jour, Monsieur escript de Bezançon à Mr de Lorraine, pour le prier de le recevoir dans ses Estatz. Vide ladite lettre dans la liasse avec la responce de Mr de Lorraine, qui est fort civile.

AVRIL

Mardi 1er.

Mecredi 2. — Le Roy part de Dijon, où Messieurs du Conseil demeurent 2 jours aprez luy.

Jeudi 3. — Le Roy estant à Bagneux reçoit, par Mr de Briançon, une lettre de Monsieur [1] de Bezançon, en datte du 1er Avril, qui est une espèce de manifeste sur sa sortie hors le royaume. Le Roy envoye Mr de Briançon en prison au château de Dijon par un lieutenant de ses Gardes, tesmoignant estre bien marry d'estre obligé à le traicter ainsy, n'estant pas d'ailleurs malcontent de luy, mais qu'il ne pouvoit faire autrement, veu la lettre qu'il avoit apportée. Vide ladite lettre avec les apostilles pour y respondre, laquelle est imprimée dans la susdite relation de ce qui s'est passé, le Roi estant à Dijon. Depuis, ledit Sr de Briançon fut mis en liberté et

---

[1] Voy. *P. Griffet*, t. II, p. 137.

envoyé en Anjou dans une des maisons de sa mère; avec deffence d'en partir.

Dimanche 6. — Paix d'Italie[1] arrestée à Chérasque par le Baron de Galatte, pour l'Empereur, et Mʳˢ de Thoirax et Servient pour le Roy. Vide articles dans la liasse et un article à part du mesme jour et arresté par les mesmes commissaires des terres baillées à Mʳ de Savoye dans le Montferrat, montans 15,050 écus de revenu establi.

Monsieur ayant sceu que le Roy envoyoit du Parlement de Paris une déclaration contre ceux qui l'avoient suivy semblable à celle vériffiée au Parlement de Dijon envoye une requête pour s'y opposer et se rendre partye contre Mʳ le Cardinal de Richelieu. Le courrier arrive de nuict chez Mʳ Roger[2], advocat en parlement et procureur général de Monsieur avec une lettre de son Altesse, par laquelle il luy commandoit de présenter ceste requête. Mʳ Roger estonné et faisant quelque difficulté, le courrier luy monstre une révocation de sa charge de procureur général de Monsieur, s'il y manquoit. Mʳ Roger garde la requeste signée de Monsieur, et en baille une quasy semblable signée de luy à Mʳ Durand, conseiller à la Grand Chambre, lequel la baille à Mʳ le Premier Président. Quelque

---

[1] Voy. *P. Griffet*, t. II, p. 162. — Voy. *Mercure français*, 1631, p. 2.

[2] Voy. *P. Griffet*, t. II, p. 145.

temps aprez ledit Sr Roger estant arresté par le Chevallier du Guet, et l'original de la requête signée de Monsieur se trouvant entre ses papiers, le Roy se la fit lire en Grand Conseil, etc., vide 12 May.

La dite requête est dans la liasse avec des apostilles.

Un nommé Du Tertre, aumosnier de Monsieur, qui estoit venu d'Épinac en Bourgongne où estoit lors Monsieur, est aussy arresté par le Chevallier du Guet.

Mecredy 23. — Me Mascarani, trésorier de Monsieur, estant allé demander à Mr le Maréchal d'Esfiat, superintendant des finances, les assignations ordinaires que Monsieur a accoustumé de prendre à l'espargne, il luy respondit qu'il estoit très humble serviteur de Monsieur, mais qu'il avoit deffence du Roy de luy faire bailler chose quelconque, et qu'il luy feroit plaisir d'aller dire à Sa Majesté le refus qu'il luy faisoit.

Jeudy 24. — On commence à opiner au Parlement sur la déclaration contre ceux qui ont suivy Monsieur. Les premiers n'opinèrent que du bonnet, ne faisans point de difficulté à la vériffication. Quand on vint à Mr Pinon, il dit qu'il luy sembloit qu'ilz alloient un peu bien viste en une affaire de sy grande conséquence, et qu'il estoit d'advis qu'on veist sur les registres comme ilz en avoient usé en semblables occasions. Chacun revint à cela ; on commencea à opiner plus particulliè-

[1] Voy. *P. Griffet*, t. II, p. 145.

rement, et les advis de ce jour là allans à informer sur les choses contenues en la déclaration, on remit la délibération au samedy 26, à cause que le lendemain [1]...

Nota : Cecy de M' Pinon estoit arrivé plus de 15 jours auparavant, la première fois que l'on opina sur la déclaration, sur laquelle on ropina tout de nouveau ledit jour 24.

Samedy 26. — On continue à opiner au Parlement sur la déclaration. Il n'y avoit que 68 juges, à cause que, Pasques ayant esté le 20, la plupart estoient encor aux champs. Il se dit des choses estranges. Nulle voix n'alla à la vériffication. Il y eut 4 adviz (Bouchet doyen et rapporteur) : *Le 1ᵉʳ*, de décerner commission au procureur général, pour informer des faictz contenuz en la déclaration. — *Le 2ᵉ*, de faire des remonstrances au Roy, dont M' le Président Barrillon fut autheur, et parla aussy de la requête de Monsieur, disant que, sy elle estoit vraye, il s'estonnoit qu'on n'en eust parlé, et que, sy elle ne l'estoit pas, il ne falloit souffrir qu'elle se publiast. — *Le 3ᵉ* (Président Le Bailleul), de supplier le Roy de voulloir envoyer vers Monsieur, pour l'exorter à revenir et enjoindre à tous ceux qui l'ont suivy et sont au Roy de revenir dans le mois. — *Le 4ᵉ* (Président Guyand), d'appeler les pairs. Or, comme il y en eut peu des 2 derniers adviz, il fal-

[1] Inachevé.

lut revenir aux 2 premiers; sur quoy ilz se trouvèrent partagez, 34 de chasque costé, de sorte qu'ilz se séparèrent, sans rien conclure. Quelques'uns dirent qu'il se fauldroit rassembler la semaine prochaine, auquel temps tous M&rs; seroient revenuz des champs. Mais le premier Président, tout picqué, leur dit : « Le Roy y pourvoyera. Les choses avoient esté sy avant qu'il y avoit eu mesmes de Messieurs qui avoient proposé de mander le lieutenant civil pour le gourmander sur ce qu'il a permis que l'on imprimast les apostilles de la requête, dans lesquelz on parle mal du Président Le Coigneux, et d'envoyer en prison ceux qui les crioient dans les rues. On ne rapporta point la requête de Monsieur; sur quoy il y eut aussy rumeur.

Ce mesme jour, M&r; le Prince arrive à Paris, et quelque temps aprez fut tenir les estatz de Bourgongne, d'où M&r; de Houlterive doibt revenir, pour aller en Hollande.

On dit que le Marquis de Boissy estoit allé en Espagne, de la part de Monsieur, et M&r; Moussigot en Flandres.

M&r; le Premier brouillé avec le Roi touchant M&elle; de Haultfort.

Madame la *Princesse de Conty* [1] meurt à Eu, n'ayant

[1] Elle mourut le 30 avril. Voy. *P. Griffet*, t. II, p. 139. — Bassompierre, *Mémoires*, t. IV, p. 140.

esté que 5 jours malade. Le Roy et toutte la cour prennent un fort grand deuil. — La Reyne mère non seullement le prit, mais le fit prendre à tous ses gens, en tesmoignant une très grande affliction. Mad⁰ de Guise, la douairière, hérite de tout, et tout ce que M𝕣 de Chevreuse peult prétendre sont II𝕖 m. écus, que Mad𝕖 la Princesse de Conty luy avoit donnez et à ses enfans, en faveur de mariage. On trouva estrange qu'aussy tost aprez la nouvelle de sa mort, il ne laissa d'aller tous les jours au cours. M𝕣 le Mareschal de Bassompierre en tesmoigna grande affliction. On tient qu'ilz estoient mariez — et on croit que pour ces II𝕖 m. écus, il pourra y avoir procez entre M𝕣 de Guise et M𝕣 de Chevreuse.

MAI

Jeudi 1ᵉʳ.

Lundi 5. — Lettre du Roy à Monsieur, qui a couru, et qui est dans la liasse. On croit qu'elle n'a esté envoyée, non plus qu'une lettre précédente de Monsieur au Roy, qui a aussy couru.

Monsieur fort malade à Nancy d'une grande fiebvre continue, qui dura 4 jours. M𝕣 de Bellegarde, qui estoit aux eaux de Plombières, l'alla trouver aussy tost et, à cause que M𝕣 le Cardinal de La Vallette traictoit pour son retour auprez du Roy, il escrivit à Sa

Majesté, pour la supplier de n'avoir point ce voyage désagréable dans une telle rencontre.

Le Roy envoya visiter Monsieur par de St de Varenneul, un de ses ordinaires, sur le subjet de ceste maladie, mais ne voulut permettre que la Reyne, mère du Roy y envoyast.

Lundi 12. — Grand Conseil du Louvre[1] dans le petit cabinet, aprez disner, où furent appellez tous les princes, ducs, pairs, officiers de la couronne, chevalliers de l'ordre et conseillers d'estat. Il n'y avoit que le Roy d'assis. Au rapport de Mr de Roissy, arrest donné contre le Parlement touchant leur délibération sur déclaration contre ceux qui sont sortiz de France avec Monsieur. Vid. ledit arrest en la liasse et dans le registre.

En suitte Mr Favier rapporte la requeste de Monsieur contre Mr le Cardinal que le Roy fit lire tout hault et fort distinctement; sur quoy fut donné l'arrest, qui est avec l'autre cy-dessus.

Ceux qui opinèrent en ce conseil furent Mrs de Roissy, de Bullion, de Buissaux, Aubry, Le Brest et Favier, et puis le Roy demanda à Mr le Comte s'il avoit quelqne chose à dire, et en suitte s'adressa à toutte la compagnie, pour sçavoir sy quelqu'un voudroit parler. Ce que personne ne fit; mais tous témoignèrent seulement aprouver ce que l'on faisoit.

[1] Voy. *P. Griffet*, t. II, p. 146.

Mardi 13. — Ce mesme jour, le Roy escript au Parlement de le venir trouver le lendemain en corps de cour, à 3 heures aprez midy, et luy apporter le registre, où estoit la délibération du 26 avril ; laquelle lettre leur fut portée par Mʳ le Procureur Général (Vid. la dite lettre en suitte de l'arrest). Sur cela, les Chambres s'assemblent, mandent les gens du Roy, leur demandent ce qu'ilz ont à dire. Mᶜ Tallon¹, auquel s'estoit à parler, dit qu'ilz n'ont rien à dire. Sur quoy la plus part estans picquez, aprez que les gens du Roy se furent retirez et que la compagnie eut résollu d'envoyer un de Messieurs les gens du Roy vers le Roy, pour tascher de l'adoucir et luy faire trouver bon que, suivant ce qui avoit esté résolu le jour précédent, la compagnie l'allast trouver comme pour le saluer y ayant long temps qu'elle ne l'avoit veu, et non pas comme estant mandé par la susdite lettre. Ilz adjoustèrent à leur deviz que ce seroit Mʳ le Procureur Général qui éroit et non pas Mʳ Talon et l'huissier par mesgarde, lorsqu'on luy dit d'appeler Mʳ le Procureur Général, ayant creu qu'on demandait tous Mʳˢ les gens du Roy, les fit venir tous trois, tellement que Mʳ le Premier Président, suivant l'arrest, dit en présence de Mʳ Talon : « La Cour, vous envoye, vous, Procureur Général, trouver le Roy, etc. » Mʳ le Procureur Général, attendit au Louvre jusques à 11 heures et demie que le Roy fust éveillé et le trouva sy

---

¹ Nous ne savons si c'est Jacques ou son frère Omer Talon.

irrité contre le Parlement qu'il ne peust jamais rien gangner, disant qu'il voulloit estre entierement obéy, et, durant ce temps, ayant envoyé à Mr le Cardinal, il en receut le billet suivant : « Il est des Rois comme des Dieux, qui ne refusent jamais de pardonner et remettre les faultes à ceux qui s'en repentent. Sy Messieurs du Parlement venans trouver le Roy, sur les lettres que Sa Majesté leur a envoyées à cet effect, luy disent qu'ils sont venuz pour recognoistre le tort qu'ilz ont eu en la proceddure qu'ilz ont gardée, le desplaisir qu'ils en ont, et la résolution qu'ilz ont prise de la réparer d'eux-mesmes en ce que Sa Majesté peult désirer et luy en donner parolle, je croy que Sa Majesté pourroit user de son extraordinaire bonté et se dispencer de l'exécution de ce qu'elle résolut hier, estant beaucoup meilleur que les hommes reviennent d'eux-mesmes en leur debvoir que par la force, qui est un remède dont Dieu et les hommes ne se servent jamais qu'au deffaut du premier. » Le Roy ayant monstré son billet à Mr le Procureur Général, luy dit : « Vous voyez comme Mr le Cardinal et moy sommes de mesme adviz. Je ne baille jamais les billetz de Mr le Cardinal ; mais je vous en veux bailler une copie, et en mesme temps fit appeler Mr Lucas pour le copier ; mais il ne se trouva point. Mr le Procureur Général dit qu'il se souviendrait bien de ce que portoit le billet, et delà alla faire son rapport au Parlement qui l'attendoit ; et estoit une heure et demye aprez midy. Il ne leur spécifia point les parolles du Roy, mais leur dict seullement qu'il estoit fort indigné et voulloit absolument estre obéy. Délibération sur cela pour sçavoir ce qu'on avoit à dire; résolu de ne rien dire du tout, mais faire seullement grandes révérences. (Ceste résolution de ne point parler fut du matin, avant qu'envoyer M^r le Procureur Général.) Ainsy ilz vont disner, qu'il estoit 2 heures, et incontinent se rassemblent, au pallais, d'où ilz partent 140 en corps de cour [1], c'est-à-dire, à pied, deux à deux, avec les bonnetz, les huissiers marchans devant avec leurs baguettes. Il y avoit 4 Présidens au Mortier [2], Le Gé 1er Président, Belièvre [3], Seguier [4] et Le Bailleul. Le peuple remplissoit les rues, pour les voir passer, et murmuroit. Le Roy le sachant en fut un peu surpris, ne sachant pas que c'estoit la forme de marcher ainsy en corps de cour. Le différend entre les conseillers de la Grand Chambre s'accorda ainsy : le doyen de la grande Chambre précéda le plus antien Président, et le 2e président précéda le sousdoyen, et ainsy de suitte, tantost l'un préceddant et tantost l'autre. Estans arrivez au Louvre, on les mena dans la grande gallerie, où ils attendirent une heure, cependant que l'on accommodoit

---

[1] Voy. *P. Griffet*, t. II, p. 148.

[2] Nicolas Bellièvre, né en 1583, mort en 1650, conseiller au Parlement, procureur général et président à mortier.

[3] Pierre III Séguier, né en 1588, mort en 1672, conseiller au Parlement, intendant de Guyenne, président à mortier en 1634, chancelier en 1635.

[4] Nicolas Lejay, baron de Tilly, premier président du Parlement de Paris.

pour le Roy, dans la gallerye des peintures, une chaire eslevée sur des degrez avez un daiz au-dessus. Durant ce temps-là, M^r De La Ville aux Clers leur fut monstrer l'arrest du conseil et leur dire que le Roy en sursoyeroit l'exécution, s'ilz voulloient s'obliger à vériffier la déclaration. Ilz respondirent ne le pouvoir faire; en suitte ils furent appelez devant le Roy, qui leur dit quelques parolles, dont le mot de rébellion en estoit une et puis M^r le Garde des Seaux de Chasteauneuf leur parla fort rudement et fort bas environ un quart d'heure. Aprez cela le roy prit de la main de Mr du Tillet la feuille, où estoit le partage du 26 avril, la deschira en 4 et donna audit Sr du Tillet, pour le mettre en la place dans le registre, l'arrest du Conseil du 12 May qui venoit d'estre leu par M^r De La Ville aux Clers.

Aussy tost aprez le Roy s'en alla à Versailles, commandant à Boislour, enseigne des Gardes, de faire ce que M^r le Garde des Seaux luy ordonneroit de sa part; en suitte de quoy il alla le soir faire commandement, de la part du Roy, à M^{rs} les Présidens Gayant et de Barrillon et à Mr Laisné, conseiller, de partir de Paris dans 24 heures et d'aller le 1er à Bourges, le 2e à Clermont en Auvergne, et le 3e à Limoges.

(M^r le Cardinal, au sortir de là, fut se promener aux Thuilleries; le lendemain chez Traversier, et le 18, il fut à Bagnolet, où Bréant luy fit festin de 1,500 écus; de là il fit collation à Charonne chez le 1er Président.)

Ce mesme jour, il y eut brouillerye entre Mr de Souvré et le Marquis de Brezé, pour sçavoir qui commanmandoit à la porte de la chambre du Roy, le 1er gentilhomme de la Chambre prétendant que c'est luy, et Mr de Brezé, comme capitaine des Gardes, soustenant qu'il y doibt tousiours entrer, comme ayant à respondre de la personne du Roy, et la dispute vint sur ce que Mr de Souvré ayant dit à un huissier nommé... [1] de ne laisser entrer personne, il refusa la porte à M^r le Marquis de Brezé, qui alloit mener des Gardes du Corps où le Roy luy avoit commandé; il se rioit au commencement de ce que l'huissier luy refusoit la porte; mais voyant que c'estoit tout de bon, il le voulut frapper. L'huissier mit l'espée à la main; le Marquis de Brézé le saisit au collet. On arrive là-dessus, et puis il eut brouillerye avec Mr de Souvré. On les accommoda. Il y eust aussy, pour ce mesme subject, grosses parolles entre ledit Marquis de Brézé et M^r de St Simon, favory du Roy, 1er gentilhomme de la Chambre; lequel, sur ce que ledit Marquis dit qu'en semblable occasion Mr du Hallier avoit rompu une porte et qu'il en eut bien faict autant, respondit : « Et moy, sy je m'y fusse trouvé, je luy eusse rompu la teste. » A quoy le Marquis de Brézé, monstrant son col, répartit : « On ne rompt pas ainsy des testes, qui ont le col faict comme cela, etc. »

On met dans la Bastille un nommé Gauville accusé

[1] En blanc.

de mille crimes, qui se disoit à Monsieur et venoit de Nancy. On croit qu'il avoit dessein d'entreprendre sur la personne de Mʳ le Cardinal.

On met aussy dans la Bastille 2 banquiers nommez Andreossy et Guibert accusez de fausse monnoye. On croit qu'ilz avoient faict tenir de l'argent à Nancy.

Mecredi 14. — Messieurs du Parlement s'assemblent. Tout ce qu'ilz peurent faire fut de faire le rapport de ce qui s'estoit passé la veille au Louvre (que Mʳ le 1ᵉʳ Président fit entendre à la compagnie, Mʳ le Garde des Seaux ayant parlé sy bas qu'excepté quelques'uns des plus advancez, personne n'en avoit rien ouy), et d'envoyer sçavoir chez ces 3 Messieurs la vérité du bruit qu'ilz avoient eu commandement de sortir de Paris.

Jeudi 15. — Messieurs du Parlement se rassemblent. Quelques'uns alloient à s'interdire eux-mesmes et fermer le pallais. — Les plus sages rompirent ce coup. — Résolvent d'envoyer Messieurs les gens du Roy supplier le Roy de luy rendre ces 3 Messieurs.

Sur le bruit, qui avait couru, qu'ilz voulloient s'interdire et fermer le pallais, le Roy revint le soir de Versailles, résolu, à ce que l'on dit, de les prendre au mot, et dict en partant : « Je m'en vas voir sy le Parlement me donnera bataille. »

Vendredi 16. — Suivant la résolution du jour précédent, Mʳ Talon portant la parolle, assisté de Mʳˢ le Procureur Général et Bignon, parla au Roy et fort bien. Le Roy les receut fort bien et leur respondit en substance qu'il révoquoit dez à présent le commandement qu'il avoit faict à ces 3 Messieurs d'aller en ces 3 villes esloignées et leur permettoit d'aller en leurs maisons, et adjousta que dans peu il donneroit en cela entier contentement à la compagnie. Mʳ Talon ayant faict son raport le lendemain, le Parlement renvoya Messieurs les gens du Roy à Fontainebleau, pour n'en revenir qu'ilz n'ayent obtenu le restablissement de ces Messieurs.

Samedi 17. — Commission à Mʳˢ de Roissy et Favier, pour avoir la surintendance et l'administration de tout le bien de Madamoiselle. Vid. dans la liasse.

Aymeri Particelli [1], qui estoit greffier du conseil, faict intendant des finances, en la place de Mʳ de Chevry, lequel est faict seul controlleur général. Il avoit esté premièrement controlleur de l'argenterye, puis secrétaire du Conseil, et en ceste dernière guerre de Piedmont il faisoit par commission la charge de commissaire général des vivres. Il estoit gendre de Mʳ Le Camus.

[1] Michel Particelli, sieur d'Émery, financier, trésorier du roi, ambassadeur à Turin, surintendant des finances, mort en 1650.

— 174 —

Ceste proposition avoit esté faicte; mais Mʳ de Chevry ne voulut poinct quicter sa charge d'intendant, tellement que Mʳ d'Aymeri fut faict 4ᵉ intendant, avec le quart du controlle.

Mardi 20. — Le Roy envoye Mʳ le Mareschal de Schomberg et Mʳ de Roissy [1] trouver la reyne mère à Compiègne, pour traicter avec elle, conjoinctement avec le maréchal Des Trées. La lettre (transcripte dans mon registre, page 14) ne spécifie rien, estant seullement en Créance; mais la responce de la Reyne du 24 dudit mois (transcripte page 14) porte qu'ilz luy ont dict que le Roy désiroit tousiours qu'elle allast à Moulins avec permission, à cause de la peste de s'arrester à Nevers ou à Angers; auquel cas il lui redonneroit le gouvernement d'Anjou; qu'elle le supplioit de trouver bon qu'elle n'acceptast aucune de ces conditions, dont elle rend les raisons et que, s'il luy plaisoit d'oster les gens de guerre de Compiègne, elle luy donneroit parolle par escript de n'en point sortir sans son commandement. En suitte elle escrivit au roi une autre lettre, par laquelle elle tesmoigne estre en grande deffiance du rapport que luy feront lesdits Sʳˢ de la négociation, et s'estend fort sur les mauvais desseins de Mʳ le Cardinal contre elle. La dite lettre est transcripte page 16.

Quelqu'un m'a dit avoir ouy dire à Mʳ le Maréchal de

[1] Voy. *P. Griffet*, t. II, p. 138 et 141. — Fontenay-Mareuil, t. V, p. 234.

Schomberg qu'ilz avoient veu la Reyne 3 fois et proposé, de la part du Roy, de revenir à Paris ou à Fontainebleau, et que le Roy luy offroit touttes sortes de conditions pour cela, et, qu'encor qu'il eust esté obligé pour quelques considérations très importantes de l'esloigner pour quelque temps de sa personne néantmoins qu'il désiroit avec passion qu'elle y retournast et qu'elle recevroit tousiours de luy tout le bon traictement que peult espérer une mère d'un bon filz, comme il luy avoit tousiours esté, et qu'enfin il n'y avoit point de porte qui ne luy feust ouverte pour se raccommoder avec luy.

(On m'a dit que la proposition avoit esté de revenir à Luxembourg, à condition de ne se servir que des personnes que le Roy luy donneroit ou d'aller à Angers ou à Moulins ou à Alençon.

On tient qu'il luy fut donné 15 jours pour se résoudre à sortir volontairement de Compiègne.)

A quoy la Reyne avoit respondu qu'elle sçavoit fort bien que, sy le Roy estoit seul, il n'auroit jamais pour elle que des sentiments semblables à ceux qu'il luy proposoit, puisqu'elle avoit assez esprouvé son bon naturel et que, quelque mauvais traictement qu'on luy eust faict jusques icy, elle ne s'estoit jamais plaincte de luy, sachant bien qu'il n'en estoit pas l'autheur, mais qu'elle cognoissoit assez l'artifice de Mr le Cardinal en qui elle ne se pouvoit fier, et qu'enfin ilz pouvoient asseurer le

Roy qu'elle ne retourneroit jamais à la cour qu'on ne l'en eust chassé, qu'elle sçavoit bien qu'aussy tost qu'elle seroit en carrosse, on la meneroit à Moulins ou en quelqu'autre lieu, et qu'elle aymoit mieux mourir où elle estoit que d'estre plus exposée à ses violences.

Le 28 May, le Roy luy escrivit une lettre (transcripte page 18) tesmoignant n'estre satisfaict de ce qu'elle avoit reffusé les conditions, qu'il lui avoit proposées par M. leMaréchal de Schomberg et trouver estrange la deffience qu'elle avoit d'eux.

Le dernier May, la Reyne respond (transcripte page 18) à ladite lettre, s'estend fort sur le desseing qu'a M. le Cardinal de la faire mourir, dit estre fort résolue de ne sortir de Compiègne, se plaint du bruit qui avoit couru qu'elle s'estoit retirée en Flandres et de ce que le Roy allègue sy souvent les intherestz de son Estat, pour ne la traicter pas selon sa qualité de mère.

Lundi 26. — M. d'Espernon part de Paris pour retourner en Guyenne.

Le Parlement se voulut assembler le lundy 26 et le mecredy 28 sur le subject des délégués, mais M. le 1er Président l'empescha.

Les députez des Estatz de Bretagne font grande instance au Roy, affin d'avoir M. le Cardinal pour gouverneur.

Jeudi 29. — Il courut un faux bruit, creu de tout le monde, que la Reyne mère s'estoit sauvée de Compiègne et retirée en Flandres. Poisson, secrétaire de M' de Guise (à laquelle le M. de Sourdéac l'avoit dicte pour asseurée) en porta la nouvelle à Fontainebleau à Grandpré, capitaine des gardes de M' de Guise, qui, l'ayant publiée comme certaine, fut arresté à l'instant sur les 10 heures du soir par le Grand Prévost. Le Roy ne laissa de continuer sa musique chez la Reyne jusques aprèz minuict que courriers furent despechez à Lyon, pour empescher le passage de ceste nouvelle.

Le 1er Juin Castaujoux arriva vers le Roy, de la part de la Reyne, sa mère, pour se plaindre sur ce subject de l'artifice de ses ennemis, et le Maréchal d'Estrées envoya Chevallon pour asseurer de la fausseté de ceste nouvelle, qui avoit estonné les ministres.

Querner, agent du Duc de Bavière, venant trouver le Roy, en passant par la Lorraine, où son maître lève des troupes, ne voulut voir Monsieur, craignant d'en estre moins bien receu de Sa Majesté. Les ministres de Monsieur le virent et les luy tesmoignèrent un extresme desplaisir de la commission qu'il avoit eue en Lorraine et de la facilité qu'il y avoit trouvée a obtenir la levée, disans que cela afffoibliroit grandement et le party et la réputation de leur Maître, puisque tout le monde verroit que le secours qu'il pouvoit espérer du lieu où il estoit seroit diverty sy loin de la France.

Lundi 30. — Mʳ de Roissy va au Parlement avec des lettres du Roy et 3 autres pour Mʳˢ les Présidents Guzant et Barrillon et M. Laisné, conseiller, affin de les restablir en l'exercice de leurs charges. Ils rentrèrent le 2ᵉ juin, et le lendemain, en une occasion qui se présenta, le Président Guyant parla aussy librement que jamais.

Messieurs du Parlement de Bretagne enregistrent la déclaration contre ceux qui ont suivy Monsieur.

L'on renvoye des gardes à Chasteaudun, pour observer M. le Garde des Seaux de Marillac.

On envoye Mʳ de Bellejambe, maître des Requêtes en Beausse, avec des troupes qui y sont, pour prendre garde à quelques pratiques qui se forment en ces quartiers, et on luy donne Intendance de la Justice d'Orléans et Chartres.

La commission adressante au Parlement de Dijon et à 4 Maîtres des Requêtes, pour faire le procez commencé à Mʳ le Maréchal de Marillac a été registrée audit Parlement. On le mène à Verdun, pour luy confronter les tesmoings, Mᵉ Bretagne, doyen du Parlement et parent de M. Bouthillier est rapporteur. Il a été à la cour et fort caressé du Roy, etc. Il s'en va avec Mʳ de Moret achever l'instruction à Verdun.

Mme la Mareschalle de Marillac estant allée à St Germain chez M^r le Cardinal, et demandé à parler à luy, il luy fît dire qu'il ne le pouvoit sans permission du Roy, et peu aprez un exempt l'emmena à Tournebœuf, en Normandie.

On tenoit l'accommodement de *Mr de Bellegarde* asseuré, par lequel il sauvoit toutes ses charges, à condition de ne les point exercer et d'aller demeurer en une de ses maisons en Touraine. Sur cela on mande en Bourgogne de ne pas tant haster les proceddures commencées contre luy, que M^r le Prince pressoit de telle sorte qu'il couroit fortune d'estre bientost exécuté en effigie. Il estoit venu à ¹... pour cela, affin de signer l'acte nécessaire entre les mains de Mr du Chastellet, maître des Requêtes. Ce qu'il reffusa, sur ce qu'on dit qu'il y avoit une démission tacite de son gouvernement. Vid. sa lettre à Mr du Chastellet transcripte page 40. — Mr du Chastellet vient à la cour.

M^r d'Elbeuf fort mal content de Monsieur; ce que l'on dit qui arriva ainsy. M^r d'Elbeuf s'estant plaint de ce qu'on ne luy faisoit aucune part des affaires, Monsieur luy répondit que le feu Roy avoit acoustumé de dire qu'il ne falloit jamais retenir un vallet qui témoignoit du mescontentement. A quoy M^r d'Elbeuf repartit qu'il n'estoit ny son valet ny son subject et ne

¹ Lacune.

l'avoit suivy et exposé son gouvernement et ses biens à la mercy de ses ennemis, qu'à cause de l'affection qu'il avoit au service de la Reyne mère. Depuis M' d'Elbeuf ne voyoit plus Monsieur quoy qu'il fust à Epinac en mesme lieu, et M'˙ de Moret et de Rohannois entrèrent aussy dans son mescontentement. — En suitte les amiz de M' d'Elbeuf traictèrent pour luy vers le Roy; mais durant ce temps M' de Lorraine le raccommoda avec Monsieur. On dit que M' d'Elbeuf avoit menacé le Président Le Coigneux. — M' de Fossez avoit négocié son raccommodement avec le Roy.

On fit courir un bruict du mariage de Monsieur avec la sœur de M' de Lorraine, qui s'est depuis trouvé vray.

JUIN

Dimanche 1ᵘʳ.

Mardi 3. —M' de S' Chaumont, qui avoit esté longtemps avec M' le Maréchal des Trées à Compiègne auprez de la Reyne mère, va porter nouvelles à Sa Majesté [1] que le Roy lui ostoit tous les gens de guerre qui l'acompagnoient, et commandement aus dites troupes de se retirer. Quelques unes allèrent à Noyon et Senlis et les autres plus loing. M' le Maréchal des Trées la quicta aussi et s'en revint à la cour.

[1] Voy. Richelieu, *Mémoires*, t. II, p. 328.

Vendredi 6. — Un gentilhomme de Monsieur, venant de Nancy, heurte à la porte de la Grande Chambre du Parlement, dict à l'huissier qu'il a des lettres à donner à la Cour de la part de Monsieur. Mʳ le 1ᵉʳ Président luy faict dire d'attendre l'heure de l'audience, qui estoit *le lendemain* à huis clos. Voulant entrer avec les advocatz, les huissiers l'ont sy bien repoussé qu'il fut contrainct de demeurer en leur parquet, où il se tint jusques à l'issue de Messieurs, croyant que pour le moins, lorsqu'ilz sortiroient, il pourroit donner sa despesche à Mʳ le Président; mais luy qui en estoit adverty, pour ne le pas rencontrer, se retira en son logis par la beuvette; ce que l'on trouva mauvais. On ne sceut ce que devint le gentilhomme.

Mort de Mʳ La Berchène, Premier Président au Parlement de Dijon. Son filz, conseiller au Grand Conseil, quoy que jeune, succède à sa charge, dont, par une faveur extraordinaire, il avoit auparavant eu la survivance.

Mʳ le Prince, après l'élection du maire de Dijon, retourne à Bourges.

Samedi 14. — Senelle, médecin du Roy et domestique de Mᵉ du Fargis, revenant de Lorraine, est pris au Bourget par le Chevallier du Guet, avec une grande despesche, dont partie en chiffre et jargon et plusieurs de Monsieur. On dit qu'il y avoit une lettre en chiffre à la Reyne, portant qu'elle ne se mist point en peyne du bruit qui couroit du mariage de Monsieur avec la sœur de Mr de Lorraine; que l'on travailleroit à le rompre, pour ce que la chose arrivant (c'est-à-dire la mort du Roy), il falloit penser à faire celluy dont on avoit autresfois parlé (c'est-à-dire de Monsieur et d'elle). Senelle fut interrogé par 2 maîtres des Requêtes, en présence de M^r le Garde des Seaux. D'autres m'ont dit qu'il avoit esté interrogé, en présence de M^r le Cardinal. On dit que plus de 40 personnes furent ouïes en suitte.

Le Roy ayant esté en froideur avec la Reyne sur ce subject, elle s'y conduisit fort bien, disant qn'elle ne cognoissoit point Me du Fargis et n'en vouloit point, lorsque le Roy la luy donna; que depuis l'ayant eue, elle l'avoit affectionnnée, mais que, si elle avoit escript cela, c'estoit une très méchante femme, et que, bien que quand à elle elle fust très innocente et très ignorante de ce qu'elle luy mandoit, elle ne trouvoit néantmoins nullement estrange que le Roy en eust été très offencé, ayant subject en apparence de l'estre encor davantage. Ces sages discours touchèrent le Roy et le 1er juillet leurs Majestés se raccommodèrent.

Me du Fargis nye absolument la despesche de Senelle et dict qu'elle est supposée.

Il se trouva dans la dite despesche une responce du

Président Le Coigneux à Mʳ de Boissy, par laquelle il paroist qu'il n'avoit voulu accepter la commission de l'administration de Mademoiselle sans scavoir sy Monsieur l'auroit agréable. Sur quoy on luy fit commandement de ne se plus trouver au Conseil. Il se raccommoda quelques jours aprez.

On dit que le Roy escrivit à Mʳ de Lorraine qu'il luy envoyast Mʳ du Fargis, affin de luy faire faire son procez.

JUILLET

Mardi 1ᵉʳ. — Un gentilhomme Provençal, nommé Sanis, qui est à Monsieur, entre le matin en l'audience de la Grande Chambre, se tient debout dans le parquet des procureurs, et, quand Mʳ le 1ᵉʳ Président eut prononcé un arrest sur une cause plaidée, il dict tout hault : « Messieurs, c'est un pacquet, que Monsieur, mon maistre, m'a commandé d'apporter à la compagnie et de vous le présenter à vous, Monsieur, qui en estes le chef. Il y a quelque temps qu'il en avoit envoyé un semblable par un gentilhomme, qui ne peust avoir audience. » Disant cela, il s'advancea et mit le pacquet sur le bureau du greffier, tesmoignant une extresme asseurance. Mʳ le 1ᵉʳ Président fit signe aux huissiers de prendre garde à luy et des gens du Roy. — Mʳ Talon se lève, dit que l'affaire estoit importante qu'il falloit qu'il prist l'advis de ses collègues, joinct qu'il ne pouvoit prendre ses conclusions, que la cour n'eust faict retirer l'audience. Sur cela ilz furent environ un quart d'heure aux opinions, pour scavoir sy on cesseroit l'audience. Résolu qu'il y alloit de la dignité de la cour de ne le pas faire, et ordonné que le gentilhomme seroit mené au greffe et le Procureur Général mandé. Aprez l'audience, résolvent d'envoyer le gentilhomme et le pacquet au Roy; ce qui fut exécuté l'après disnée mesme. Il fut interrogé dez le soir par M⁰ de Roissy et mis dans une tour à S¹ Germain, et, le 3, mené à la Bastille. Il y avoit dans le pacquet une lettre à Messieurs du Parlement et la lettre au Roy, qui est le manifeste en date du 30 May (ce qui faict voir que c'est la mesme despesche que cet autre gentilhomme avoit apportée le 6 juin), la requeste contre M⁰ le Cardinal et une autre requête de révocation contre M⁰ le Premier Président.

On tient que semblables pacquetz furent portez à M⁰ le Comte et à M⁰ de Montbazon.

Le Roy respond à la susdite lettre de Monsieur servant de manifeste, et les 2 sont imprimez ensemble et dans la liasse des affaires publiques de 1631.

On dit que, ce mesme jour 1ᵉʳ juillet, M⁰ le Cardinal dit tout hault, à son soupper, tout ce qu'il y avoit dans le manifeste contre luy, et, entr'autres choses, que

Monsieur disoit qu'il avoit faict mettre Mr de Vendosme en prison pour avoir son gouvernement; que chascun scavoit combien de fois il l'avoit reffusé; mais puis que cela ne luy servoit de rien et que l'on pourroit croire que ses reffus procedderoient de crainte, il estoit résolu d'accepter désormais tout ce qu'il plairoit au Roy de luy offrir, et adjousta que les manifestes ne valloient rien, s'ilz n'estoient suiviz de 30,000 hommes; que, sy Monsieur venoit en cet estat, il le trouveroit à la teste d'une armée aussy forte, et qu'encor qu'il ne fust qu'un prestre, il feroit aussy bien son devoir qu'un autre.

Le Roy respond à la lettre de Monsieur servant de manifeste, et ladite responce, portée par Roquemont, est imprimée en suitte dudit manifeste et dans la liasse.

Monsieur respond, le 20 Juillet, à ladite responce, et la lettre est transcrite pag. 29.

Ce mesme jour, l'arrest du Conseil du 12 May contre le Parlement fut enregistré au Chastellet par très exprez commandement du Roy.

Mecredi 2. — L'Empereur met solemnellement entre les mains de Sonande, evesque de Mantoue, l'investiture de Mantoue et du Montferrat, en présence de tous les ambassadeurs et du D. de Guastalla mesme.

Vid. touttes les cérémonies et particularitez, qui

sont très remarquables, dans la gazette de Rome du 2 Aoust.

Dimanche 6. — Mᵉ de Luxembourg[1] espouse à Jouy Mʳ de Clermont[2], 3ᵉ filz de Mʳ le Comte de Tonnerre[3], qui auparavant estoit abbé, sans que pas un de ses parents le sceust. Ce fut la jeune Comtesse de Tonnerre qui traicta toutte ceste affaire, et Mᵉˡˡᵉ de Pagan qui vendit Mᵉ de Luxembourg. Sy tost que Mʳ de Tresmes en eut advis, il fit que le Roy y envoya un exempt pour se saisir de Mᵉ de Luxembourg; mais n'ayant pris garde que sa chambre respondait sur une chapelle, tandis qu'il faisoit la sentinelle dans l'antichambre, elle fut mariée. Aprez cela elle s'advisa qu'il n'avoit point de bien et qu'elle faisoit tort à ses enfans. Aprez avoir dict qu'elle estoit mariée, elle présenta, le 9, une requête au Parlement, prétendant ne l'estre pas, et pour estre mise en sa sauvegarde. — Depuis elle le respouse une 2ᵉ fois.

Sur l'instance faicte par le P. de Feria, Gouverneur de Milan, de faire sortir de Mantoue les troupes allemandes, pour y mettre le Régiment de Schaumbourg tout composé d'Espagnolz, Mʳ de Thoirax despesche au Roy qui proteste que, sy on faict ceste innovation, il ne rendra aucune des places qu'il tient.

[1] Marguerite-Charlotte.
[2] Charles-Henri.
[3] Mari de Catherine-Marie d'Escoubleau de Sourdis.

Mardi 8. — Marq. d'Obterre accusé de plusieurs crimes, arresté à S‍ᵗ Germain et mené à la Conciergerye, d'où il se sauva quelque temps aprez.

Mecredi 9. — Commission contre les faux monoyeurs vériffiée. Mʳ de Lorraine envoye Coutonges trouver le Roy.

Lundi 24. — 25 ou 30 gentilzhommes portent à Mʳ de Sᵗ Marc Hotman une requête sous le nom du Maréchal de Marillac, et 8 ou 10 allèrent voir tous les juges. On mit le soir « monstré » sur la dite requête.

Id. — Mʳ de Sᵗ Chaumont vient quérir à Paris l'ambassadeur du Roy de Suède, pour le mener à Sᵗ Germain, où Mʳ de Chevreuse le mena à l'audience, et le Roy l'a receu et traicté parfaictement bien.

Le jeune La Trousse se bat et donne 2 grands coups d'espée à Lestang, lieutenant des gardes de Mʳ le Cardinal. On fit passer cela pour rencontre.

Vendredi 28. — La Reyne mère sort le soir bien tard (à XI heures) de Compiègne [1], menée soubs le bras par La Masure, lieutenant de ses gardes. On dit qu'elle n'avoit avec elle que Mʳ du Fresnoy et 2 femmes

---

[1] Voy. *P. Griffet*, t. II, p. 157. — Richelieu, *Mémoires*, t. II, p. 330. — Fontenay-Mareuil, t. V, p. 234. — Bassompierre, t. IV, p. 140.

de chambre, Selvage et Catherine. L'évesque de Léon ¹, frère de Mʳ de Sourdéac, alla avec elle; son carrosse fut le premier qu'elle rencontra au-delà du bac de Compiègne. Mʳ de Baradat, qui avoit traicté avec elle longtemps auparavant, la joignit en chemin. Elle s'en alla droict à la Capelle, dont elle estoit asseurée par le marquis de Vardes, le filz, qui en est gouverneur, et cela avoit esté traicté par Bezançon; mais le Roy, ayant sceu qu'il s'y en estoit allé sans congé quelques jours auparavant, commanda au Marq. de Vardes, le père, d'y aller en dilligence, se rendre maistre de la place, et en chasser son filz; ce qu'il fit; tellement que la Reyne mère en approchant apprit par un gentilhomme, que le Marq. de Vardes le filz luy envoya, qu'il n'estoit plus maistre de la place. Ainsy elle passa à Avesne-le-Comte en Haynault, où elle fut receue par... ² le samedy au soir, 19. Quand elle passa à Blérancour, le samedy, à 4 heures du matin, elle n'avoit que 10 ou 12 chevaux. On ne s'aperceut à Compiègne de sa sortie que le samedy assez tard; de sorte qu'on ne le sceut à Paris que le samedy au soir. Mʳ le Cᶦ y arrivoit de Sᵗ Germain; il despescha à l'instant au Roy Mʳ de l'Isle, cousin germain du Commandeur de Valencé, et tint un grand conseil avec Mʳˢ le Garde des Seaux et d'Effiat. Le lendemain, il alla coucher à Jouy, pour voir le Roy à Versailles.

¹ René de Rieux, évêque de Léon de 1618 à 1635.
² Lacune.

La Reyne mère avoit chassé Mʳ Cottignon au lieu duquel elle prit depuis Des Landes Payen en Flandres, où il estoit reffugié, à cause des créanciers de son père, qui prétendent qu'il a volé la succession. Elle avoit aussy pris pour 1ᵉʳ médecin Mʳ Du Chemin [1], au lieu de Vaultier, prisonnier à la Bastille, qu'elle croit avoir esté gangné.

Le Roy faict arrester Mʳ D'Argonges, trésorier de la Reyne sa mère, auquel il fut ordonné depuis de se retirer en sa maison aux Champs et de n'en bouger. Elle est prez Château-Thierry.

Le Marq. de La Réville se rendit incontinent à Avesnes, auprez de la Reyne mère; ce que le Roy tesmoigna trouver très mauvais.

Lundi 21. — Lors de l'audience de la Grande Chambre, Heurtant, Sᵗ Affange, Angevin, lequel a esté nourri page de la Reyne mère, estant à genoux dans le parquet avec les procureurs, se lève, comme on alloit appeller une cause, et, tirant un pacquet de sa poche, dit tout hault : « Messieurs, c'est une lettre que la Reyne mère, ma maistresse, m'a commandé de présenter à la cour, à laquelle elle demande justice de Mʳ le Cardinal de Richelieu : avec deux requêtes, par l'une desquelles elle récuse Mʳ le Premier Président de Lan-

---

[1] André du Chemin, docteur en 1608, doyen en 1623, mort en 1633, auteur du *Codex*.

croc, et vous prie de ne délibérer point sur tout cela que les chambres assemblées. » Il adjousta qu'il demandoit acte de sa comparution. Le Premier Président changea de couleur et lui dit : « Et bien l'on fera ce qu'il faudra. Baillez vos lettres. » Il s'advancea et les bailla au greffier, et puis se vouloit retirer; mais on fit signe aux huissiers de l'arrester. Mr Talon se leva et dit que ce qui estoit arrivé dernièrement leur servoit maintenant de loy (entendant de celuy que Monsieur avoit envoyé) et que la Cour en pourroit délibérer à 10 heures et cependant envoyer ce gentilhomme dans le greffe. Ce qui fut ordonné, aprez que M^r le Premier Président eut esté aux opinions. A 10 heures, on délibéra sur l'affaire. Il fut résollu d'envoyer la despesche au Roy, mais de donner liberté au gentilhomme; ce qui ne pleut point à M^r le Premier Président

Depuis ladite lettre de la Reyne mère au Parlement, une autre au Prévost des marchands, une requête contre M^r le Cardinal, et une pour récuser le 1er Président et le Président de Lancroc, lesdites lettres en datte du 27 juillet ont esté veues et sont transcriptes pages 35-38-23-26.

Id. — La Reyne mère escript d'Avesnes au Roy une lettre imprimée sur sa sortie de Compiègne, en suitte de laquelle est la responce de Sa Majesté; elle est transcripte pag. [1].

[1] Lacune.

Ce mesme jour, lundy 21, le Cardinal de Savoye[1] arrive à Paris et loge à l'Arsenal. M^r le Comte, par ordre du Roy, le faict défrayer, jusques à ce que ses officiers fussent arrivez. M. d'Angoulesme, acompagné de M^r d'Episne, conducteur des ambassadeurs, fut au-devant de luy. Le lendemain, M^r le Cardinal, acompagné du Cardinal De La Vallette et autres, le fut visiter à l'Arsenal, et, quelques jours aprez, le traicta au Bois Le Vicomte.

Ledit jour 22 ou le lendemain, ledit Prince Cardinal eut audience.

Un peu auparavant, le Roy s'estant plaint de ce que l'abbé Siaglio, ce capital ennemy de la France estoit en Angleterre, le Duc respondit qu'il luy commanderoit de n'agir que par les ordres du Cardinal, son frère; lequel recevant icy satisfaction, on se devoit asseuré de ne recevoir point de mescontentement en Angleterre de cet homme-là. Ce qui est une mauvaise responce.

Le susdit jour 21, le Chevallier de Jars arrive à Paris, de retour d'Angleterre avec force présens.

Mardi 22. — Ordonnance du Roy [2] portant injonc-

---

[1] Maurice de Savoie, fils du duc Charles-Emmanuel Ier et de Catherine, fille de Philippe II, mort en 1658. — *Mercure français*, 1630, p. 371.
[2] Voy. Richelieu, *Mémoires*, t. II, p. 331.

tion aux officiers et domestiques de Monsieur de se retirer prez sa personne, et aux autres qui sont hors le royaume, deffence d'y retourner etc. Vid. ladite ordonnance.

Mecredi 23. — Les compagnies souveraines vont au Louvre l'après disnée. Le Roy d'abord dit du Parlement que Mᵣ le Garde des Seaux leur ferait entendre sa volonté. Mᵣ le Garde des Seaux leur dict que le Roy avoit eu advis, la nuict d'entre le samedy et le dimanche, comme la Reyne, sa mère, s'estant laissée aller aux conseilz de ses ennemis, estoit sortie de Compiègne et s'estoit retirée en Flandres, que cela l'obligeoit de s'en aller à Monceau, pour de là prendre le chemin de Champagne et de Picardie, et peut estre pour aller plus loing, selon que le repos de son estat le requerroit; qu'il les avoit mandez pour leur faire savoir cela et leur recommander, etc. Aprèz le Roy prit la parolle et dict que l'on faisoit courir des bruits qu'il debvoit bienstot mourir; mais qu'il se portoit bien, Dieu mercy; que l'on avoit consulté tous les astrologues sur sa vye; qu'il espéroit que Dieu le conserveroit, qu'il scavoit bien touttes les caballes de la Reyne mère et de son frère; qu'il tiendroit pour ses amis ou ennemis tous ceux qui le seroient de Mᵣ le Cardinal. Après cela, il leur recommanda l'affaire de Mᵣ de la Valette pour estre receu duc et pair, et dict en particullier au Premier Président qu'il le protégeroit contre tous et que c'estoit une marque qu'il le servoit bien, puisqu'il estoit mal avec la Reyne mère et avec Monsieur.

Id.. Le Plessis Bezançon, créature de Mᵣ de Bassompierre et frère de Bezançon, qui a eu part à la sortie de la Reyne mère, est mené à la Bastille par le Chevalier du Guet. Il pouvoit faire mal, car le Roy l'avoit auparavant envoyé visiter les places frontières.

Mʳ le Garde des Seaux de Marillac, qui estoit dans la ville de Châteaudun, est mis en prison dans le château.

Mʳ Du Hallier est envoyé dans Guise avec le régiment de Navarre.

On a envoyé à La Rochelle le régiment de la Meilleraye.

Jeudi 24. — Le Roy part de Paris pour aller à Monceaux, va coucher à Fresne, et Mʳ le Cardinal au Bois-Le Vicomte, où il traicta le 27 l'ambassadeur de Suède.

L'Infante, sachant la Reyne mère à Avesnes, l'y envoya visiter par le Prince d'Espinoy, puis par la Marquise de Mirabel et le Marq. de Sᵗᵉ Croix à Mons.

Vendredi 25. — La Barre Le Sec présente au Roy, sur le Chemin de Monceaux, des lettres de la Reyne, sa mère. Le Roy l'envoye à Paris porter des lettres à la Reyne régnante, avec commandement de le tourner retrouver.

Lundi 28. — Mr Bautru[1] l'aisné receu conducteur des ambassadeurs en la moictyé de la charge de Mr de Bonoieul acheptée par luy[2] ... de la vefve.

Mardi 29 — Mort du Père Michel de Marillac (filz de M[r] le Garde des Seaux), nommé à l'évesché de St Malo vallant 25,000 livres de rente à la recommandation dudit Sr Garde des Seaux, la Reyne mère (en la collation de laquelle il est) l'a donné au Sr Dattichy, neveu dudit Sr Garde des Seaux autrefois minime et maintenant évesque de Riez en Province; mais le Roy, n'ayant cela agréable, le donne à Mr de Sancy[3], Père de l'Oratoire, et en suite donne à Mr de Vivazeil l'évesché de St Brieuc en Bretagne, que la Reyne mère avoit donné à l'abbé d'Argrages.

La Reyne mère, estant allée à Monts, loge chez le Prince d'Espinoy. L'Infante luy envoye de toutes sortes

---

[1] Guillaume Bautru, comte de Serrant, né à Angers en 1588, mort à Paris en 1665.
[2] Lacune.
[3] Achille de Harlay, fils de Nicolas, né en 1581, mort le 20 novembre 1646, évêque de Lavaur, puis militaire, ambassadeur en Turquie, oratorien, secrétaire de Richelieu.

d'étoffes et de linge nécessaires pour une femme, et jusques à des dez, du fil et des esguilles. On dit qu'il y en a pour XX^m écus.

AOUST

Vendredi 1er. — Mr de Bellegarde, prétendant que sous prétexte de son accommodement, on l'avoit voulu prendre prisonnier, écrit une lettre fort aigre à M^r Du Chastellet, et, rompant ainsi tout traicté, va retrouver Monsieur (elle est transcripte page 40), qui le receut fort bien.

Lundi 4. — Un exempt de la Reyne mère présente un pacquet de Sa Majesté au Parlement, qui l'envoya clos au Roy, et laissa aller l'exempt.

Ce mesme jour, le Roy nomme M^r de St Chaumont pour Ambassadeur extraordinaire en Flandres sur ces occurences.

Le Roy avoit escript à Mr de Guise que, sur l'occasion de la sortie de la Reyne sa mère et de son frère hors le Royaume, il a besoin de l'advis des principaux officiers de sa couronne, que luy estant de ce nombre, il désire qu'il vienne, et, de peur qu'en son absence la province où il commande ne demeure sans chef, il y envoye le Maréchal de Vitry.

Idem à Mʳ de la Rochefoucault en Poictou, où le Roy résoult d'envoyer Mʳ le Maréchal des Trées, et, d'autant que Mʳ la Rochefoulcault craignoit de venir, le Cardinal de la Rochefoucault obtient du Roy permission qu'il vint à Ouzin, qui est une maison qu'il a vers Blois.

Quant à Mʳ de Guise, il respondit qu'il estoit prest d'obéir; mais qu'il avoit encor affaire dans la province. Depuis, sur les instances faictes par Mʳ de Guise, il a eu permission par escript de s'en aller en Italie.

Mardi 5. — Le doyen des Chanoines de Cambrai, ambassadeur extraordinaire de l'Infante, arrive à la cour.

Sa charge estoit de prier le Roy de la part de l'Infante de ne trouver point mauvais qu'elle eust receu la Reyne sa mère dans ses Estatz et qu'elle lui rendist tous les tesmoignages de civilité deubs à une sy grande princesse; qu'au reste elle n'avoit eu aucune part à sa sortie du Royaume et ne feroit jamais rien qui peust donner du mescontentement à Sa Majesté.

Idem. — Lettre de la Reyne mère au Roy transcripte page 27 et apportée par... ¹.

Mercredi 6. — L'ambassadeur de Suède s'en retour-

---

¹ Lacune.

nant, le Roy luy donne une boueste de diamans de X ᵐ. écus, une chaisne d'or de ᵐ. écus à son trésorier et une de 500 écus à son secrétaire.

Idem. — Régnier, secrétaire de Mʳ d'Elbeuf arrivant de Lorraine, est pris par le Chevallier du guet.

Monsieur ayant donné congé à Mʳ Goular, son secrétaire, à La Rivière, son ausmosnier, au Baron du Soué et au frère du Sʳ Canault, le Roy renvoya les Sʳˢ Goulas et La Rivière hors le Royaume, accompagnez du Prévost des Maréchaux de Milly, lequel ilz payèrent.

Querelle entre Mʳ de La Vallette et le marquis de Sourdis, capitaine au régiment des Gardes. Le M. de Sourdis voulant vendre sa compagnie, Roussilière, son lieutenant, filz de feu Mʳ de Bordes, qui en estoit capitaine, la vouloit avoir à 4 ou 5,000 écus moins qu'un autre et estoit favorisé de Mʳ de La Valette. Mʳ de Sourdis ne la luy vouloit bailler, et, sur ce qu'on dit au Roy qu'il prenoit quelque chose sur ses sergents, s'imaginant que c'estoit Mʳ de La Valette qui lui avoit rendu ce mauvais office, il luy dit qu'il avoit sceu qu'on avoit rapporté à Sa Majesté qu'il prenoit quelque chose sur ses sergens, mais que ceux qui l'avoient dict en avoient menty. — Mʳ de La Valette respondit que, sans le respect du lieu où il estoit, il luy bailleroit cent coups d'esperon, on osta la picque au Marq. de Sourdis à la teste de sa compagnie, le privant par cette insolence de l'exercice de sa charge en laquelle il fut depuis restably, à la prière de M^r de La Valette, aprez qu'ils eurent esté accommodez par le moyen de M^r le Comte, de qui le M. de Sourdis est particulier serviteur.

Vendredi 8. — L'Infante va de Brusselles pour trouver à Mons la Reyne mère, qui, le XI, va une lieue au-devant d'elle. Leurs carrosses s'estant joinctz, l'Infante descend la première et attend avec visage fort guay environ la longueur d'un Pater que la Reyne sortit du sien; elles s'embrassèrent et se baisèrent diverses fois. La Reyne la remercia du bon traictement qu'elle avoit receu dans ses Estatz ; elles remontèrent ensemble dans le carrosse de la Reyne qui, estant au logis, luy offrit la porte, et, en entrant (l'Infante se reculant) la tiroit aprez elle. Il y avoit dans la chambre deux grandes chaises esgalles. La Reyne luy offrit celle de dessus, et l'Infante prenant celle de dessous, la tira fort en arrière.

L'Infante estoit accompagnée du Cardinal de la C   ? et du Nunce; elle avoit auparavant donné audience à Mr de Puylaurens, que Monsieur lui avoit envoyé, acompagné de Mousigot.

Vid. Liasse 10, Gazette du 22 Aoust.

Le jour de la Visitation, les Jésuites de Mons mirent sur leur autel un tableau de la Visitation, et, la Reyne s'apellant Marie, l'Infante Elisabeth et la ville Mons, la rencontre en est fort bonne.

C. de Saux envoyé en dilligence en Dauphiné, avec ordre d'y estre le 13, et qu'à Lyon il trouveroit son instruction. M^r le Comte n'eut advis que du Parlement.

Mardi 12. — Déclaration du Roy sur la sortie de la Reyne mère et de Monsieur hors le Royaume vériffiée au Parlement le lendemain, le Roy y séant [1].

Mecredi 13. — Le Roy magnifiquement vestu et avec très bon visage va, par la rue Neuve St Louis, entre les files des soldatz de ses gardes, ouïr messe à la Ste Chapelle [2], où M^{rs} les Présidens de Bellièvre et de Novion, et les Conseillers Bouchet, Pinon, Courcelles et Thellier le furent recevoir. Il monte en son lict de justice, ayant à ses pieds Mr de Chevreuse [3], grand Chambellan, et Mr de Tresmes, capitaine des Gardes; à ses costez M^r le Cardinal de La Vallette seul (M^r le Cardinal de la Rochefoulcault s'alla excuser le matin au Roy et M^r le Cardinal de Richelieu se trouvoit mal ou n'y vouloit estre), et M^{rs} les Ducs de Montmorency,

[1] Voy. Richelieu, *Mémoires*, t. II, p. 331.
[2] Voy. *Mercure français*, 1631, p. 375.
[3] Claude de Lorraine, fils de Henri de Guise et d'Anne-Marie de Salms, né en 1578, mort en 1657, pair, grand fauconnier, chevalier des Ordres et de la Jarretière, épousa Marie de Rohan, veuve du duc Charles d'Albert de Luynes.

d'Usez, de Retz, de Ventadour et de Créquy, et M^{rs} les Maréchaux de Chastillon, de St Luc, d'Estrées et d'Effiat. (Il y eut contestation pour le rang entre M^{rs} d'Halluin et de Créquy, et ce premier ne fut à la cérémonie.)

M^r le Garde des Seaux estoit accompagné des Srs de Boissy, Bulion, Le Bret et d'Espesses, conseillers d'estat, et des Srs de Chaulnes, de Criqueville, d'Irval et de Laffemas, maîtres des Requêtes, et en leur banc ordinaire, M^{rs} De La Ville aux Clercs, Boutillier et de Laurillière, secrétaires d'estat; mais il y eut une telle presse et tant de confusion qu'ils furent contrainctz de s'aller ranger auprès de M^r d'Effiat.

Après que le Roy eut dict quelques motz, M^r le Garde des Seaux parla demy quart d'heure, mais sy bas, qu'il n'y eut 6 personnes qui l'entendirent. (Il fut dict en riant qu'il n'avoit pas harangué, mais seullement entretenu M^r de St Brisson, prévost de Paris, qui estoit auprez de luy.)

Aprez, M^r le Premier Président parla environ demy quart d'heure. Mr du Tillet, greffier de la Cour; leut en suitte la déclaration du jour précédent contre ceux qui ont suivi la Reyne mère et Monsieur et l'édit de création de 2 maîtres des Requêtes, 3 conseillers aux Enquestes et un aux requêtes; moyennant quoy le Roy redonne la Paulette aux officiers du Parlement, comme au passé, et promet favorable modération des Taxes aux vefves et héritiers des décédez.

(Ces 2 offices de maitres des Requêtes furent baillez pour XLV^m écus chacun, à Mrs de Thou et de Behevre. On parla fort sur ce que ce dernier n'ayant maintenant que 24 ans, c'est la 3e dispence qu'il a obtenue, deux estant receu conseiller, de servir avec son père, et de n'avoir servy le temps nécessaire pour estre maître des Requêtes.)

Mr Tabon, advocat général, parla en suitte, puis M^r le Garde des Seaux prononça l'arrêt.

M^e le Nunce, M^e la comtesse d'Egmond et Me de Comballet estoient dans la lanterne haute. Le Roy, en descendant, fit des caresses extraordinaires à M^{rs} les Présidens, et partit le jour mesme, pour retourner à Monceaux.

M^r le Cardinal se trouva mal le matin et l'après disnée.

On tient que c'est luy qui a faict le *Discours du Vieil Courtisan désinthéressé* et qu'il a dit en assez bonne compagnie que, sy on l'irritoit davantage, il publieroit l'histoire du temps de son administration, où ceux qui l'auroient provoqué à cela verroient des choses qui leur feraient maudire l'heure qu'ilz auroient pensé à le fascher.

Ce mesme jour 13, la Chambre délibéra sur l'ecdict de création de un Président, 2 maitres, 2 Auditeurs et 2 correcteurs, et le vériffia.

M· de Marle Versigny achepte la charge de Président 330,000 livres et vend la sienne de Procureur Général de la Cour des aydes 312,000 liv. à M· le Camus, qui estoit conseiller au Grand Conseil.

Ce mesme jour 13, la Reyne mère et l'Infante allèrent à Brusselles, où la Reyne fut magnifiquement reçue. Vid. 10 Gazette.

M· de Souvré reçoit commandement de se retirer. Il avoit auparavant et M· d'Angoulesme aussy pris abolition pour fausse monnaye.

M· de S· Clair T , maitre des Requêtes, prend en sa maison en Normandie M· de La Haye du Puy et le mène à Caen.

Le père de M· de La Pal[1] et M· de Guernetot père du [2] , qui tous 2 sont à Monsieur, sont aussy pris.

Jeudi 21. — M· le Cardinal faict le serment de gouverneur de Bretagne, aprez que les députez de province eurent supplié le Roy diverses fois de luy commander absolument de l'accepter. Il donne la lieutenance de sa compagnie de gendarmes à M· de Mony la Mailleraye, l'enseigne au Marq. de Coaquin.

[1-2] Illisible.

Il avoit auparavant donné à Cusac la lieutenance de ses Chevaux légers et la cornette à Reuilly.

Le Commandeur de Valencé ayant envoyé un gentilhomme nommé Chaumont à son neveu à Callais, avec une instruction où les noms estoient en blanc et qui ne parloit en apparence que d'affaires domestiques qu'il avoit à démesler avec son frère, avec lequel il avoit eu différend, ce gentilhomme a esté envoyé par Mʳ de Valencé au Roy, qui l'a faict mettre au Fort L'Evesque.

Samedi 23. — Le Roy donne à Mʳ de Thianges la lieutenance de Sa Majesté en Bresse et le gouvernement de Bourg, qu'avoit le petit Marq. de Ragny, qui mourut le 26 du mesme mois, et dont ledit Sʳ de Thianges avoit traicté avec Mᵉ la Marq. de Ragny à LXᵐ écus lesquelz il gangne par ceste mort.

Le Roy donne au Marq. de Mortemar la capitainerye du bois de Boulogne qu'avoit Laleu qui est à la Reyne mère; et au chevallier de Chappes la galaire de la Reyne mère, qu'avoit Brassier, qui est à Monsieur.

Ledit chevallier de Chappes et Mʳ d'Esquilly sont envoyez à leurs gallaires ; ce qui a esté attribué à un honeste esloignement de la Cour.

Dimanche 24. — Le Père Chanteloube vient à

Bruxelles trouver la Reyne mère de la part de Monsieur, et, 4 jours aprez, fut conduit par Mr de Moret à l'audience de Son Altesse.

Le Duc d'Onano et son filz sont prez de la Reyne mère.

Lundi 25. — Mr de Chevreuse et Mr de Montmorency s'estans brouillez sur un lanturlu de Me de Montbazon faict par le Roy et Mr de Montmorency, Mr de Chevreuse mit l'espée à la main dans la cour de Monceaux, et Mr de Monceaux en prit une, que luy tenoit un page; La Chaussée, escuyer de Mr de Chevreuse et le Marquis de Raslin pour Mr de Montmorency mirent aussy l'espée à la main et se battoient désià. Les Gardes (où ne se trouva pas un officier) vindrent, les picques basses, et prirent les 2 seconds qu'ilz ne voulurent jamais rendre. Le Roy les envoya à la Bastille. M^r le Cardinal accorda le lendemain Mr de Chevreuse et Mr de Montmorency, que le Roy envoya en leurs maisons. Quelque temps aprez ilz eurent permission de revoir Sa Majesté.

Les gallères, qui estoient à Thoullon, reviennent à Marseille avec une incroyable joye des habitans, qui, sur refuz que Grand Vaisseau de Mr de Guise faisoit de leur cedder la bonne place dans le port, le vouloient brusler.

Jeudi 28. — Le Cardinal de Savoye faict danser à

Monceaux devant le Roy et la Reine un fort beau ballet par ses domestiques.

En ce temps, on escrivit de Verdun que Monsieur, par un vallet de pied envoyé exprez, avoit escript des lettres de menace aux commissaires du Maréchal de Marillac à Verdun, en cas qu'ils le condamnassent.

Différend entre la Grande Chambre et les Enquestes pour la réception des pairs. Le Roy leur escript d'envoyer de chasque corps 3 députez pour estre reglez au conseil. La lettre portoit que c'estoit à la prière de son beau-frère le Duc de La Valette, qui luy avoit remonstré que ceste contestation l'empeschait d'estre receu. Sur quoy les chambres s'estans assemblées, il fut résollu d'envoyer M. le Procureur général vers le Roy pour luy remonstrer que leur différend n'estoit pas sy grand qu'ilz ne se peussent bien accommoder entr'eux. Arrivant à Monceaux le 29, et, M. le Cardinal estant à Coulommiers, le Roy luy fit responce qu'il en parleroit à son Conseil et luy feroit scavoir la responce le dimanche pour la pouvoir rendre le lundy au Parlement; ce qu'il ne fit pas, de sorte que le lundy M. le Procureur Général fit son rapport sans responce, et en suitte il fut arresté que l'on feroit remonstrance au Roy pour les vefves et héritiers de ceux qui avoient perdu leurs charges, pendant qu'il n'y avoit point de droict annuel; et le mardy il fut porteur d'une déclaration, par laquelle le Roy atribuoit par provision à la Grande Chambre seulle privativement aux Enquestes la réception des ducs et pairs. Elle fut à l'instant vériffiée par la Grande Chambre; ce que les Enquestes ayans sceu, elles vindrent aussy tost prendre leurs places, et là se dirent plusieurs parolles fascheuses contre le Premier Président; mais tout cela sans conclusion. Car l'heure sonnant, il se leva :

(Sy M^r le Premier Président eut faict sa charge, il eut bien renvoyé Messieurs des Enquestes; car il n'avoit qu'à leur dire que, ne les ayant point mandez, ilz n'avoient aucun droict de s'assembler; qu'il estoit de sa charge d'assembler les Chambres et ne dépendoit nullement d'elles de s'assembler elles-mesmes; mais au lieu de cela il commencea à surraisonner et à entrer dans l'affaire.)

M^r le Président Barillon luy avoit parlé fort courageusement et respectueusement néantmoins sur le manque de parolle dont Messieurs de la Grande Chambre avoient usé en vériffiant la déclaration sans leur en communiquer; ce qu'ilz n'avoient peu faire au préjudice de la délibération, par laquelle M^r le Procureur Général avoit esté député vers le Roy par tout le corps de la cour assemblé; qu'en l'année 1581 M^r le Premier Président de Thou en avoit bien usé d'une autre sorte, lorsque le Roy Henri 3 ayant envoyé une déclaration au Parlement, par laquelle il attribuoit à la Grande Chambre seulle la cognoissance des affaires publiques, deffendant aux Enquestes d'en prendre aucune cognoissance, il assembla toutes les Chambres sur ce subject, où d'un commun consentement la déclaration fut reffusée. Sur quoy Mᴿ le Premier Président (qui est très mal en semblables occasions et tremble quand il void les Enquestes prendre leurs places sans estre mandées, au lieu qu'au contraire il gourmande et Présidens et Conseillers de la Grande Chambre, pour ce qu'il scait les inthercsetz qu'ilz ont à la Cour aussy bien que luy) dict : « Et bien, Messieurs, il faut revoir la déclaration ; mais n'y ferez-vous point de difficulté ? » A quoy Mʳ Barillon respondant qu'ilz en useroient ainsy qu'ilz avoient accoustumé, selon leur conscience et le debvoir de leurs charges, Messieurs de la Grande Chambre commencent à gronder, sans rien dire, et Mʳ le Président dict lors : « Messieurs de la Grande Chambre ne souffriront jamais cela. » Mʳ le Président Vialart luy parla bien plus hautement ; car il luy dict [1]...

Dimanche 31. — Mort du Prince de Mantoue à la Volta, prez Goïte, laissant un fils, une fille et sa femme grosse ; — enterré à Notre-Dame des Grâces, à 5 mil de Mantoue.

[1] Lacune.

SEPTEMBRE

Lundi 1ᵉʳ.

Mardi 2. — Mʳ le Prince arrive au soir à Paris, se faict faire un habit de drap d'Esp. noir toutte la nuict, le lendemain, à 5 heures du matin, entre au Parlement; ce qui surprend fort les Enquestes. — A 8 heures, elles vont prendre leurs places. D'abord grande rumeur touchant l'enregistrement de la déclaration qui atribue à la Grande Chambre par provision la réception des pairs. Aprez grandes contestations, Mʳ le Prince accommode le différend et faict arrester que l'on députeroit de touttes les Chambres pour voir les registres, et que ce pendant le « Soit Monstré » seroit mis sur les requêtes de Mʳˢ les Ducs de Richelieu et de La Vallette et de La Rochefoucault, et ensuitte l'information faicte (ce qui fut exécuté l'après-disnée), puis lesdites informations jugées, et les ducs receuz sans préjudice des pairies cy-devant accordées. Ce ne fut pas Mʳ le Prince qui proposa Mʳ de La Rochefoucault, mais voyant que le Parlement s'y opiniastroit, il y consentit; ce que l'on dit n'avoir pas esté trouvé bon à la cour. Voicy en une autre manière, qui me semble plus nette, les conditions ausquelles Mʳ le Prince accorda la Grande Chambre et les Enquestes; que les lettres et les requêtes de ceux qui auroient à estre receuz ducs et pairs seroient portées à la

Grande Chambre, qui y mettroit le « Soit Monstré » et jugeroient l'information, mais que la réception se feroit les chambres assemblées.

Ce mesme jour 3⁰, les tesmoings choisiz par M⁺ le Cardinal, qui furent M⁺⁺ l'Archevêque de Paris¹ et le docteur Du Val pour la relligion, et pour le reste M⁺⁺ les Maréchaux des Trées et d'Effiat et M⁺⁺ de Bullion et de Chevry, furent ouis par M⁺ Bouchet, doyen.

Est à remarquer que, sur ce qu'il avoit esté résollu au Conseil que le Roy nommeroit des commissaires pour juger du différend de Messieurs du Parlement, M⁺ le Président Barillon soustint qu'il n'y avoit point de commissaires, qui le peussent faire, n'y ayant que le Roy seul qui puisse juger les différends du Parlement.

On luy (à M⁺ le Prince) avoit mandé de venir en dilligence à Paris, où sa présence estoit nécessaire pour le service du Roy. Il avoit pris la poste à l'instant qu'il estoit, deux heures aprez midy, et arriva à 9 heures du soir.

Messieurs de la Grande Chambre voulans seulz avoir le gré de recevoir M⁺ le Cardinal duc, luy avoient faict croire que les Enquestes étoient résolues de s'opposer à sa réception ; et c'est pour cela que, par la susdite déclaration, le Roy avoit attribué la réception des ducs et

___
[1] Jean-François de Gondi, archevêque du 19 février 1623 au 2 mars 1654.

Pairs à la Grande Chambre seulle, et que Mʳ le Prince alloit au Parlement, affin de maintenir cela, pour faire qu'à quelque prix que ce fust Mʳ le Cardinal fust receu duc avant la fin du Parlement. Mʳˢ les Présidens Gayand, Barrillon et Sanquin, sachans que Mʳ le Prince estoit dans la Grande Chambre, y allèrent avec quantité de Conseillers et d'autres en suitte. (Le Président de Lancroc s'excusa.) Mʳ le Prince, qui estoit en sa place, ne les salua pas lorsqu'ilz entrèrent ny la première fois qu'il parla à eux (ce qui fut mal; mais il n'y pensoit pas, et les salua plusieurs fois en suitte), disant que les différends qu'ilz avoient entr'eux n'estans pas de ceste heure, et le Roy ayant envoyé une déclaration par provition sur ce subject, il falloit qu'il fust obéy et que ce n'estoit point à eux à s'opposer aux volontez du Roy. Sur cela Mʳ le Président de Chastillon ou Barillon prenant la parolle et s'adressant à Mʳ le Prince luy dict, que, ce différend estant un différend de famille, Messieurs des Enquêtes s'estimoient aussy heureux de l'agiter en la présence, veu le rang que sa naissance et ses éminentes qualitez luy donnoient dans cette auguste compagnie, comme ilz auroient de desplaisir de descouvrir à d'autres la division qui se rencontroit entr'eux sur ce subject; qu'ilz ne venoient nullement prendre leurs places à dessein de faire décider la question, recognoissans qu'il n'estoit raisonnable de se voulloir prévalloir de leur grand nombre, pour emporter par la multitude de leurs suffrages tout ce qu'ilz pouvoient désirer à leur advantage; mais qu'ilz venoient se plaindre du manquement de parolle dont Messieurs de la Grande Chambre avoient usé envers eux et le supplioient d'entendre comme la chose s'estoit passée. Ainsy quictant le fond de la question et venant a la proceddure, M⁺ le Prince, trouvant cela bon, dit : Messieurs, vous voyez que M⁺ le Président de Chastillon ne prétend pas que Messieurs des Enquestes viennent icy pour terminer le différend, mais se plaint seullement de la proceddure. » M⁺ le Premier Président prenant la parolle, loue ce qu'avoit dict M⁺ le Président de Chastillon, et M⁺ le Président Séguier (car tout le reste des Présidens et des Conseillers de la Grande Chambre ne dirent mot) ayant dict : « M⁺ le Président de Chastillon a raison; car il est vray que nous leur avons manqué de parolle », M⁺ le Premier Président le malmena, disant qu'il avoit opiné comme les autres à l'enregistrement de la déclaration et qu'à ceste heure il se mesloit de parler comme cela. M⁺ le Président Gayant et M⁺ le Président Sanguin parlèrent aussy pour les Enquestes, et, M⁺ le Prince disant à M⁺ le Premier Président que ce que Messieurs des Enquestes demandoient estoit que l'on fist entrer M⁺ le Procureur général pour prendre ses conclusions sur la déclaration, M⁺ le Président dict : « Eh bien, Messieurs, sy on relit la déclaration, n'y opinerez-vous point? » Sur quoy Messieurs des Enquestes respondans qu'ilz ne pouvoient s'engager à ne point opiner : « Je voy bien que c'est ; ilz demeureront sy longtemps à opiner qu'ilz gangneront la fin du Parlement, affin de ne point recevoir les ducs et pairs ; mais (se tournant vers le 1ᵉʳ Président), Monsieur, c'est votre faulte. Car quand Messieurs des Enquestes sont venuz icy sans estre mandez, vous ne les debviez point escouter, et présentement, vous n'avez que faire d'eux, pour faire mettre le soit monstré, car vous n'avez qu'à demander les adviz de Mʳ le Rapporteur, de Messieurs de la Grande Chambre et puis le mien, et ainsy donner arrest. » (En quoy il disoit vray et Messieurs des Enquestes eussent receu l'affront.) Sur ces motz de duc et pairs, Mʳ le Président Sanguin demanda tout bas à Mʳ le Prince : « Monsieur, qui veult-on donc recevoir ducs et pairs ? » A quoi il respondit : « Vous ne le sçavez pas bien ? — Je vous jure que non, dit Mʳ le Président Sanguin et les autres présidens ses collègues. » Lors M. le Prince dit : « C'est Mʳ le Cardinal. » Sur cela ils respondirent, et le Président Barrillon entr'autres, qu'ilz ne trouvoient rien à redire à cela et à obéir à la volonté du Roy, touchant la réception des pairs. Mʳ le Prince luy repartit : « Me donnez-vous parolle que Messieurs des Enquestes ne feront point de difficulté ? » Il respondit : « Monsieur, je ne sçaurois respondre que de moy qui trouve que cette qualité est au-dessous de celles que possedde désia Mʳ le Cardinal ; mais je m'asseure bien qu'il n'y aura difficulté quelconque parmy Messieurs des Enquestes, et, ce discours ayant passé en suitte de l'un à l'autre parmy Messieurs des Enquestes, Mᵣ T ¹ . . . dit tout hault (ce qui fut trouvé indigne de la majesté du sénat) : « Messieurs, tant s'en fault que Messieurs des Enquestes trouvent difficulté à la réception des pairs que le Roy désire, qu'au contraire nous en recevrons un grandissime contentement. » Lors Mᵣ le Prince, estant rasseuré de la crainte qu'il avoit que les Enquestes s'opposassent à la réception de Mᵣ le Cardinal, tourna ses pensées à accommoder l'affaire en leur donnant contentement, jugeant, comme il est vray, qu'il estoit encor plus honorable et advantageux pour Mᵣ le Cardinal d'estre reçeu les Chambres assemblées; ainsy il dict qu'il falloit accommoder ce différend à l'amiable ou au moins mettre présentement l'affaire en estat de cela, et s'adressant au Premier Président, luy dit qu'il proposast des expédiens. Il en proposa divers assez mauvais et, chacun apportant le sien, en fin on vint d'expédiens en expédiens à celuy qui fut résollu, Messieurs de la Grande Chambre estans sy abattuz qu'ilz ne disoient mot, et Messieurs des Enquestes au contraire, cognoissans que Mᵣ le Prince estoit tourné de leur costé, parlans extrêmement et voulans que l'arresté fut escript, reffusans tout-à-faict de prendre pour asseurance la parolle de Mᵣ le Premier Président, qui eust esté assez empesché à le dicter; ils dirent à Mᵣ le Prince, auquel ilz estoient bien aise de donner, contre l'ordre ordinaire,

---

¹ Illisible.

cet advantage par-dessus le Premier Président, qu'il n'y avoit personne qui le peust sy bien dicter que luy, et qu'ilz le supplioient de le faire. Mʳ le Prince dit : « Et bien, qu'on m'apporte du pappier. Je l'escriray. » Ilz luy dirent : « Non, Monsieur; dictez-le, s'il vous plaist. Vous le dicterez fort bien. » Il commença donc à dicter Il avoit un peu peyne au commencement, et Guyet greffier n'escrivant bien à son gré, il demanda s'il n'y en avoit point un plus habille. Aprez il dicta fort bien jusques à la fin, et, Messieurs des Enquestes contestant sur quelques motz, ainsy que l'on contesteroit entre particuliers sur une transaction, l'arresté demeura en fin ainsy.

A [1] . . . cela Mʳ le Prince tira de sa poche la requête de Mʳ le Cardinal de Richelieu et dict tout hault : « Messieurs, voicy la requête de Mʳ le Cardinal de Richelieu pour estre receu duc et pair, » et, se tournant vers Mʳ le Premier Président, luy dict : « Monsieur, dictes à Mʳ le Doyen qu'il mette le « Soit monstré. » Sur cela, quelqu'un des Enquestes, ayant dict que le « Soit monstré » y estoit désia, il dit : « Foy de Prince, il n'y est pas, et je la vais bailler à Messieurs vos Présidens qui vous le tesmoigneront. » Ainsy il la bailla à Mʳ le Président Sauguin, qui la monstrant à ses collègues, leur fit voir et puis dit tout hault que le « Soit monstré » n'y estoit pas. Il n'y avoit que 4 lignes.

[1] En blanc dans le manuscrit.

L'adresse estoit à « Nosseigneurs Nosseigneurs du Parlement », mais elle n'estoit signée. Aprèz M^r le Prince la reprit de Mr Sauguin et la bailla à M^r le Premier Président, pour y faire mettre le « Soit monstré » par Mr Bouchet. En suitte on présenta la requête de M^r le Marq. de La Vallette, où fut aussy mis le « Soit monstré ». Puis des amiz de M^r de La Rochefoucauld présentèrent la sienne; sur quoy M^r le Prince dit qu'il n'avoit charge du Roy de parler que de M^r le Cardinal et de M^r de La Vallette, et qu'il estoit obligé de leur représenter, ne le faisant pas par dessein de nuire à Mr de la Rochefoucault, n'ayant pas oublié que leurs grands-pères estoient beaux-frères. Les amis de M^r de La Rochefoucault insistans et M^r le Prince ne résistant pas fortement (car s'il l'eust voulu, il le pouvoit empescher, et on tient que l'on ne fut pas trop content à la cour de ce qu'il ne le fit pas), il fut ordonné que le « Soit monstré » seroit mis aussy sur la requête de M^r de La Rochefoucault, et ensuitte, son information ayant esté jugée comme les autres, il a esté ordonné qu'il seroit receu; tellement qu'encor qu'il ne soit receu Duc et Pair, sa duché et pairrie et vériffiée, et, s'il venoit à mourir mesmes sans estre receu, son filz ne laisseroit d'estre Duc et Pair. Il y eut en suitte quelqu'un de la compagnie qui nomma le Duc de Rohannois; sur quoy M^r le Prince dict : « Vous parlez mal; on ne doibt point nommer Duc un homme qui a esté déclaré criminel de lèze-majesté en ce lieu, en présence du Roy, par le jugement universel des plus habiles. » Mʳ le Prince a faict une très grande action en ceste occasion et telle qu'il n'y avoit que luy seul qui en feust capable. Car il falloit pour cela sa naissance et sa capacité, et n'est pas croyable combien elle luy a acquis d'authorité dans le Parlement.

Mʳ le Cardinal a receu et tesmoigné une extresme joye de ce que, par ce moyen, il a esté receu toutes les Chambres assemblées.

Jeudi 4. — La Reyne mère et l'Infante arrivent de Brusselles à Anvers, dans une gallaire dont les rames et les estendards estoient noirs; furent receus en grande magnificence; ayans mis pied à terre, montent en carrosse à 6 chevaux, la Reyne au-derrière et l'Infante au-devant. Son Altesse l'acompagne jusques au couvent Sᵗ Michel, où avoit acoustumé de loger.

Le Roy d'Esp. a tout offert à la Reyne mère et la veult tousiours defrayer. Il luy a escript de sa main, et on dit qu'il luy mande qu'il ne perd pas espérance de la voir. On tient que l'Infante fit ce qu'elle peut pour luy donner envie d'aller en Angleterre, et le Roy d'Angleterre, au contraire, par le moyen de son agent en Flandres, tout ce qu'il peut sous main pour l'en destourner, n'aprouvant sa sortie de France ny celle de Monsieur.

Vendredi 5. — Mʳ le Cardinal de Richelieu, acompagné de M' le Prince, etc., va chez le Premier Président [1], et de là, par les galleries de la Chambre de l'edit, va au greffe de la cour, d'où, comme conseiller, il entre dans la Grande Chambre, où suivant l'acommodement du jour précédent, trouve toutes les Chambres assemblées, et là se tenant dans le barreau, revestu de son rochet et camail, le 1er Président estant ez bas sièges, luy pronunce l'arrest de sa réception, suivant lequel ayant faict le serment, il prend sa place au-dessus des ducs de Montmorency, de Retz, de Montbazon, de Créquy, de Chevreuse, et des maréchaux de Vitry et d'Effiat.

(Ce n'a pas esté en qualité de duc qu'il a pris séance au-dessus des autres Pairs, mais en qualité de conseiller de la cour, dont les lettres qu'il avoit auparavant obtenues portoient ceste clause; et ce fut prudence à luy de ne la pas faire mettre dans ses lettres de duché et pairye, puisque c'eust esté laisser à ses successeurs une prérogative qui leur seroit tellement disputée qu'ilz n'en jouiroient jamais et qu'il leur seroit honteux de cedder en ayant le tiltre.)

Ses lettres portent que le Roy érige la terre de Richelieu en Duché et pairie [2] pour luy et ses héritiers ou ayans cause masles et femelles, etc. Elles sont sans

[1] Voy. *P. Griffet*, t. II, p. 192.
[2] Voy. *Mercure français*, 1631, p. 705.

réservation du ressort ; ce qui fait grand tort au sénéchal de Saulmur et touche le Présidial d'Angers.

M^r le Cardinal s'acommode de l'engagement qu'avoit M^r le Prince sur Chinon.

Aprez fut mandé M^r de La Vallette [1], qui estoit dans le parquet des huissiers, lequel entré en la mesme place du barreau, fit pareil serment, et, son espée luy ayant esté ceinte par le premier huissier, il prit sa place entre Mrs de Chevreuse et de Vitry. Ses lettres portent que la qualité de duché et pairrie est attribuée à sa terre de Villebois, à laquelle est transféré le nom de La Vallette pour luy et ses hoirs masles et femelles; mais on dit que ce mot de femelles est raturé, et que le Procureur Général a requis faire remonstrances sur cela. Il y a réservation du ressort.

Les lettres de M^r de La Rochefoucault sont aussy à la réservation du ressort et pour ses hoirs masles seullement.

M^r le Cardinal, en se levant pour s'en aller, dict à Messieurs les Présidens : « Messieurs, j'ay receu aujourd'huy le plus grand honneur que je pouvois recevoir, au lieu du monde où j'ay esté le plus diffamé (voulant parler des requêtes de la Reyne mère et de Monsieur).

[1] Voy. P. *Griffet*, t. II, p. 192. — Voy. *Mercure français*, 1631, p. 705.

Au sortir du pallais, il fut disner chez M⁽ le Premier Président, où M⁽ le Prince l'attendoit. Le Premier Président n'avoit faict mettre que deux couvertz et deux chaires à bras viz à viz l'une de l'autre et M⁽ le Prince dit à M. le Cardinal, luy monstrant la chaire qui estoit du costé du feu en la meilleure place : « Monsieur, voilà, voilà votre place, asseyez-vous. » Sur quoy M⁽ le Cardinal se reculant et faisant civilitez, M⁽ le Prince luy dit : « Monsieur, assisez-vous; vous n'aurez point d'autre que celle-cy, » et disant cela s'assit, puis M⁽ le Cardinal en la bonne place. En quoy chacun a jugé que M⁽ le Prince s'estoit conduict avec grande adresse. Car sy d'un costé il donne la bonne place à M. le Cardinal, ce qu'il faict volontiers ne se souciant nullement de cela dans le dessein qu'il a de l'obliger et la cognoissance que ceste action ne peult préjudicier à l'éminence de sa qualité de premier prince du sang, il faict de l'autre et en mesme temps une action de supérieur en donnant et assignant la place à M⁽ le Cardinal. En mesme temps qu'ilz s'assisoient, on apporte des couvertz et des escabeaux ou sièges ployans (mais nulles chaises) pour le reste de la compagnie, sur l'un desquelz se mit au bout de la table M⁽ le Cardinal de La Vallette et le reste aux autres places sans ordre. Incontinent aprez M⁽ le Prince dit à M⁽ le Cardinal : « Je m'en vais boire à votre santé. » Sur quoy M⁽ le Cardinal rejetant cèt honneur avec grandes civilitez, M⁽ le Prince luy dit : « Non, non ; je ne fais en cela rien d'extraordinaire; car il n'est point de jour que je ne la boive chez moi et amplement. »

Samedi 6. — Messieurs du Parlement refusent une commission, par laquelle le Roy establissoit une chambre contre les faux monnoyeurs, faisans difficulté sur ce que l'on y nommoit pour substitut un autre que des substituts ordinaires. Sur quoy M. le Procureur Général eut prise avec M. le Garde des Seaux; en quoy Messieurs du Parlement firent faulte, ceste chambre estant composée d'officiers de leur corps, et le Roy ayant depuis, sur leur reffuz, establi la Chambre de l'Arcenal.

Jeudi 11. — M. le Prince preste le serment de Gouverneur de Bourgongne entre les mains du Roy, à Compiègne. Lors qu'il alla prendre possession, le Roy luy donna tout pouvoir sur tous les gouverneurs des places.

Vendredi 12. — M. de Leon de retour de son ambassade d'Allemagne. — Ce fut le 9°.

Deffaicte de plusieurs troupes Espagnolles et Flamendes en combat naval par les Hollandois. Vid. relation imprimée et gazettes du 26 Septembre. — Il y avoit 3 ans que les Espagnolz travailloient pour ce dessein, et leur dessein estoit de faire un fort en un endroict qui empesche la communication de Hollande et Zelande; mais passans par un lieu nommé pays perdu et n'estans bien guidez, au lieu de demeurer en basse mer dans les espaces qu'elle ne vuide point, ilz s'eschouèrent dans les vazes.

Dimanche 14. — Mort de la Mareschalle de Marillac. — Teste en faveur de Mlle d'Attichy.

Environ ce temps, M. le C. de Launoy achepte la charge de premier maître d'hostel, laquelle n'avoit esté remplie depuis la mort de Mr de Beaumont.

Mardi 16. — Mr le Cardinal de Richelieu preste le serment de Gouverneur de Bretagne.

Mr le Comte, environ ce temps, le preste pour le gouvernement de Champagne.

Mecredi 17. — Bataille de Lipsic gangnée par le R. de Suède sur Tilly. Vid. Gazettes des 9 et 17 Octobre, et les nouvelles ordinaires les dits jours, et relation des progrès de Roy de Suède.

Vendredi 19. — Mort de Mr de Souvré[1], évesque d'Auxerre. — Evesché donné à Mr le Doyen Seguier, premier aumosnier; moyennant quoy quicte celluy de

[1] Évêque d'Auxerre depuis le 25 septembre 1626.

Boulogne, pour lequel avoit donné [1]... livres de récompence en benéfices à M' l'Evesque de Boulongne, Boutiller (qui ne s'en démettra que quand l'effect de sa coadjutorerie de l'Archev. de Tours aura lieu), et on croit que de La Barde, neveu dudit S' Boutillier l'aura. — Trésorerie de S'ᵉ Chapelle donnée à l'abbé de Daurat, confident de M' de Chevreuse, qui sur ceste conjuncture avoit négotié avec M' de Lorraine. — Abbaye de S' Florent vallant XII^m livres de rente, sur quoy pention de III^m liv. au Commandeur de Souvré, donnée à M' Bouvar, premier médecin du Roy pour un de ses filz. — Abbaye de S' Calais vallant VI^m liv. donnée à un des filz de M' de Souvré.

Arrest du Parlement portant deffence aux commissaires de la Chambre de l'Arcenal de s'assembler.

Arrest du Conseil signifié au logis de M' le Procureur Général (qui estoit à Champlastreux) portant injunction d'aller dans 15ᵉ rendre compte au Roy des conclusions par luy données sur une requête de M' le Maréchal de Marillac, et ce pendant interdict de sa charge, avec deffences de l'exercer à peyne de faux.

Suivant cela, il fut à Fontainebleau, où les ministres le receurent très bien, et particullièrement M' le Garde des Seaux, qui luy donna deux fois à disner; puis estant dans le Conseil, le Dimanche 12 octobre, où il n'y avoit

---

[1] Lacune.

que les ministres, le Roy pour la forme luy disent des parolles un peu aigres qui pourtant, à le bien prendre, ne signifioient rien ; et, aprez que Mⁱ le Garde des Seaux eut parlé, le Roy oublia tout le passé, voulant que l'on porte plus de respect aux arrestz de son conseil et à ses ordres particuliers, et le renvoya exercer sa charge, sans aucun arrest. Le dit Sʳ Procureur Général se conduisit en toutte ceste action action avec beaucoup de prudence et de courage.

Samedi 20. — Le Roy couche à Nanteuil, d'où va à Monceaux, puis à Troyes.

Lundi 23. — Mʳˢ Favier, de Créqueville et de Laffemas y ayans esté conviez par Radiguet, l'un des secrétaires de la cour, vont au Parlement, pour conférer touchant la Commission de l'Arsenal, Mʳ de Belièvre président ; tout se passa avec honneur, et remonstrances furent résolues.

Mecredi 24. — Paix entre le Roy et le Roy de Marroc. Vid. art. imprimez. Vid. 23 gazette.

Jeudi 25. — Le Roy arrive à Troyes.
Le Roy ayant establi une Chambre de justice à l'Arcenal composée de Mʳˢ Favier et Fouquet, conseillers d'estat, qui y président sans porter le nom de présidens, Criqueville, Deschamps, de Nemont, de Mo-

rangis, et Laffemas et du Pré, maîtres des requêtes, et La Bistrade, Charpentier, Thonnelier, Montmagni, Bouqueval et Lasnier, Conseillers au grand Conseil — et M^r d'Argençon [1]... maître des requêtes pour procureur Général, du Jardin, secrétaire du Roy, greffier, Sa Majesté leur atribue cognoissance des prisonniers d'estat et des faux monnoyeurs, dont le Parlement fit depuis grande rumeur.

Le Prince de Carignan estant venu en France, sous prétexte d'acompagner M^e sa femme, qui avec son filz et sa fille venoit voir M^e la C^{re} de Soissons, sa mère, va trouver le Roy à Troyes. Il y a grande apparence que cela avoit esté adjusté ainsy, et que luy, ses enfants et le Cardinal de Savoye servoient d'ostages en France pour la reddition de Pignerol, qui se debvoit faire en mesme temps. Le Roy luy donna une espée vallant XII^m écus.

Entière exécution de la paix d'Italie. Vid. Extraict gazettes; mais aussy tost aprez par traicté particulier et qu'Espagnolz ne peuvent descouvrir. Mr de Savoye remit au Roy Pignerol et les vallées voisines.

Le Roy s'estant advancé à Vandeuvre pour aller jusques à la frontière, ce qui y avoit paru des troupes de Monsieur se retira. Il y avoit ordre de les charger.

[1] Lacune.

(Ledit jour, Jeudy 25 Sept. 1631, ma femme est acouchée à Andilly, à 2 heures aprez midy, d'une fille baptisée le jour mesme, tenue par Monsieur de Bernay Hennequin, Conseiller à la Grande Chambre, et Mademoiselle Le Feron, sa sœur, et nommée Isabel.)

Lundi 29. — Le Roy escript sur ce subject à Mr de Montbazon et touchant l'exécution de la paix d'Italie.

OCTOBRE

Mecredi 1er. — Mr du Plessis Praslain va, de la part du Roy, se condouloir avec Me de Savoye de son mauvais acouchement et avec Mr de Mantoue de la mort du Prince ; — puis en suitte se resjouir avec luy mesme de son restablissement dans Mantoue.

Flotte Hollandaise arrive des Indes à Amsterdam riche de VIII millions de livres.

Président Le Coigneux va trouver la Reyne mère à Anvers, de la part de Monsieur.

Lundi 6. — Comte de Charlais, capitaine des gardes au lieu de Mr du Hallier.

Mardi 7. — Le Roy de retour à Fontainebleau.

Ce mesme jour, le Comte de St Pol[1] meurt à Mal-

---

[1] Bassompierre, *Mémoires*, t. IV, p. 141. — François II, comte de Saint-Paul, fils de Marie II de Saint-Paul et de Léonard d'Orléans, duc

lesherbes, et Château-Thierry qu'il avoit extrêmement fait acommoder revient au Roy. S'il eust vescu davantage, il eust fallu que Mʳ de Longueville l'eust nourry; car il n'avoit plus rien du tout.

Mecredi 8. — Mort de Mʳ Mazurier (de peste), 1ᵉʳ Président au Parlement de Thoulouze. Vid. 19 gazette.

Vendredi 10 — La Barre, qui est à la Reyne mère, estant venu de Flandres à la cour, le Roy l'envoye à la Bastille, d'où, au bout de quelque temps, il fut relasché. Son frère l'aumosnier revenant dans le coche d'Anvers fut aussy arresté chez le chevallier du guet.

Mardi 14. — Mʳ de Chevreuse preste à Fontainebleau le serment de gouverneur de Picardie (au lieu de Mʳ d'Elbœuf, auquel le Roy l'a osté pour avoir suivy Monsieur), que le Roy luy donne en commission pour dix ans et XLV m. écus.

Mʳ de Chevreuse se démet du gouvernement d'Auvergne entre les mains de Mʳ le Mareschal d'Effiat, qui preste serment le mesme jour, auquel Mʳ le Prince baille aussy celluy de Bourbonnois, et Mʳ d'Effiat se démet de celluy d'Anjou à Mʳ le Cardinal de La Val-

---

de Longueville, son troisième mari. — Voy. *Mercure français*, supplément 1631, p. 172.

lette, qui en preste le serment le 15 Octobre, et aussy le château d'Angers avec III m. VI c. liv. pour ses gardes.

Mr de Senetaire est faict l'un des lieutenans du Roy en Champagne, sous M^r le Comte.

Lundi 13. — Le doyen des chanoines de Cambray, le Sr Caroudelet, arrive à Fontainebleau, comme ambassadeur extraordinaire de l'Infante pour la 2e fois. — Très bien receu.

Mecredi 15 — et autres jours suivans. — Plusieurs arretz de la Chambre du domaine pour la réunion au domaine des duchez, comtez, marquisatz, etc., de ceux qui ont suivy la Reyne et Monsieur, Vid. dans la Liasse. — La dite Chambre establie le 26 Septembre. Vid. 19 gazette.

Jeudi 16. — Prise de la Ville de [1] . . . par D. de Mekelbourg. Vid. dans la liasse la relation.

Vendredi 17. — Ambassade solennelle de Pologne arrive prez du Roy. Vid. 23 gazette et 24.

Ledit jour, Senelle, médecin du Roy, et Du Val condamnez aux gallaires perpétuelles par la Chambre

---

[1] Illisible.

de justice à l'Arsenal : 7 furent à cela, et 6 à la mort.

Divers advis et mesmes de la cour, à M⁰ le M*ˡ de la Force ¹ à Chaallons que la Reyne mère et Monsieur estoient asseurez de Sedan, et nouvelle asseurée que 3,000 h. de pied et 200 chevaux, qui se disoient à la Reyne et à Monsieur estoient prez de là, dans le Luxembourg. M⁰ de la Force s'avance à Mouzon, — envoye prier M⁰ de Bouillon qu'il luy puisse parler de la part du Roy entre Sedan et Mouzon. — Elle y vient et luy donne toutte la satisfaction que le Roy pouvoit désirer. — Le Roy avoit à 5 ou 6 lieues à la ronde de là 73 compagnies de Cavalerie et 25 régimens. — Ceste affaire s'acommoda fort bien en suitte; il n'a rien esté innové au traicté du feu Roy avec M⁰ de Bouillon. — M⁰ le Maréchal de la Force entra dans la place, au nom du Roy, acompagné de 25 gentilzhommes de ses gardes et de la compagnie de chevaux légers de M⁰ le Cardinal, laquelle ne coucha dans la ville. — La ville le receut en armes et tira le canon. — Il coucha une nuict dans le chasteau. — Le lendemain il receut, au nom du Roy le serment de M⁰ la Duchesse douairière de Bouillon, et du Gouverneur de la place, — et M⁰ le Duc de Bouillon a faict le serment, au nom du Roy, entre les mains de M⁰ de Bauges, ambassadeur du Roy en Hollande,

---

¹ Voy. *P. Griffet*, t. II, p. 193. — Richelieu, *Mémoires*, t. II, p. 335.

le dit Sr Duc ne pouvant venir, à cause qu'il est malade. — Le Roy paye la garnison dudit Sedan [1].... Nota : ce que dessus ne se fit que bien avant dans le mois de Novembre. Vid. l'article du Jeudy 30.

Jeudi 23. — Le Roy arrive à Chasteau-Thierry, estant party de Fontainebleau le 21 [2].

Le Roy mande à Mr de Baugis, Ambassadeur en Hollande, de faire arrêter Mr de *Moutlouet*, que Monsieur y avoit envoyé. Il en demande permission au Président des Estatz de Hollande, qui estoit en semaine, et au greffier, et le soir mesme le faict mettre dans les prisons de La Haye, avec deffences de laisser parler personne à luy. — Ses papiers ne furent point saisiz.

Jeudi 30. — Mr le Maréchal de la Force ayant adviz à Mouzon qu'un régiment de . . . . [3]? estoit logé à Munost, terre neutre, à trois lieues de Mouzon, part à cinq heures du soir, avec 18 cornettes de cavalerie chev. légers, 5 de carabins et 4,000 hommes de pied. — Les ennemis en ayans adviz partent à dix heures du soir, vont loger à Florenville, terre du Roi d'Esp. dans le Luxembourg, où croyoient estre en seureté. — Mr le Maréchal les poursuit avec la cavalerie et les atrape, le lendemain vendredy à deux heures, aprez midy, comme

[1] Lacune.
[2] Voy. *P. Griffet*, t. II, p. 195.
[3] Illisible.

ilz deslogeoient de Florenville et vouloient gangner un bois à demye lieue de là, — en tue ou prend six ou sept cens, — ne perd pas 6 hommes et 10 ou 12 blessez. — Tous les drapeaux, une pièce de canon, le lieutenant-colonel et 15 où 20 officiers pris. — Leur colonel, nommé Mars, se sauva. — On tient que ce régiment estoit à Monsieur, et n'y avoit que 2 ou 3 jours que Mr de Stissac leur avoit apporté de l'argent. — Néantmoins les armes de l'Emp. estoient dans leurs drapeaux, et ils disoient en avoir commissions. Mr de La Force alla ensuite aprez le colonel Trouillet, qui est un autre Liégeois qui avoit levé pour Monsieur; mais il ne l'attendit pas, et ses troupes se dispersèrent. Ainsy Mr de La Force, aprez avoir demeuré six jours dans le Luxembourg, vint loger avec toutes ses troupes autour de *Sedan* pour lequel on craignoit encores. Mais le 10e Novembre, Mad{e} de Bouillon l'envoya asseurer de la part de Mr son filz, qu'il estoit résolu de faire tout ce que le roi désireroit. Sur quoy Mr le Maréchal envoya au Roy et entra en suitte dans Sedan, ainsi qu'il est dict cy-dessus.

Vid. relation imprimée de la susdite affaire qui est dans la liasse. — Vid. ce qu'en dit la 21e gazette; que Munost, où le colonel Murs avoit logé est en la protection de France; que Florinville est une souveraineté particulière; que le roi a faict dire à l'Infante par le Sr Hubert, son résident, qu'il ne voudroit nullement entreprendre sur ses terres choses qui luy fust préjudiciable; mais qu'il ne souffriroit aussi volontiers que ceux qui veullent troubler le repos de son Estat se servissent pour cela de son umbre, et qu'en la guerre, comme en la chasse, on peut poursuivre par tout le gibier qu'on lève sur sa terre. — L'Infante a respondu et avoué que ses troupes deffaictes avoient été payées par la Reyne mère et Monsieur. — Le Roy envoye Mr de Villemontre, maître des Requêtes, informer du faict et de ses circonstances.

Le susdit jour 30e. — Du Val, cy devant capitaine au régiment de Picardie et cassé par le Roy pour n'avoir esté en Piedmont, décapité à Verdun et sa teste mise au bout d'un poteau, pour avoir entrepris sur la place par le moyen d'un sergent de sa compagnie, qui y estoit en garnison. Ledit Du Val fut pris sur les terres de Mr de Lorraine.

NOVEMBRE

Samedi 1er.

Mardi 4. — Festin de M^r le Cardinal de Richelieu à M^r le Cardinal de Savoye à Chasteauthierry.

Au hault bout de la Table :

M^r le Comte de Soissons. — M. le C^e de La Vallette.

Melle de Hautefort,	M^r le Premier,
M^e d'Halluin,	M. le P. de Marligues (?),
Me de Schomberg,	M. le D. d'Alluin,
Me de Montbazon,	M^r le Nunce,
M^r le C^t de Savoye,	Mr de Longueville,
Me de Chevreuse,	M^r le Cte de Harcour,
M^r le Garde des Seaux,	M^r le C^t de Richelieu,
M^r le M^{al} de Schomberg,	Mr de Chevreuse,
M. Bautru.	M. le M. de Souvré.

Au bas bout de la table :

M^r le Ch^{er} de Jars. — Mr de Bullion.

Somptueusement serviz à 4 services.

Aprez souper, la musique du Roy, et, sur les 10 heures, 6 bassins de confitures portez par deux hommes chacun.

Jeudi 6. — Mr de Charnacé part pour aller ambassadeur du Roy vers le Roy de Suède.

Samedi 8. — M^r le Prince arrive à la Cour à Chasteauthierry et en part le 17, pour aller en Bourgogne.

Vendredi 9. — Le Roy dit tout hault que, l'agent de Florence s'offrant de s'entremettre pour l'acommodement de la Reyne et de Monsieur, il luy avoit respondu : « Je ne puis penser à un acommodement. La Reyne ma mère et mon frère m'ont tesmoigné trop de mauvaise volonté. Ma personne et mon estat ne pourroient estre en asseurance, si j'y avois entendu. » Mr le Cardinal estoit présent. — Un autre m'a dit que, le Vendredy 14, le Roy disnant dit tout hault que, l'ambassadeur de Florence luy parlant de donner la paix à sa famille et que son maître en avoit grand désir, il luy avoit respondu qu'il se soucioit peu de la part que les estrangers prennent en tout cela, et que dorsenavant estant résollu de ne voir jamais ny sa mère ny son frère, il n'avoit soin que de conserver son estat et prendre garde à sa santé et à la seureté de sa personne.

Dimanche 11. — Prise de Prague[1] par l'Électeur de Saxe, le jour de la St Martin, unze ans après jour pour jour, qu'elle avoit esté prise par le Duc de Bavière. — Conditions; Vid. Nouvelles ord. du 2e Janvier 1632. — Duc de Fiedland Valstein et Dom Baltazar de Maradas, qui estoyent dans la ville, se retirèrent à grande haste. — Duc de Saxe y fait abattre la chappelle dressée par les Impériaux pour marque de cette victoire et nommée « Bella vittoria ». — Le 20[2], les 11 testes des rebelles fichées sur les portes, mises chacune dans un plat, puis dans un riche cercueil, acompagnez de plusieurs Ministres, portées en l'église des Ussites.

Dimanche 16. — Le Roy donne à disner au Cardinal

[1] Voy. *P. Griffet*, t. II, p. 204.
[2] Il y a ici une erreur de date.

de Savoye, assis une thoise au-dessous de luy, du mesme costé. — Le lendemain, il prit congé pour s'en retourner. — Mʳ le Cardinal de Richelieu le conduict deux lieues. — Le Roy luy fit donner à Paris, le 25, une boueste de diamans avec son pourtraict, estimée L^m livres. Lespine, maitre d'hostel, va pour le faire recevoir dans toutes les villes, jusques à Grenoble.

Mʳ le Cardinal dict à Mʳ Lamoignon que, le Roy luy ayant donné la charge de Président au Mortier de Mʳ le Coigneux, il la luy donnoit en pur don, et, sur remerciement et reffuz de Mʳ Lamoignon à cause de mescontentement de Monsieur et du Parlement qui estoit picqué de ce que c'estoit au Parlement de Dijon et non à celuy de Paris que l'on faisoit le procez au Président Le Coigneux, Mʳ le Cardinal respond que, quand au premier, sy Monsieur s'acommodoit, on contenteroit le Président Le Coigneux en le faisant Cardinal et que, pour le Parlement, le Roy iroit plus tost en personne l'installer et le luy avoit promis.

Lundi 24. — Ouverture du Parlement, où Mʳ de Bignon harangua. Il est maintenant prumier advocat général, Mʳ Talon ayant esté faict ordinaire du Conseil et baillé sa charge d'advocat général à Mʳ Omer Talon son frère, auparavant advocat des parties et qui travailloit fort.

Le procez de Mʳ le Maréchal de Marillac veu et

examiné par M" de Bullion, Le Bret, Moret, Bretagne et Xaintonge procureur général en la commission et advocat général au Parlement de Bourgongne.

Mardi 25. — Roy de Suède receu dans *Francfort,* se rend maistre ensuitte de Ringau, pays de 5 lieues de tour, environné de larges fossez et bois, deffendu par deux mil soldats et 4,000 paysans, appartenant à l'Evesque de Mayence et au Comte de Nassau Sarbering; il y perd 1,000 hommes.

Mecredi 26. — Mr de Bignon [1], premier advocat général, ayant faict sa harangue à la Mercurialle et estant sorty avec ses collègues, il rentra aprez et parla avec grande véhémence contre les entreprises des juges establiz à l'Arsenal, lesquelz, durant les vacations, ont faict emprisonner à la Bastille le Sr Gilot, lieutenant du Bailly du pallais (à cause qu'au préjudice de leur évoquation il avoit eslargi un prisonnier accusé de fausse monnoye en vertu d'une sentence que l'on prétend antidattée) et continuent l'instruction de son procez au préjudice des appellations par luy interjettées au Parlement, auquel seul appartient la cognoissance des baillifz et seneschaux de ce ressort, entre lesquelz celluy du pallais a l'honneur de tenir le premier rang.

[1] Jérôme Bignon, fils de Rolland Bignon, né en 1589, mort en 1656, précepteur de Louis XIII, avocat général au Parlement en 1626, conseiller d'État, grand maître de la Bibliothèque du roi.

Le lendemain jeudy matin, assemblée des Chambres sur cela; advis alloient à remonstrances de vive voix au Roy sur l'establissement de ceste nouvelle Chambre, toutes choses demeurans cependant en leur entier. — M⁰ Loisel en ouvre un autre, lequel passa avec quelques clauses qui y furent adjoustées; scavoir, que faisoit droict sur la requête du Lieutenant Général, il seroit receu appellation de l'information, décret de prise de corps, emprisonnement de sa personne et de ce qui se seroit ensuivy, tenu pour bien relevé, permis d'intimer qui bon luy sembleroit, deffences de passer outre à l'instruction et jugement de son procèz, jusques à ce qu'autrement par la cour en eust esté ordonné; et par un autre arrest séparé de dire que la Cour faisant droict sur les conclusions du Procureur Général du Roy remonstrances très humbles seront faictes au Roy et par escript sur les commissions extraordinaires et particulièrement sur la Chambre de la Bastille; que les deux plus antiens maîtres des Requêtes seroient mandez en la compagnie, auxquelz seroit faict deffences de passer outre à l'exécution de leur commission, à peyne de nullité, jusques à ce que le Parlement se soit interposé par ses remonstrances de faire révoquer par le Roy ceste nouvelle Chambre comme très préjudiciable au bien de son service. — Défences à tous ministres de justice de mettre aucune ordonnance des juges de la Bastille à exécution, à peyne d'en respondre en leurs propres et privez nomz, et de tous despens, dommages et intherestz des partyes. — Le lendemain 28, ces arrestz s'escrivent et estans signifficz au logis de M⁰ d'Argençon; Procureur Général de la Chambre de justice (mais en son absence), ladite Chambre casse par son arrest lesdits arrestz, et d'un autre costé on lève en mesme temps le doublement des droictz du seau, nonobstant un arrest du Parlement au contraire. Sur cela, l'assemblée des Chambres résolue au Samedy, remise au Lundy qu'arrivent lettres du Roy au Parlement portans deffence de s'assembler et commandement au premier et second présidens et 6 des plus antiens conseillers d'aller trouver le Roy. — Autres lettres du Roy à la Chambre de l'Arsenal, pour continuer selon leur pouvoir et deffences aux commissaires d'aller au Parlement. — Le 4ᵉ Décembre, M⁰ le Procureur Général reçoit lettres du Roy de contremandement du voyage de Messieurs du Parlement, Sa Majesté mandant que dans peu de jours elle doibt estre à Paris.

Ledit jour 26, le Parlement de Bourgogne décrète prise de corps contre ceux qui ensuivent, qui ont suivy Monsieur : Le Comte de Moret, Ducz d'Elbeuf, Rohannez, Comte de Brion, Président Le Coigneux, Puylaurens, le Commandeur de Valencé, du Coudray Montpensier, Fontaines Challendré, Du Four, La Ferté Imbault, La Feuillade D'Estissac, Maulevrier, Desouches, Fresnoy, Chaudebonne, Du Boulay, Conᵒʳ de Bragelongne, d'Elfin, Monsigot et Goular.

Jeudy 27. — Le Roy d'Espagne résoult à Madrit traitté de Gennes et le fait signer à leurs ambassadeurs.

DÉCEMBRE

Lundi 1ᵉʳ.

4. — Impériaux, sur le bruit que le Roy de Suède venoit au secours, lèvent siège de Nuremberg qu'ils avoient investy avec 4,000 hommes. — J'estime que Tilly y estoit.

Prince de Falzsbourg meurt de pourpre à Munichen et y est enterré, comme aussy le Chevalier de Lorraine. — Duc de Lorraine perdit en ce voyage plus de 50 gentilshommes de qualité et la plus grande partie de son armée qui estoit très belle. — Passe à son retour à Strasbourg, où reçoit avec peu de train.

Mardi 9. — Pouvoir de Lieutenant Général à Mʳ le Comte de Soissons [1] pour commander en l'absence de Sa Majesté à Paris et autres provinces circonvoisines, vériffié au Parlement.

Jeudy 11. — Nonobstant lettres patentes du Roy portans deffenses de s'assembler [2], il fut arresté au

---

[1] Voy. *P. Griffet*, t. II, p. 208.
[2] Voy. *P. Griffet*, t. II, p. 207. — Richelieu, *Mémoires*, t. II, p. 334.

Parlement qu'il seroit sursis à délibérer sur les dites lettres, jusques à ce que la délibération commencée fust achevée, et que doresnavant les arrests seroyent signez incontinent après l'assemblée.

Résolu que les 3 anciens de la Chambre de Justice ayant séance au Parlement, qui sont M⁰ˢ Favier, de Criqueville et des Champs seront invitez d'aller prendre leur place, et y estans, priez de s'abstenir d'aller à la Chambre de Justice, s'ils n'y vont, interdits de l'entrée du Parlement et eux et leur postérité déclarée responsables de tous les despens, dommages et intérests qui pourroyent estre demandez à l'encontre d'eux, pour raison des jugemens qui y interviendront.

Le lendemain 12, arrest portant que le susdit arrest sera signiffié à 3 Maîtres des Requestes et Procureur Général de la Commission et les procès-verbaux, significations rapportées et communiquées au Procureur Général, estre ordonné ce que de raison.

14 décembre. Lettre de Cachet du Roy au Parlement, dattée de Chaalons, portant commandement d'envoyer l'arresté de tout ce qui s'est passé. — Le 17, ils s'assemblent sur la dite lettre de Cachet.

16 décembre. Arrest donné à Sᵗ Menoüe, le Roy estant en son Conseil, portant cassation des susditz arrestez du Parlement. — Assignation au Conseil dans 15 jours, du jour de la signification, et cependant

interdiction aux S⁻ Présidens Gayan et Barillon, et aux S⁻ Conseillers Thelier, Tudert, et Laisné (Vid. le dit arrest dans le Registre p. 55); lequel arrest porte aussi que les Premiers Présidens Bellievre et Seguier, ensemble le plus ancien Président des 2, 3, 4 et 5 Chambres des Enquestes et le plus ancien Conseiller de chacune des dites Chambres, qui se sont trouvez à cette délibération se rendront auprez du Roy dans 15 jours aprez la dite signification.

Mardy 23. Résolu en l'assemblée des Chambres d'obéir punctuellement aux commandemens du Roy, et que les Présidens et Conseillers mandez iroyent ensemble avec les cinq interditz, comme un mesme corps, et ne les abbandonneront en aucune façon; M⁻ le Premier Président chargé de dire au Roy que les Messieurs n'ont rien dit ny rien fait contre son service, et que, s'ils sout coupables, le corps l'est bien davantage, puisqu'ils ont parlé plus modérément que nuls autres, et le supplier de vouloir déclarer ceux qui ont donné ces advis si préjudiciables à son service et à l'honneur de son Parlement, pour estre proceddé contre eux suivant la rigueur des lois.

31 Décembre : Ils vont tous ensemble oüir la Messe aux Recolects et déjeuner, puis partent pour Metz [1],

---

[1] Voy. *P. Griffet*, t. II, p. 208.

M. le Premier président deffrayant magnifiquement toute la compagnie.

Vendredy 12. — Moyenvic[1] investy par M. de Feuquière avec 10 où 12 compagnies de cavallerie, et, sur les 7 heures du soir, il se saisit de la ville de Vic, qui n'est point du tout forte et dont les habitans dirent qu'ils vouloient entièrement obéir au Roy. Le lendemain, M. le Maréchal de La Force arrive du siège, et la première mousquetade qui porta donna dans la jambe de son cheval. — 14 au soir, la tranchée est ouverte par le régiment de Normandie. — On attaque la place du costé du fort qui n'estoit pas grand chose, mais la ville estoit bonne. — Y avoit dedans 650 hommes commandez par Mercy, Lorrain, Gouverneur de la place et Lieutenant Colonel du Régiment de Chombourg. — Le 22, il cappitulle, s'il n'est secouru dans 5 jours. — Le 27, il se rend, et Messieurs les Maréchaux de Schomberg et de la Force y entrent, avec 8 compagnies du Régiment des Gardes. — Durant le siège, M. de Lorraine envoya offrir au Roy de faire razer la place par l'Empereur. Le Roy respond que l'ayant prise, il advisera ce qu'il en fera.

Le Roy, durant le siège de Moyenvic, envoye M. de Feuquière trouver M. de Vaudemont (qui commandoit

---

[1] Voy. P. *Griffet*, t. II, p. 206. — Richelieu, *Mémoires*, t. II, p. 351.

en l'absence du Duc son fils) pour l'asseurer que son armée n'estoit point venüe jusques là, afin de donner ombrage à ses [1]. . , mais au contraire pour les protéger, s'ils en avoyent besoin. — Le mesme jour, M⁽ʳ⁾ de Lorraine, retournant d'Allemagne, arrive à Nancy.

Jeudy 18. — Le Roy, qui n'avoit voulu coucher dans Verdun, à cause de la peste [2], va voir la citadelle.

La Reyne coucha à Clermont.

Le 21, le Roy arrive à Metz.

Le Roy donne à M⁽ʳ⁾ de Feuquière le Gouvernement de Vic et Moyenvic (outre celluy de Thoul, qu'il avoit désia) et la lieutenance de Sa Majesté dans les Eveschez de Thoul, Metz, païs Messin et Evesché de Metz.

Mardi 16. — Le Roy de Suède passe le Rhein avec 3 ou 4 meschans pontons; très belle action. — Don Philippes de Silva, gouverneur du Bas Palatinat, luy dispute le passage et y fait fort bien; a un cheval tué soubs luy. — Enfin contraint de se retirer. — Roy de Suède prent en suitte le fort et la ville d'Oppenheim. Vid. relation de Febvrier. Duc de Fridland accepte la charge de l'armée Impérialle.

21-22. — Demutz et Vuismar, seules places qui res-

---

[1] Illisible.
[2] Voy. *Mercure français,* supplément 1631, p. 208.

toyent aux Impériaux dans le duché de Mekelbourg, rendues.

Mardi 23. — Roy de Suède prend Mayence par composition. — L'Electeur se sauve à Crutzenac — avoit fait porter tous ses tiltres au fort d'Aunnenstein estimé imprenable.

Ledit jour, le Cardinal de Savoye part de Paris, acompagné de Mrs de Montbazon et Créquy.

Vendredi 26. — Mr de Lorraine vient trouver le Roy à Metz [1], où est deffrayé. — Prince de Joinville fut une lieue au-devant de luy avec les carrosses du Roy et de la Reyne. — Mr de Lorraine fait fort bonne mine, quoy qu'il fust en assez mauvaise posture, se trouvant désarmé en suitte de l'armée qu'il avoit menée en Allemagne qui s'estoit quasi toute dissipée, et se trouvant réduit à faire, malgré qu'il en eut, tout ce qu'il plairoit à Sa Majesté.

Mardi 30. — Tableau de M^e Du Fargis attaché dans la rue St Antoine vis à vis de St Paul, suivant l'arrest du 21 de la Chambre de l'Arsenal, par lequel elle avoit esté condamnée d'avoir la teste tranchée. On ostoit ledit tableau le soir, et on le remettoit le matin.

---

[1] Voy. Richelieu, t. II, p. 351. — Bassompierre, t. IV, p. 143. — Voy. *Mercure français*, suppl. 1631, p. 208.

1632

Le duc de Lorraine remet Marchal au roi, en exécution du traité de Vic. Le maréchal de Marillac, jugé par des commissaires, est décapité le 10 mai. L'arrêt du Parlement, qui avait voulu prendre connaissance de cette affaire, est cassé par arrêt du conseil; le procureur-général Molé décrété d'ajournement personnel et interdit : « Mais sa présence et la gravité naturelle « dont il ne rabattit rien, lui firent bientôt obtenir un « arrêt de décharge. » *(Mém. de Talon.)* Le duc d'Orléans, secouru par les Espagnols, rentre dans le royaume par la Bourgogne.

Le roi, qui s'en prenait avec raison au duc de Lorraine, des entreprises de Gaston, s'empare de Pont-à-Mousson, Bar-le-Duc et Saint-Mihiel. Le duc a recours une seconde fois à la clémence du roi : il conclut le traité de Liverdun le 26 juin : confirmation du traité de Vic, par lequel il remet en dépôt au roi Jametz et Stenai, et la forteresse de Clermont en propriété, et fait hommage pour le duché de Bar; heureux si cette seconde épreuve avait pu le garantir des malheurs où son inconstance le précipita dans la suite! Monsieur, qui se vit sans ressource de ce côté, portait le malheur qui l'accompagnait en Languedoc. Le duc de Montmorenci se trouva engagé dans sa révolte, et fut blessé et fait prisonnier au combat, ou plutôt à la rencontre de Castelnaudari, contre le maréchal de Schomberg, le 1ᵉʳ de Septembre. Ce fut une embuscade qu'un vieux gentilhomme conseilla au maréchal de Schomberg, et où donna Mʳ de Montmorenci, qui décida l'affaire, quoique Gaston fût plus fort de moitié que le maréchal. » La nouvelle se répand à l'heure même, dit Pontis, que Mʳ de Montmorenci est tué : Monsieur jette ses armes par terre, et dit qu'il ne s'y joue plus, et fait sonner la retraite. » Le Comte de Moret, fils de Henri IV et de Mademoiselle de Breuil, comtesse de Moret, fut tué dans la même occasion : on a voulu que ce comte de Moret n'ait pas été tué, et qu'il se soit fait ermite; mais cela a bien l'air d'une fable.

Monsieur se raccommode de nouveau avec le roi, dans l'espérance que Bullion lui donne de la grâce de Mʳ de Montmorenci.

Henri de Montmorenci, duc et pair, maréchal de France, fut jugé par arrêt du parlement de Toulouse, où présida le Garde des Sceaux de l'Aubespine de Chateauneuf, qui, étant sous-diacre, avait eu besoin de dispense du pape pour présider au procès du maréchal de Marillac, et qui s'en servit encore au procès du duc de Montmorenci : il aurait pu se souvenir qu'il avait été page chez le père du duc.

Le duc de Montmorenci a la tête tranchée à Toulouse, le 30 octobre, à l'âge de trente-sept ans. S'il est vrai que ce fut lui qui révéla au Cardinal les complots qui s'étaient faits à Lyon contre lui, il dut se repentir d'un service qui lui devenait si fatal. Monsieur sort du royaume pour la troisième fois, dans la bonne foi de croire qu'il cédait au ressentiment qu'il avait de la mort de Montmorenci, mais en effet ne cédant qu'aux conseils de Puylaurens : il se retire en Flandres auprès de la reine sa mère.

Fameux passage du Lech par Gustave, comparé à celui du Granique; il défait le Comte de Tilli, qui meurt de ses blessures. Walstein est rappelé.

Gustave, à qui le duc de Bavière avait refusé de se joindre, parce qu'il eût fallu restituer le Haut Palatinat, prend Augsbourg et ravage la Bavière. Enfin, ce prince, à la tête des protestants d'Allemagne, après avoir défait les Danois et les Impériaux, soumis la Poméranie, la Basse-Saxe, la Franconie, la Bavière, le Palatinat et l'électorat de Mayence, fut tué à l'âge de trente-huit ans, le 16 de novembre, à la bataille de Lutzen où, malgré sa mort, Walstein fut défait par le duc de Saxe-Weimar, son lieutenant. On trouva dans sa tente le livre de Grotius, *Du droit de la guerre et de la paix;* c'était sa lecture ordinaire. Gustave prétendait qu'il n'y avait de rang entre les rois que celui que leur donnait leur mérite. La fameuse Christine, sa fille, lui succéda, âgée de six ans. Ce prince commençait à devenir suspect à la France : on ne l'avait pas appelé en Allemagne pour qu'il s'y fît craindre. Mais afin qu'il empêchât qu'on y craignît l'empereur. On ne doit point croire qu'il ait été tué par un homme aposté par le cardinal de Richelieu ; Puffendorff pense que ce fut François-Albert, duc de Saxe-Lavembourg, qui le fit tuer à la sollicitation des Impériaux ; d'autres disent que ce même Albert vengeait une injure personnelle, pour un soufflet que lui avait donné Gustave, irrité de ce qu'il vivait d'une manière trop libre avec la reine, sa mère. Frédéric V, roi de Bohême, meurt dans le désespoir de voir sa vengeance évanouie par la mort de Gustave.

Lettres-patentes pour l'établissement des prêtres de la Mission, connus sous le nom de Saint-Lazare.

JANVIER

Jeudi 1ᵉʳ. — Embrasement du Mont Vésuve nommé maintenant Soin.

Grand combat près Lymbourg en Bohême, où Impériaux deffaits par Saxons et Lymbourg pris.

Samedi 3. — Le Roy arrive de Metz à Vic, où Duc de Lorraine[1] le vient trouver le lendemain, que Sa Majesté va à Moyenvic[2].

Gouvernement de Vic et Moyenvic, Lieutenance du Roy dans les Eveschez de Metz et de Toul donnez à Mʳ de Feuquière[3], qui avoit désià le gouvernement de Toul.

Dimanche 4. — Mʳ d'Elbeuf et le Comte de Brion, qui avoyent esté 2 jours auparavant en campagne, sont accordez à Nancy, et le mesme jour, Mʳ de Puylaurens

---

[1] Voy. Richelieu, *Mémoires*, t. II, p. 354.
[2] Voy. La Force, *Mémoires*, t. III, p. 28.
[3] Charles III, fils de François, comte de Vaudemont, né en 1604, succéda en 1634 à son oncle Henri II, mourut en 1675. Il était frère de Marguerite, femme de Gaston d'Orléans.

est aussy accordé avec Mr de Bellegarde, qui l'avoit fait appeler par Mr de Montespan, son nepveu.

Mardi 6. — M^r le Marquis de Brezé va Ambassadeur extraordinaire vers le Roy de Suède [1].

Mardi 13. — M^r le Marquis de la Vieville ayant esté condamné par la Chambre de l'Arsenal d'avoir la teste tranchée, son tableau est mis dans la rue St Antoine vis à vis de St Paul. — Tableau du duc de Rohannez pareillement condamné et mis 4 ou 5 jours après.

Papenheim fait lever à Horn le siège de Strasbonrg, puis ruine la place. Vid. Nouvelles ordinaires du 20 feb. 1632.

Monsieur part de Nancy [2], passe à Pont à Mousson, trouve près Conflans une voiture de l'argent du Roy conduite par le commissaire Sabbatier, laquelle il arreste, puis la renvoye. Mr de Lorraine, qui estoit lors auprès du Roy, l'en a fort remercié, pour ce qu'on tient que, sy Monsieur l'eust pris, Sa Majesté luy eust fait payer. Monsieur estant arrivé à Luxembourg le 19e, il y laissa le Président Le Coigneux et Monsigot disgraciez. — Monsr de Bellegarde estoit demeuré malade à

---

[1] Voy. Richelieu, *Mémoires*, t. II, p. 362. — Voy. *P. Griffet*, t. II, p. 219, qui indique son départ de Metz le 8 janvier.
[2] Voy. Richelieu, *Mémoires*, t. II, p. 356.

Nancy. — Offres que le Roy avoit fait faire à Monsieur; Vid. gaz. du 13 feb. 1632.

Mecredi 14. — Le Roy entre dans Marsal, que le Duc de Lorraine luy remet entre les mains pour 3 ans [1].

Trêve de 15 jours moyennée par le Roy entre le Roy de Suède et la Ligue Catholique d'Allemagne. — Propositions du Roy de Suède pour neutralité. V. Nov. Ord. du 20 feb. 1632.

Mecredi 28. — Entrée de Monsieur à Brusselles [2]. V. Gaz. du 6º feb. 1642.

Vendredi 30. — Messieurs du Parlement ont audiance du Roy à Metz [3].

FEBVRIER

Dimanche 1ᵉʳ.

Samedi 7. — Evesque de Vizbourg prend à Metz [4] congé du Roy, qu'il estoit venu trouver de la part de la Ligue Catholique. — Le Comte Horn, ambassadeur du Roy de Suède, s'en retourne aussy. — Duc de Lorraine vient trouver le Roy.

---

[1] Voy. Richelieu, *Mémoires*, t. II, p. 356. — Voy. *P. Griffet*, t. II, p. 211.
[2] Voy. *P. Griffet*, t. II, p. 212.
[3] Le *P. Griffet* dit qu'ils étaient à Metz depuis le 10 janvier attendant l'audience du roi. T. II, p. 217.
[4] Voy. Richelieu, *Mémoires*, t. II, p. 353.

Lundi 9. — Le Roy part de Metz [1], — arrive à Verdun, le XI à S¹ Disier, le 16 couche à Versailles. Il s'estoit porté fort mal à Metz, où il s'ennuioit extrêmement, mais dès qu'il fut auprès de Paris, il commença à se mieux porter.

Mareschal Horn prend Bamberg sans résistance [2].

Vendredi 20. — L'Électeur Palatin, Roy de Bohême, arrive à Francfort — va trouver Roy de Suède, qui luy donne tiltre de Roy et la main droitte.

Samedi 28. — Président de Montcave faict Premier Président de Thoulouze.

MARS

Lundi 1ᵉʳ.

Mardi 2. — Le Cardinal Duc de Richelieu pourveu du gouvernement de la ville et Chasteau de Nantes par la démission de Mʳ de Montbazon. — Le Sʳ de La Millereye pourveu de la Lieutenance du Roy au Comté Nantois.

2 et 3. — Lettres de la Reyne mère et de Monsieur aux juges de Mʳ le Maréchal de Marillac. Vid. Registre, page 50.

[1] Voy. Richelieu, *Mémoires*, t. II, p. 372.
[2] *Ibid.*, p. 367.

Roy de Suède prend avec beaucoup de perte ville de Creustsnach d'assaut, et le 3 dudit mois le Chasteau à discrétion. — Roy de Suède eut beaucoup de gens tuez auprès de luy.

Mecredi 3. — Messieurs les Interdits vont trouver le Roy à St Germain, qui leur dit : « Je vous pardonne la faute que vous avez faite, à la charge que vous n'y retournerez plus. C'est la seconde fois; mais, sy vous retombez une 3e, il n'y aura plus de pardon pour vous. » — Le Président Gayen respondit en termes généraulx. M^r le Cardinal leur fit de grandes civillitez.

Samedi 6. — Le Roy vient coucher à Paris, va le lendemain à la Messe à Notre-Dame et voit le soir le ballet de M^r le Comte ; — retourne lundy à St Germain.

Dimanche 7. — Serment presté au Prince d'Espagne. Vid. Cérémonies 15 gaz.

Tilly deffaict partie des troupes de Horn, Maréchal de camp suédois, qui est contraint en suitte de luy abandonner Bamberg.

Mareschal de Marillac amené de Verdun au Chasteau de Pontoyse, où Mr du Hallier le va querir avec la compagnie de gensdarmes et le mène à Ruel. — On le loge chez Moisse. — M^r le Garde des Seaux loge dans le bourg, chez Mr Laisné.

Jeudi 11. — Première séance du Procès de M^r le Mar^al de Marillac. —

Ordre de la dite séance :

LISTES DES JUGES

† M︀ le Garde des Sceaux.
† M︀ de Bullion ⎫ Conseillers
† M︀ Le Bret ⎬ d'Estat
† M︀ Paris.
† M︀ Prevost d'Erbelay.
   M︀ de Nemont.
   M︀ de Barillon Morangis.
† 1. M︀ de Morice.
   2. *M︀ du Chastellet* ne fut juge.
   M︀ de Villemontré.
† M︀ Le Voyer d'Argenson.

⎱ Maîtres des Requêtes.

† M︀ Bouchu Pr︀ᵉˢᵗ à Dijon.
† M︀ Bretaigne l'aisné.
   M︀ Berbis.
† M︀ Catherine.
   M︀ Liné.
† M︀ Legand.
   M︀ Demonjay.
† M︀ de Brenugat.
† M︀ Jaquot.
   M︀ Fremiot.
   M︀ Fiot Vaugimois.
   M︀ Bernardon.
   M︀ de Machico.

Nᵃ : Ceux qui sont marquez à une croix furent à la mort.

Dimanche 14. — Buxtrod prise par composition par Suédois.

Papenheim deffaict entièrement quatre régimens à Ed sur le Vezer, et depuis deffait aussy le Régiment de cavallerie des Gardes du duc de Lunebourg, et encor depuis un autre colonel suédois, nommé Ragen avec 3 régimens.

Jeudi 16. — Le Roy donne audiance à S︀ᵗ Germain à Dom Gonzales de Cordoue [1], qui lui rendit très grand

---

[1] Voy. *P. Griffet*, t. II, p. 253.

respect, mais ne voulut accepter une espée garnie de diamans; le lendemain il salua la Reyne à Paris, à l'Espagnolle, le genouil en terre.

Mardi 23. — Mʳ Bouthillier le fils fait serment de la charge de Secrétaire d'Estat, en survivance de son père.

Mecredi 24. — Mʳ le Cardinal de Lyon fait serment de Grand ausmonier, par la démission de Mʳ le Cardinal de La Rochefoucault.

En ce mois, le Cardinal Borgia fit protestation au Pape, touchant la guerre d'Allemagne. Vid. Registre, p. 8.

Mardi 30. — Tilly emportant tout le butin qu'il peut de l'Evesché de Bamberg s'avança à Lauf au Hault Palatinat, avec 30,000 hommes, à 3 lieues de chemin de Nuremberg. — Le Roy de Suède, avec 40,000 hommes, accompagné du Roy de Bohême, d'Auguste, son frère, du duc d'Halsace et du Marquis de Dourlac, vient à une lieue de Nuremberg.

AVRIL

Jeudy 1ᵉʳ. — *Roy de Suède* entre à Nuremberg. Le lendemain, va à [1] puis à Donauvert sur le Danube, qu'il

---

[1] Forcheim.

prent le 6 du mois, après un jour et une nuict de résistance. Vid. Nouv. Ord. du 7 May.

Le landgrave de Hesse, Maurice, est mort laissant Guillaume, son filz.

Administrateur de Hal beau-frère du Roy de Suède pris dans Magdebourg par Tilly — se fait catholique.

Le duc Frideric, oncle maternel du roy de Suède, est archevesque de Brême.

Papenheim fait lever à Tod le siège de Stade.

6. — Roy de Suède passe Danube à Donauvert. On lui apporte les clefs de Dillinguen, Lavingue, et autres places. — La sepmaine suivante, il gagne 12 lieues du meilleur pays du monde. — Le 14, il se fortifie dans Péninsulle que fait la rivière du Lecb, y faisant une batterie et la fermant de ses tranchées en forme de demie lune, dont il ferme l'istme; charge tous sess oldats de pieux et ses chariots d'arbres et fait le mesme jour un pont en forme de radeau de bois flotté. — Tilly, qui estoit proche de là, met 6 de ses meilleurs régiments dans la forest, pointe sa batterie vers le pont qui tirant tout le jour ne tua qu'un charpentier et un canonier. Celle du Roy de Suède luy fait grand dommage et le contraint de se retirer la nuit suivante en confusion. — Tilly et Aldringuer blessez. — Le 16, Tilly arrive à Rain, que le Roy de Suède prend le 17, Tilly s'estant

retiré à Meubourg, que le Roy prend le 18, Tilly s'estant sauvé à Ingolstad. — Le 19, le Roy de Suède somme Ausbourg, qui se rend à luy le 20. V. particullièrement Nouv. Ord. du 21 May; — y fait entrée magnifique le 24; — y trouve de quoy armer 30,000 hommes. Bourgeois lui font serment d'estre fidèles à luy et à la couronne de Suède, comme ses naturels subjets. Vid. Gaz. du 4ᵉ May. — Restablit magistrats Luthériens au lieu de Catholiques; part d'Ausbourg, le 26ᵉ laissant le Comte de Holenho gouverneur. Le 27, arrive devant Ingolstadt, se campe de delà le Danube vis-à-vis le camp Bavarrois, qui y estoit le premier, le fleuve entre deux. Le 28, il commence de se retrancher et prit le premier fort avec son pont sur un petit bras d'eau. — Le 29, il se rend maistre du second fort de l'autre costé, sur le mesme bras, avec perte de plusieurs des siens. — Le 30, au matin, s'estant trop avancé pour reconnoistre, sa haquenée grise luy est tuée entre les jambes d'une mousquetade. L'après disnée, le Marquis de Dourlac, luy, est tué d'un coup de canon, un colonel et plusieurs soldats.

L'armée Espagnolle cependant commandée par le Comte d'Embden, gouverneur de Luxembourg, prenoit quelques places dans le Palatinat, — prend plusieurs petites places et Spire, le 5 May, Frankendal, Steildeberg, Philipsbourg, etc. Vid. Nouvelles Ordʳᵉˢ du 14 et 20 May.

29 avril. — Mort de Sigismond Auguste 3, *Roy de Pologne*.

Dudit jour. — *Mort* du Comte de *Tilly* dans Ingolstadt.

MAY

FRANCE

Jeudy 6. — M. *Du Chastellet*, maître des Requêtes, récusé diverses fois par Mʳ le Maréchal de Marillac sur divers chefs, et, entr'autres, sur certaine prose latine qu'il avoit faicte contre Mʳ le Garde des Seaux de Marillac, son frère; ce qu'il avoit nié 2 ou 3 fois devant le Roy et s'en estoit purgé par serment en plein conseil; enfin inquiété en son âme et ne voulant plus estre des juges, il fait donner advis aux parens de présenter requête contre luy et d'y énuncer certaines choses qu'il avoit dictes à Mʳ de Bullion. Sur quoy, après grand bruit, Mʳ le Garde des Seaux De Chasteauneuf se lève de l'Assemblée, va à Sᵗ Germain, où mène plusieurs de ces Messieurs, et, entr'autres, Mʳ Du Chastellet, et, aprez avoir parlé au Roy et à Mʳ le Cardinal, ledit Sʳ du Chastellet (qui monstra grand estonnement) est arresté par Vaudargen exempt des Gardes, mené à Villepreux, puis au château de Tours, d'où il fut mis en liberté au mois d'octobre, à condition d'aller chez luy.

Vendredi 7. — M⁽ʳ⁾ de Mauric et de Bretagne, rapporteurs du procez de M⁽ʳ⁾ le Maréchal de Marillac, et M⁽ʳˢ⁾ d'Erbelay et de Paris opinent à la mort.

Samedi 8. — M⁽ʳ⁾ le Maréchal de Marillac condamné à mort[1]. Passé de 13 à 10. Vid. Supra en la liste des juges.

M⁽ʳ⁾ de Vandy et autres de ses parens s'adressent à M⁽ʳ⁾ le Maréchal de Schomberg, pour parler à M⁽ʳ⁾ le Cardinal, affin d'obtenir grâce, M⁽ʳ⁾ le Cardinal respondit : « Je suis bien marry qu'il en soit venu là et n'ayt pas voulu recevoir la grâce que le Roy luy vouloit faire. Allez-vous en trouver le Roy ; il est bon. » Le Roy esvita quelque temps de les voir, puis dict qu'il y adviseroit.

Dimanche 9. — M⁽ʳ⁾ le Garde des Seaux mène tous les commissaires à S⁽ᵗ⁾ Germain. M⁽ʳ⁾ le Cardinal caressa fort ceux qui avoient esté à la mort et leur dit, entr'autres choses, qu'ilz avoient relevé l'authorité royale ; et, se tournant vers M⁽ʳ⁾ de Morangis (Barillon) et autres, qui n'avoient opiné à la mort, leur dit avec quelque mespris : « Pour vous, Messieurs, vous avez creu pouvoir faire en conscience ce que vous avez faict. »

---

[1] Voy. Richelieu, *Mémoires*, t. II, p. 376. — Voy. P. *Griffet*, t. II, p. 223.

Lundi 10. — A 9 heures et demie du matin, Mʳ le Maréchal de Marillac arrive à Paris, dans un carrosse fermé, accompagné du Sʳ des Réaux, enseigne des gardes du corps et de quelques archers. — Une compagnie du Régiment des Gardes devant le carrosse et une autre derrière, 50 chevaux légers devant la première compagnie et 50 autres chevaux légers aprez la dernière compagnie. On le mène droit à l'Hostel de Ville, et on luy baille, pour l'assister, Mʳ du Puy, docteur de Sorbonne et le Père Aceline (Dom Eustache de Sᵗ Pol), feuillant auquel il se confessa; — sur les 4 heures et demie eut la teste tranchée à la Grève, sur un eschafault qui estoit au pied des degrez de l'Hostel de Ville. Il mourut très chrestiennement et très courageusement. Son corps fut enterré aux Feuillans avec celluy de sa femme.

Il y a eu diverses relations particullières de ceste mort.

Le mesme jour, le Roy part de Sᵗ Germain pour Amiens[1]. — Le 19, le Roy part d'Amiens; le 22, arrive à Callais, où, dez les XI heures du matin, avoit envoyé dans la citadelle, 5 compagnies du régiment de Navarre, dont Sa Majesté oste le gouvernement à Mʳ de Valencé, et luy donne pour récompense... [2]...

---

[1] Voy. Richelieu, t. II, p. 378. — Voy. *P. Griffet*, t. II, p. 250.
[2] En blanc dans le manuscrit. — Richelieu dit qu'on lui donna 50,000 écus. T. II, p. 379.

Le Roy envoye M' le Marquis de S¹ʳ Chaumont faire complimens au Roy d'Angleterre et le Comte de Quinsé à la Reyne d'Angleterre.

Le 25, le Roy part de Callais, où laisse par provision M' de Rambures dans la citadelle.

Le Roy va à Boulogne et se rend, le 28, à Amiens. Vid. Flandres.

— *Monsieur*. —

Monsieur arrive à Trèves le 24. — Dom Gonçales de Cordona va au-devant de luy avec toute la noblesse Espagnolle et luy donne à souper.

Monsieur passe en Lorraine [1].

Lundi 17. — Monsieur avoit avant cela pris congé de l'Infante en audience publique ; — reconduict en cérémonie en son logis. — Va demie lieue hors la ville ; — laisse aller son train devant ; — retourne dire adieu à Reyne mère, à l'Infante et aux dames ; — part le lendemain, pour aller à Trèves. Infante luy donne 3 coffres d'habits, linge et confitures ; — faict présens à tous les siens, — deffend à ses officiers d'elle d'en recevoir.

IMPÉRIAUX

24. — Frilland se présente devant *Prague*, qui lui est rendue le lendemain. Vid. conditions dans Nou-

[1] Voy. Richelieu, t. II, p. 386. — Voy. P. *Griffet*, t. II, p. 254.

velles Ord^res du 25 Juin, — la quicte à cause de sa vaste estendue, se contente de fortifier montagne blanche. — Aprez, pille la moyenne ville et eschange ministres contre Jésuites, qui estoient à Dresden. — Prend en suitte *Lentmaries* et autres places.

ROY DE SUÈDE

1. — Le Roy de Suède faict devant Ingolstadt creuser ses retranchemens de 18 pieds et ruiner 2 tours, dont le canon l'avoit fort incommodé.

Le 2, les Bavarois lèvent leur camp de 14,000 hommes.

Le 3, le Roy de Suède les poursuit avec 24,000 hommes, et prend passage de Neustadt.

Le 4, les deux armées arrivent devant Ratisbonne, le Danube entre deux.

Landsberg, prez d'Ausbourg, et autres villes se déclarent pour le Roy de Suède.

D. de Vilemberg se déclare aussy pour luy. — Suédois occupent le cercle de Souabe excepté Lindau et Constance.

Roy de Suède arrive devant Munic, le 17; — met son armée en bataille, y entre à midy avec 3 régimens, etc : — déterre 110 canons, dont 40 gros, entre lesquelz les 12 apostres. — La capitulation portait, entr'autres articles, qu'ilz luy donneroient V^e m. livres.

Staden L abandonné par Papenheim reçoit garnison Suédoise.

HOLLANDOIS

Touttes les troupes s'assemblent à Nimègue. — Le 30, commencent à marcher. Vid. Nouv. Ord^{res} du 18 juin.

Le 31, le Prince d'Oranges somme Venlo, dont le C. Henry de Berg estoit gouverneur.

Progrez de leur armée navale conduicte par le Comte Guillaume. Vid. Nouvelles Ord^{res} du 25 Juin.

Vid. Gaz. du 2 Juillet et Nouv. Ord^{res} des 16, 23 et 30 Juillet et du 13 Aoust.

Le Comte Guillaume, pour empescher secours de Papenheim à Mastric, revient à Nimègue et fortifie toutes les places voisines.

FLANDRES

Dom Gonçales retourne vers la Mozelle, pour secourir Mastric. Le Rhingraff Otho le suit et deffaict partye de son arrière garde.

Le comte d'Embden retourne aussy pour secours de Mastric, fort harcellé par les Suédois jusques à Trèves.

Les Mareschaux de La Force et d'Effiat entrent dans l'évesché de Trèves avec armée Françoise [1].

ESPAGNE

L'Infant Carlos faict Généralissime des mers et vicaire Général en Italye.

---

[1] Voy. Richelieu, *Mémoires*, t. II, p. 383.

JUIN

FRANCE

Lorraine. — Monsieur.

Le 2, le Roy d'Amiens couche à Corlie, où Cardinal a accez de fiebvre;

Le 3 à Nesle, le 4 à la Fère. — Le marq. de Sourdis laissé à Corbye.

Le 7, le Roy arrive à Laon. — Le 10, va à Liesse. — Le 18, part de Ste Menehould [1].

L'Électeur de Trèves [2] voulant remettre entre les mains du Roy *Hermenstein* très forte place sur le Rhin, le Maréchal d'Effiat faict le 11 embarquer à Binghem; 2 lieues au-dessus de Mayence, 800 hommes de pied et 2 cornettes de cavalerie qui y furent receuz, et La Saladie y fut laissé pour y commander.

Monsieur entre en Lorraine [3].

16. — Le Maréchal d'Effiat revient d'Allemagne avec l'armée; — entre en Lorraine. — Pont-à-Mousson luy ouvre les portes, et le Duc de Lorraine demande à conférer avec luy; ce qui fut faict le 16.

17. — Le 17, Lettre du Roy à Mr de Montbason

---

[1] Voy. P. *Griffet*, t. II, p. 255.
[2] Voy. La Force, t. III, p. 31.
[3] Voy. Richelieu, *Mémoires*, t. II, p. 386. — Voy. La Force, t. III, p. 32.

touchant les mauvais desseins du Duc de Lorraine et ses caballes avec Monsieur; ce qui oblige Sa Majesté d'entrer dans la Lorraine. — Puylaurens y est nommé. Vide Liasse.

19. — *Deffaicte à Rouvroy* de 5 compagnies de cavalerie de Mr de Lorraine (qui estoient parfaitement belles) par M^r le Comte d'Alais, colonel de la cavalerie légère et M^r le D. d'Halluin, capitaine lieutenant de la compagnie de 200 chevaux légers de la Garde du Roy. M^r d'Halluin y a le bras droict cassé au-dessus du coude d'un coup de pistolet et en pensa mourir. — Mr de Bouchavanes eut l'épaule droicte cassée d'un coup de pistolet. Vid. lettres du 26-Juin dans la liasse, où le combat est tout du long.

Ledit jour, les ville et château de *Bar-le-Duc* se rendent au Roy, qui y fait exercer la justice par le Sr du Tillet, maître des Requêtes.

20. — *St Michel*, Parlement de Lorraine, ouvre aussi les portes à Sa Majesté, qui y faict rendre la justice en son nom par le Sr de Nemont, maître des Requêtes. Le Maréchal d'Effiat l'y vient trouver et tesmoigne estre marry de l'action de Rouvroy (que le Roy seul avoit voulue), à cause qu'il avoit résolu la paix avec Mr de Lorraine et la désiroit pour pouvoir aller en Allemagne.

23. — Le Roy couche à Commerçy, le 24 à Novian,

le 25 à Liverdun, à 2 lieues de Nancy, et faict avancer le Maréchal d'Effiat, avec partye de l'armée, à demie lieue, de Nancy, avec ordre de l'investir. — Le D. de Lorraine le prie de suspendre et

26. — Le 26, le Marq. de Ville apporte l'acceptation dudit Duc des articles suivans[1] :

1 Le Duc de Lorraine donne en dépost au Roy pour 4 ans *Stenay et Jamets:*

2 et en propriété au denier 50 les ville et Chastellenie de *Clermont en Argonne;*

3 Ces 3 places seront délivrées dans 8 jours;

4 Le Cardinal de Lorraine asseurera l'exécution de ce traicté, en demeurant prez de Sa Majesté. Vid. Relation du mois de Juin.

Quelques'uns disent que le traicté porte ligue offencive et deffencive, et que, sy Mr de Lorraine manque au traicté, Stenay et Jametz demeureront au Roy en propriété.

Le Roy envoye à Paris le Sr Beautru l'aisné porter la nouvelle de ce traicté au Parlement, à la Chambre des Comptes et à l'Hostel de Ville, et escript à M^r le Comte. Vid. Liasse.

Mr de Lorraine fut contrainct à ce traicté[2] sy désa-

---

[1] Voy. Richelieu, t. II, p. 389. — Voy. *P. Griffet*, t. II, p. 256.
[2] Voy. La Force, *Mémoires*, t. III, p. 34.

vantageux pour luy par le désir de ses subjectz, ne voyant point d'espérance d'être assisté de ses voisins.

28. — Le 28, le Roy arrive au Pont-à-Mousson, où le Cardinal de Lorraine le vient trouver le lendemain comme ostage et en est très bien receu, Sa Majesté ayant estime et affection pour luy. — Ne peut obtenir de Sa Majesté qu'elle soulage la Lorraine de ses troupes, avant l'exécution du traicté, dont Vid. l'exécution au mois de Juillet.

Le Roy, faisant grandes caresses au dit Cardinal, dict qu'il sçavoit bien que, sy son frère eust creu son conseil, il n'en fust venu là, et que, s'il se comportoit bien avec luy, il luy rendroit ses places avant qu'il fust 2 ans.

Monsieur entre en Bourgongne avec environ 1,200 chevaux. — Quelques'uns ont dict 2,000 — passe dans le Barrois ; — s'aproche de Langres, loge à ¹ Chastillon sur Seyne, puis à Arques, de là prez Dijon.

Les passeports conceuz en ces termes : Gaston, etc., commandant l'armée de Sa Majesté contre le Cardinal de Richelieu et ses adhérens.

13. — *Placarts* signé de luy et contresigné Goular, jettez en plusieurs lieux et particulièrement à Paris ².

Vid. Registre, page 58.

¹ Le *P. Griffet* dit que cette ville lui ferma ses portes.
² Voy. Richelieu, *Mémoires*, t. II, p. 398.

Il avoit laissé ses seaux entre les mains du Président Le Coigneux à Luxembourg, et fit faire un petit seau, dont il fit La Rivière, son ausmosnier dépositaire.

14. — Lettre de Monsieur au maire et eschevins de Dijon[1] et leur responce. — Lettre du Roy au Parlement et à eux. — Dégast faict par les troupes de Monsieur auprez de Dijon.

Vid. Relation du mois de Juin.

Un boulet de canon, tiré de la ville, tumbe à deux pas de luy. Il le fit ramasser et porter avec luy.

Vid. Gaz. du 2 Juillet.

Chemin qu'il prit, depuis Dijon jusques à Vichy.

Vid. Gaz. du 6 Aoust.

M^r le Maréchal De La Force commandé de le suivre avec quelques troupes[2].

Moulins refuse les portes à Monsieur, qui arrive au port de Dijon, le 28, et, le 29, passe la rivière d'Allier à Vichy.

HOLLANDOIS ET FLANDRES

4. — *Venlo* rendu au Prince d'Oranges.

Le mesme jour, le Comte Ernest de Nassau ayant pris Stial, est tué en recognoissant Ruremonde.

---

[1] *P. Griffet*, t. II, p. 259.
[2] Voy. Richelieu, *Mémoires*, t. II, p. 393. — Voy. *P. Griffet*, t. II, p. 258. — Voy. La Force, t. II, p. 35.

6. — *Ruremonde* rendu au Prince d'Oranges.

7. — Prince d'Oranges investit *Mastric,* dont le Comte de La Moterie, lors absent, estoit gouverneur. Le Baron de Leide, qui commandoit en son absence, faict merveilles en ce siège, l'Infante luy ayant faict promettre d'espouser la fille dudit Comte de La Moterye, sa cousine, dont il estoit amoureux, et laquelle il n'osoit espérer.

10. — Le Prince d'Oranges recognoist la place et distribue ses quartiers, son camp se trouve aussi grand que celui de Bolduc et mieux clos.

Continuation dudit siège. Vid. Nouvelles Ord^{res} du 16 juillet — du 23 juillet.

Les S^{rs} d'Estiaux Valencé, du Puilloux et De Fresne Canaye tuez. — Nouvelles Ord^{res} du 30 Juillet. — Comte de Salazar Espagnol, blessé de mousquetade, dont mourut. Vid. Gaz. du 30 Juillet. — Nouv. Ordinaires du 6 Aoust. — Comte de Hanau tué; le S^r de St Surin blessé, dont mourut. — Cheval du Marq. de Gasvres blessé! Vid. Nouv. Ord. des 13, 20 et 27 Aoust. Le Comte Guillaume arrive au siège.

Manifeste du *Comte Henry de Berg* (Vid. Liasse), avec ses lettres à l'Infante, etc., contenant les raisons qui l'ont porté à quicter les Espagnolz. Ceux de Liège, où il s'estoit retiré et où il s'estoit faict de grande séditions en sa faveur, ayans déclaré qu'ils vouloient demeurer en leur neutralité avec Espagne, il se retire a Aix-La-Chapelle. On tient que le Roy luy envoya un million de livres.

SAVOYE

L'Ambassadeur d'Espagne se retire, sur ce que le Duc avoit convié à la Feste Dieu l'Ambassadeur de France et non luy.

SUISSE

Harangue de Mr de Rohan, en l'assemblée géneralle des Suisses tenue à Bade touchant l'empeschement des troupes qui se lèvent contre le service de Sa Majesté dans le Comté de Bourgogne et en Italie. Vid. Liasse.

JUILLET

France. — Lorraine. — Monsieur.

Le retardement apporté par Mr de Lorraine à l'exécution du traicté ayant mis le Roy en deffiance, et Sa Majesté ayant apris qu'il faisoit fort travailler aux dehors de Nancy et venir de Luxembourg un grand convoy, qui debvoit passer entre Verdun et Metz, elle y envoye le 3 Mr le Maréchal de Schonberg, pour l'empescher, et deux heures aprez ce commandement, en fit dire le subject au Cardinal de Lorraine lequel l'aprouva. Mʳ de Schonberg ne trouva rien, la cavalerye s'estant retirée à Nancy et ayant laissé le convoy jusques à l'exécution du traicté.

Mʳ du Hallier, maréchal de camp, et Mʳ de Mauric, maître des requêtes, ayans inventorié l'artillerie et toutes les munitions, qui estoient dans les places; le Dim. 4 ou Lundy 5, *Clermont* est remis à Mʳ du Hallier et *Stenay* est aussi remis le mesme jour au Sʳ d'Argencourt, sergent de bataille, que, pour gangner temps, ledit Sʳ du Hallier y avoit envoyé, et *Jametz*, le lundy, est remis entre les mains du Sʳ du Plessis, capitaine au régiment de Picardie.

Le Roy faict remettre en mesme temps au Duc de Lorraine Bar le Duc, Sᵗ Michel, Pont-à-Mousson, Adon-Château, etc.

Le 7, le Roi de Pont à Mousson couche à Schepse, où Duc de Lorraine le vient trouver le lendemain, et luy faict de grands complimens. — Eut des discours particuliers avec Mʳ le Cardinal.

Le Roy envoye Mʳ le Maréchal de Schonberg avec 1,500 chevaux et 1,100 mousquetaires à cheval, pour suivre Monsieur.

Sa Majesté envoye Mʳ le Maréchal d'Effiat avec une grande armée en Allemagne [1].

[1] Voy. Richelieu, *Mémoires*, t. II, p. 398.

Le Roy va coucher à Bar-le-Duc; le 16 arrive à Monceaux [1] d'où part le 28.

Le Sr de Guron va dire, de la part du Roy, au Marquis de Mirabel, ambassadeur d'Espagne, que Sa Majesté désiroit qu'il partist, dont on atribue la cause à sa bonne intelligence avec Mad{e} Du Fargis.

Monsieur estant arrivé à Vichy le 29 Juin y séjourne jusques au 6 Juillet qu'il va coucher à Artonne, à 2 lieues de Ryom (?), qui luy refuse la porte.

Vid. dans la liasse la relation particulière de Ryom du 21 Juillet; — n'alla à Montpensier, sachant qu'on luy en refuseroit les portes. — Le 7, va à Vaulevic, à une lieue de Ryom.

Vid. son chemin au sortir de Vaulevic et ses troupes. Gaz. du 6 Aoust.

Mr de Nouailles, lieutenant de Roy en Auvergne, faict tirer sur ses gens.

Mr le Maréchal de Schonberg part de St Dizier le 12, arrive à Auxerre le 17, le 22 à Nevers, où y eut sédition pour une chienne entre gens de guerre et habitans, le 24 à St Pierre Le Moustier, le 25 à Moulins, prend le chemin du Hault Languedoc par St Flour, Carcassonne, etc [2].

Le Parlement de Thoulouze sert fort bien — Ayant

[1] Voy. Richelieu, t. II, p. 404. — Voy. *P. Griffet*, t. II, p. 258.
[2] Voy. Richelieu, t. II, p. 403.

recognu grande faction pour Monsieur, faict renouveller à ceux de Thoulouze le serment de fidellité et, envoye Présidens et Conseillers aux autres villes pour faire faire le mesme [1].

L'Évesque de Mande [2], avec 100 chevaux et 400 hommes de pied, se jette dans la Canourgue, petite ville que Monsieur vouloit attaquer à cause qu'il avoit tué de ses gens.

Mr de Montmorency, tenant à Pésenas les Estats de Languedoc [3], les contrainct de se déclarer pour Monsieur et se déclare avec eux. M^r l'Archevesque de Narbonne [4], Président des Estatz, y résista tant qu'il peust. — Mr de Montmorency arreste prisonnier et faict payer XII m. écus de rançon à Emery Particelli, intendant des finances, qui assistoit aux Estatz [5].

(Mr de Narbonne ayant descouvert le dessein de Mr de Montmorency sur Narbonne, où il n'y avoit quasy personne à cause de la peste, envoye un de ses amis nommé Ricardelle s'y jecter avec 200 hommes, et sans cela la place couroit fortune.)

Le 2e Consul de Nismes, qui estoit Huguenot, chasse

---

[1] Voy. *P. Griffet*, t. II, p. 280.
[2] Sylvestre de Cruzy de Marcillac, évêque de Mende de 1628 à 1660.
[3] Voy. Richelieu, t. II, p. 400. — Voy. *P. Griffet*, t. II, p. 263.
[4] Claude de Rebé, archevêque de Narbonne de 1628 à 1659.
[5] Voy. *P. Griffet*, t. II, p. 275.

de la ville le 1ᵉʳ Consul, qui estoit Catholique, et l'Évesque de Nismes[1], frère du Maréchal de Thoirax, lesquelz vouloient remettre la ville entre les mains de Monsieur, et Nismes escript aux autres villes Huguenotes, pour les exhorter à demeurer dans le service du Roy, et reçoit Maréchal de la Force. Mʳ Mangot Vilarceaux, maître des Requêtes, sert bien à Carcassonne et la ville envoye lever siège de Monlaur assiégé par Mʳ de Montmorency.

Vid. Gaz. du 13 Aoust.

Mʳ de Montmorency mande au Maréchal de La Force de ne point entrer dans son gouvernement[2] et qu'estant Maréchal de France, nul n'y pouvoit commander que luy.

L'Évesque de Nismes, le Gouverneur de Lunel et le Gouverneur de *Leucate*, tous 3 frères du Maréchal de Thoirax se déclarent pour Monsieur. On tenoit que le 4ᵉ qui est gouverneur de Foix, se déclareroit aussy; mais depuis le combat de Castelnaudarry, il envoya asseurer le Roy de sa fidellité. Le Maréchal de Thoirax envoye asseurer le Roy de sa fidélité par le Sʳ de Sᵗ Aunais, son neveu, filz du Gouverneur de Leucate.

Alais estant commandé par deux chasteaux tenuz par

---

[1] Claude de Saint-Bonnet de Toiras, évêque de Nîmes de 1625 à 1632.
[2] Voy. La Force, *Mémoires*, t. III, p. 35.

le Sʳ Hannibal, qui estoit à M. de Montmorency contrainct la ville de recevoir garnison.

Toutes les autres villes Huguenotes se sont maintenues avec grande affection pour le service du Roy, qui les en a louées par sa déclaration envoyée au Parlement.

Le Sʳ du Chaland ayant, par ordre de Mʳ le Maréchal de Vitry, conduit avec des barques 800 hommes dans Narbonne (il y mena 5 compagnies du Régiment de La Tour embarquées à Marseille sur 5 tartanes), et la tempeste l'ayant au retour jetté sur la plage, il est pris et mené à Pésenas, que Mʳ de Sᵗ Jan Portes, qui en estoit Gouverneur, remit depuis entre les mains des maréchaux de Vitry et de La Force.

Le Roy sachant la révolte de Mʳ de Montmorency faict saisir entre les mains du Sʳ Jaquelin, son intendant, V c. XL m. livres, qu'il avoit empruntez pour l'affaire des alleuz de Languedoc, fit faire inventaire à l'Hostel de Montmorency et à Chantilly et à Ecouen, dont le chevalier du guet se saisit.

27. Le Mareschal d'Effiat ayant gangné sa maladie à faire la reveue de l'armée, qui se trouva estre de 16,000 de pied et 2,500 chevaux, meurt [1], le 9ᵉ jour, d'une fiebvre de pourpre à Véterstein, entre Trèves,

[1] Voy. Richelieu, t. II, p. 394. — Voy. Bassompierre, t. IV, p. 151. — Voy. P. *Griffet*, t. II, p. 262.

Sarbrug et Strasbourg. Il tesmoigna grand courage dans sa maladie; faict 2 testamens; l'un concernant sa femme et ses enfans, dont rend M' le Cardinal exécuteur, et l'autre touchant ses serviteurs, dont faict le Père Charles de l'Oratoire exécuteur. Son corps porté à Effiat, et son cœur à Chilly. Son gouvernement de Bourbonnais donné au Marq. de Longjumeau, son filz, qui le vend quelque temps aprez au Marq. de La Palisse, filz du Maréchal de St Géran. — Sa charge de Grand Maître de l'Artillerie par commission à M^r De La Milleraye, son gendre; et sa charge de Lieutenant-Général de la marine à M^r le Commandeur de La Porte.

IMPÉRIAUX ET ROY DE SUÈDE

Impériaux prennent Egger, aprez grand assault.

Conditions du Généralat du D. de Fritland. Vid. Relation du mois.

Roy de Suède retourne vers Nuremberg.

Le maréchal Horn, aprez siège de 4 jours, prend Coblenz sur Espagnolz.

HOLLANDOIS

Vid. mois précédent.

ANGLETERRE

Commandeur de Valencé envoyé par la Reyne mère en Angleterre, pour faire qu'elle y fust receue et rompre la bonne intelligence avec la France; sachant que le Grand Trésorier avoit charge de luy rendre une assez mauvaise responce, s'en retourne sans la recevoir ny dire adieu à la Reyne, qu'il croyoit n'avoir assez contribué à ce qu'il désiroit.

ESPAGNE

Dernier juillet. — *Mort de l'Infant Carlos*, 2ᵉ frère du Roy d'Espagne.

Cérémonies à l'exécution des condamnez par l'Inquisition. Vid. Relation du mois.

AOUST

France. — Monsieur.

On prend, à l'embouchure du Rosne, 1,500 mousquets garnis et quantité de pelles et de hoyaux, qui venoient d'Italye pour Monsieur.

2. — Maréchal de Vitry, Gouverneur de Provence, jette dans Beaucaire (où il y avoit désià 300 hommes d'Arles et Sᵗ Rémy) 800 hommes du Régiment d'Aiguebonne [1]. La cavalerye de Monsieur, qui estoit dans le chasteau, commandée par Mʳ de Montmorency veult faire un effort pour emporter les barricades que la ville

---

[1] Voy. La Force, *Mémoires*, t. III, p. 40.

faisoit contre le château. S'ils l'eussent entrepris, ils estoient tous perduz. — Mr de Chaudebonne, ayant avec liberté représenté cela à Monsieur, fut cause de l'empescher. Le Maréchal de Vitry jetta encor en suitte d'autres troupes dans la ville.

Le Maréchal de Vitry asseure Valabrègues, par où Monsieur faisoit dessein de passer en Provence.

2. — Mrs de Bullion et Bonthillier faicts superintendans des finances.

Maréchal d'Estrée part en poste pour aller commander l'armée d'Allemagne, aprez la mort du Maréchal d'Effiat [1].

5. — Le Venant, autresfois des gardes de la Reyne mère, décapité pour avoir semé placards de Monsieur.

7. — Mr le Prince arrive à Paris.
Mort de Mr le Garde des Seaux De Marillac d'une eresipelle à Chasteaudun, où il estoit dans maison bourgeoise, mais gardé. — Deffences à sa belle-fille d'approcher à plus prez de six lieues de Paris.

9. — Maréchal de La Force tue 60 hommes et en prend 140 au St d'Elbene [2], qui avec 50 chevaux de Mr de Montmorency luy vouloit enlever un quartier à

---
[1] Voy. *P. Griffei*, t. II, p. 262.
[2] *Ibid.*, t. II, p. 285.

Villeneuve, à demie lieue de Montpellier. Vid. 35 Gazette.

10. — Le Roy vient à Paris [1].

12. — Le Roy va au Parlement [2] faire vériffier déclaration contre ceux qui ont suivy Monsieur. Vid. Gaz. du 13 Aoust et la dite déclaration dans la liasse.

Sa Majesté avoit envoyé la veille une lettre de cachet au Parlement, affin que M^{rs} les Présidens se levassent, lorsque M^r le Garde des Seaux arriveroit (ce qui ne se faict qu'au Chancelier). Estant arrivée à la Ste Chapelle, elle manda pour ce subject lesdits Présidens qui tous quictèrent le banc (M^r le Président de Bailleul retourna du milieu de la salle) et leur parla assez aigrement; en suitte de quoy ils se levèrent, quand M^r le Garde des Seaux entra. Le Premier Président luy parla néantmoins par forme de protestation; mais ce qui les fascha le plus fut qu'aprez toutes les harangues, M^r le Garde des Seaux estant allé prendre l'ordre du Roy, Sa Majesté appella M^{rs} les Princes du sang et Cardinaux (sçavoir M^r le Prince, M^r le Comte, M^r le Cardinal de Richelieu, et M^r le Cardinal De La Valette), dont l'opinion, contre la coutume, fut recueillie avant celle de M^{rs} les Présidens. Mr de Bignon, advocat général, avoit faict une excellente harangue.

Vid. dans la Liasse lettre du 12 Aoust.

[1] Voy. Richelieu, t. II, p. 406.
[2] Voy. *P. Griffet*, t. II, p. 291 et 311.

La Reyne, acompagnée de M⁰ de Chevreuse, M⁸ de Vaugelas et Melle de Haultfort estoit dans la lanterne.

Le Roy alla coucher à Juvisy et de la à Fontainebleau.

12. — *Monsieur* arrivé quelques jours auparavant en Languedoc part de Lunel, avec 1,200 chevaux, pour aller à Béziers, faict Mr de Montmorency son lieutenant Général au Hault Languedoc et M^r d'Elbeuf au Bas.

18. — *Le Roy part pour aller à Lyon.* — A Briare, le 20; à Bony, le 22. — A Cosne [1], le 23; à Pouilly, le 24; à La Charité, le 24; à Nevers, le 25; à St Pierre Le Moutier, le 26; à Moulins, le 27; — A Varennes, le 29; le 30, à La Palisse; le 31, à La Pacaudière.

Le Roy faict prendre des mains du Sr de Montmort II^c m. livres qu'il avoit aux S^rs le Coigneux et Puylaurens, et on tient qu'il payera encor les 78,000 livres restans.

19. — Le Vicomte de Lestrange [2] s'estoit fortifié dans Tournon et St André, prez Privas. Quelques capitaines du Régiment de Vaubecour s'estant assemblez et La Roque Massebaut avec eux, lequel mit pied à terre, ilz luy tuent 400 hommes sur la place, en prennent 200 et

---

[1] Voy. *P. Griffet*, t. II, p. 295.
[2] *Ibid.*, t. II, p. 285. — Voy. La Force, t. III, p. 40.

luy à discrétion. Son procez luy estant faict à Valence par le Sʳ de Machaut, maître des Requêtes, Intendant de la Justice en Languedoc il y eut la teste tranchée au Pont Sᵗ Esprit, le 6 Septembre.

Mʳ le Duc de Retz faict par commission la charge de Général de la cavalerye légère.

23. — Déclaration du Roy contre Mʳ de Montmorency adressée au Parlement de Thoulouze[1]. Vid. dans la Liasse.

23. — Mʳ Bouthillier, superintendant, receu conseiller honoraire au Parlement; ce qui jusques alors estoit sans exemple, n'estant ny d'espée ny de robbe longue. Mʳ De La Ville aux Clercs ayant obtenu la mesme grâce fut aussy receu le 27, et, aprez cela, Mʳˢ du Parlement firent un règlement portant qu'il ne s'en recevroit plus.

Mʳ le Prince va en Poictou et Provinces circumvoisines donner ordre à tout.

24. — Le Général des Galaires faict prendre vers Thoulon une tartane chargée de mousquets, poudres, balles, mesche etc., que Mʳ de Montmorency faisoit venir d'Italye.

---

[1] Voy. Richelieu, t. II, p. 408. — Voy. *P. Griffet*, t. II, p. 280 et 295.

Le Baron de Lignières Nangis desguisé en Cordelier pour recognoistre l'armée de M⁽ʳ⁾ de Schonberg est pris. Le S⁽ʳ⁾ de S⁽ᵗᵉ⁾ Croix Ornano desguisé en mathelot à mesme fin se sauve.

Environ 27. — M⁽ʳ⁾ le Maréchal de Schonberg assiège le château de S⁽ᵗ⁾ Félix[1] qu'un gentilhomme du pais avoit surpris. Le 31, il le faict sommer pour la dernière fois. Sur quoy il capitule, moyennant 4,000 écus et se rend le lendemain 1 Septembre, à la pointe du jour.

ALLEMAGNE

Archevesque de Trèves protégé par le Roy. Vid. Relation du mois.

1. — M⁽ʳ⁾ le Maréchal d'Estrée part en poste, pour aller commander l'armée d'Allemagne, au lieu du Maréchal d'Effiat[2].

Déclaration de l'Archevesque de Trèves en faveur du Roy. — Deffaicte de quelques troupes Espagnolles qui se vouloient jetter dans Trèves, et en suitte prise de la dite ville. Vid. Liasse.

Vid. dans Gaz. du 3 Sept. Lettre du Roy de Suède au Chancelier Oxistern contenant une grande deffaicte par luy faicte prez Nuremberg sur des troupes du Valstein.

---

[1] Voy. *P. Griffet*. t. II, p. 299.
[2] Voy. Richelieu, *Mémoires*, t. II, p. 396. — Voy. *P. Griffet*, t. II, p. 262.

Le Prince de Dannemarc, avec les troupes de Saxe et de Brandebourg, prend Grologau d'assaut sur les Impériaux.

Vid. Gaz. du 10 Septembre.

POLOGNE

Raisons du Prince Vladislas pour estre elleu Roy de Pologne.

Vid. Relation du mois.

On reffuse à l'Electeur de Brandebourg d'avoir voix délibérative dans les Estats, comme n'estant que vassal de la couronne.

On accorde l'exercice de la religion aux Grecs.

PAYS-BAS

Suitte du siège de Mastric. — Secours du Papenheim inutile.

Vid. Lettre du 19 Aoust dans la Liasse et Nouv. Ord[res] du 3 Sept.

Prise dudit Mastric, qui capitule le 22 [1]. — Sortent le 23 etc. — Vid. Relation du mois. — Vid. histoire journalière de ce qui s'est passé de plus remarquable dans l'armée des Estatz, depuis le 25 May jusques au

---

[1] Voy. Richelieu, *Mémoires*, t. II, p. 410.

4 Aoust. — Vid. Liasse. — Vid. dans Nouv. Ord^{res} du 10 Sept. les articles de la capitulation et les morts par le menu.

ESPAGNE

Mr du Fargis arrive, de la part de Monsieur, à Madrid le 9[1]; est defrayé, a audience le XI, acompagné de nombre de Grands d'Espagne, et receu comme l'auroit peu estre un Ambassadeur extraordinaire du Roy, en temps de parfaicte intelligence entre les Couronnes; mais le peuple, le voyant passer par les rues, crioit : « Ho, le traistre! » — Connétable de Bourbon y fut ainsy traicté! — Le Comte D'Olivarez luy donna du sien 2,000 pistolles en 2 bourses.

Le Roy d'Espagne. durant ce temps, faisoit battre le tambour en toute les villes d'Espagne pour se rendre à Barcelonne, où il y avoit 25 galaires de Sicile, Gennes etc, et s'y debvoit rendre en personne. Il sembloit que tout allast à rupture entre les Couronnes; mais le combat de Castelnau d'Arry dissipa tout cela.

Le Roy d'Espagne envoye un Evesque et 2 de son Conseil à Rome contester au Pape ses jurisdictions et tout ce qu'il lève sur ecclésiastiques d'Espagne.

---

[1] Voy. *P. Griffet*, t. II, p. 283.

SEPTEMBRE

France. — Monsieur. —

1. — Mᴿ le Maréchal de Schonberg ayant receu, le matin à la pointe du jour, le château de Sᵗ Félix [1] à composition, et ayant apris le soir auparavant que Monsieur, avec toute son armée, estoit à une petite lieue de Castelnaudarry, craignant qu'il le voulut emporter, il y envoya, deux heures avant jour, Mᴿ Arnauld [2] maistre de camp des Carabins, avec deux compagnies de son corps. Sur les XI heures du matin, l'arrivée de Monsieur, consistant en 3,000 hommes de pied et 1,500 chevaux, se mit en bataille sur un hault et en lieu advantageux à demie lieue de Castelnaud'Arry. En mesme temps, Mᴿ le Maréchal de Schonberg se mit en bataille entre Castelnaud'Arry et eux avec toutes ses troupes consistans en 1,200 chevaux effectifs, 400 hommes du Régiment des Gardes et 200 du Régiment de Phalshourg. Vid. dans la Liasse lettre de Mᴿ Arnauld et Relations escriptes à la main et imprimées, dans lesquelles sont les particularitez du combat; auquel, du costé du Roy, furent tuez les Sʳˢ de Meneville et de Gades, lieutenans au Régiment des Gardes et 5 ou 6 chevaux légers; et blessez les Sʳˢ de Champe-

[1] Voy. P. *Griffet*, t. II, p. 299. — Voy. La Force, t. III, p. 48.
[2] Il a son historiette dans Tallemant.

ron Beauregard d'un coup de pistollet au bras gauche, Beauregard Blanchefort, ayde de camp, d'une mousquetade qui luy rompt le coude du bras droict; — Maricour, cornette du S¹ De Pray d'un coup de pistollet dans la cuisse, d'une mousquetade dans le bras et d'un coup d'espée sur la main. — 20 chevaux tuez ou blessez.

Du costé de Monsieur, tuez : M¹ le Comte de Moret [1] — le comte de Rieux, le comte de La Feuillade, S¹ Florent, le Chevallier de La Frette, Villeneuve, 4 capitaines du régiment de Languedoc.

(Les abbayes de M¹ de Moret données, sçavoir : Signy vallant [2]... à M¹ le Cardinal; — St Victor de Marseille vallant... [3] à M¹ le Cardinal de La Vallette; S¹ Estienne de Caen vallant... [4] à M¹ le Cardinal de Lyon; — S¹ Faron de Meaux vallant... [5] à M¹ de Bullion, et Longuillière vallant... [6] à M¹ Mangot de Villarseaux, pour un de ses frères).

Pris : Monsieur de Montmorency [7] blessé de 9 coups et aprez avoir faict des actions prodigieuses de force et de courage, — le Comte de Beuil, le Chevalier de Larcé.

[1] Voy. *P. Griffet*, t. II, p. 301.
[2] Lacune dans le manuscrit.
[3] *Ibid.*
[4] *Ibid.*
[5] *Ibid.*
[6] *Ibid.*
[7] Voy. Richelieu, t. II, p. 408.

Blessez : M^r d'Ouailly; La Roche d'Ayon, escuyer de Mr de Montmorency.

M^r le Maréchal de Schonberg se retire à Castelnaudarry où il mène Mr de Montmorecy. Il eut bien peu attaquer le reste de l'armée de Monsieur, qui estoit esbranlée de la perte de Mr de Montmorency; mais outre ce qu'il creut que c'estoit avoir assez faict pour le service du Roy que de l'avoir pris et qu'il ne falloit pas hazarder l'advantage que Dieu luy avoit donné, il fut bien aise de ne se point engager dans un combat, où Monsieur eust peu courir fortune de la vye.

Monsieur, aprez le combat, vouloit se retirer à Béziers, mais changea d'advis, craignant d'y estre enfermé et de voir Mad^e de Montmorency. Enfin il y alla [1], et, son infanterye s'estant dissipée, il tira avec sa cavalerye vers Narbonne.

M^r d'Espernon envoya visiter Mr de Montmorency, qui, par la permission de Mr de Schonberg, luy fit responce en trois lignes de sa main et escrivit aussy un mot à Mad^e de Montmorency.

Le lendemain du combat de Castelnaud'arry, les consuls d'Alby allèrent dire au S^r d'Elbene, leur Evesque (qui fut celuy qui engagea principallement Mr de Mont-

[1] Voy. La Force, t. III, p. 48.

morency dans la révolte) qu'ils ne voyoient plus moyen d'empescher le peuple d'aller mettre le feu dans sa maison, d'où il prit telle espouvente qu'il s'enfuit, 4 heures aprez, avec 50 hommes à cheval et 200 à pied et se jetta dans le château de Lombez.

Les habitans d'Alby envoyèrent à Thoulouze protester de leur fidellité.

Agde, Alais, Lunel, Pezenas, Monfrain, Villeneuve, Magdelonne, Frontignan, Tarascon, cap de Sette, Beaucaire, etc. se remettent en l'obéissance du Roy, qui faict razer chasteaux de Beaucaire, Bagnols et Teil sur le Rhosne. Vid. dans la Liasse articles de la capitulation de Beaucaire du 6 Septembre, accordez par Maréchal de Vitry.

Le 7, Mr de Schonberg passe sur les remparts de Thoulouze, à la teste de 500 chevaux, au milieu desquels estoit Mr de Montmorency (dans une lictière), que plusieurs personnes abordèrent et saluèrent avec des tesmoignages non pareils d'affection, l'appellant « leur Monsou » (c'est-à-dire leur Monsieur). M^r le Marquis d'Ambres s'estant présenté devant luy, il luy reprocha qu'il l'avoit habandonné aprez l'avoir engagé dans la faute qu'il avoit faicte. Mr de Schonberg le mena de là à Lectoure, où le S^r de La Jaille, son capitaine des Gardes, le gardoit dans le château, et les 4 compagnies de Chamblay, qui estoient au combat, le gardoient dans la ville. — On luy envoya un officier du

Roy de chaque office et un garson de la chambre pour le servir. —M⁺ de Schonberg partit de Lectoure le 14, retourna par Thoulouze à Castelnaudarry et vid le Roy à Béziers le 7 Octobre.

Lettres de M⁺ d'Angoulesme au Roy et à M⁺ le Cardinal en faveur de M⁺ de Montmorency. Vid. Liasse.

Environ 1. — M⁺ d'Elbeuf allant avec 500 chevaux et 2,000 hommes de pied pour joindre Monsieur ou secourir Beaucaire, M⁺ le Maréchal de La Force va au-devant avec partye des troupes qu'il commandoit, le met en route, prend ses munitions et farines, tue ce qu'il rencontre [1].

M⁺ d'Elbeuf se voulant retirer à Lunel, ils luy reffusent les portes.

1. — Le Roy arrive à Rouane, le 3 S⁺ Saphorin, le 4 à Beilly, et le 5 à Lyon, où les Consuls d'Avignon luy viennent présenter les clefs, et par un courrier du S⁺ Mangot Villerseaux reçoit la nouvelle du combat de Castelnaud'arry [2].

Le 6, le Prince Thomas vient trouver le Roy. — Le S⁺ Bautru, conducteur des Ambassadeurs, le fut recevoir à une lieue de la ville; — s'en retourna le 9.

---

[1] Voy. *P. Griffet*, t. II, p. 308. — Voy. La Force, *Mémoires*, t. III, p. 42.
[2] Voy. *P. Griffet*, t. II, p. 309.

Le 7, arriva le courrier de Mʳ le Maréchal de Schonberg, avec les particularitez du combat de Castelnaudarry.

Le Roy va à Vienne.

4 galaires d'Espagne estans venuz recognoistre le fort de Briscon, que Monsieur leur offroit, ils trouvèrent que c'estoit sy peu de chose qu'ils s'en moquèrent.

4. — Mʳ le Prince arrive à Poitiers, va à l'Hostel de Ville et leur faict entendre le pouvoir que le Roy luy avoit donné ez provinces de Poictou, Anjou, Touraine pays d'Aunix, Xaintonge, Angoumois, La Marche et Limouzin, et establit dans Poitiers Mʳ de Vignolles comme gouverneur; va de là à Limoges.

6. — Le vicomte de Lestrange décapité au Pont Sᵗ Esprit[1]. Vid. Supra, et le lendemain le Sʳ d'Entragues pour le mesme subjet et le Sʳ de Capestan, le 8 à Lyon.

Jeudi 9. — Le Roy part de Lyon, va coucher à Vienne, le 10 à Sᵗ Valery, le 11 à Valence. Le Maréchal de La Force ayant envoyé demander au Roy s'il auroit agréable qu'il accordast un passeport au Sʳ de Chaudebonne, qui le venoit trouver de la part de Monsieur, Sa Majesté luy manda que non (mais il ne laissa

[1] Voy. *P. Griffet*, t. II, p. 285.

de venir), et cependant dépescha, le 9, le S' d'Aiguebonne[1], frère dudit S' de Chaudebonne, à Monsieur pour luy offrir tout ce qui estoit porté par la déclaration vériffiée au Parlement. Vid. Liasse. Ledit S' d'Aiguebonne retourne le 16.

12. — M' de Chaudebonne vient trouver le Roy à Valence[2], de la part de Monsieur. Sa Majesté le receut fort civilement et luy dict de fort bonne grâce que, parce qu'il venoit d'une armée ennemie et pleine d'Espagnols, il désiroit que les S" Sanguin et de Varennes l'observassent et eussent soin de luy, avec ordre de ne visiter que M' le Cardinal, M' le Cardinal De La Valette, M' le Garde des Seaux et le Père Joseph. M' le Cardinal luy donna à disner. Les propositions qu'il fit n'eussent peu estre autres, quand Monsieur eust gangné deux batailles.

Vid. Liasse, et responce du Roy à Monsieur du 15.

13. — Le Roy va de Valence à Montélimar et de là au Pont S' Esprit[3] où le vice-légat d'Avignon luy vint offrir toutes choses, comme aussy le comte de Done, gouverneur d'Oranges et beaufrère du P. d'Oranges.

17. — Le comte de Brion arrive incontinent aprez que M' de Chaudebonne fut party et n'ayant point de

---

[1] Voy. *P. Griffet*, t. II, p. 311.
[2] Voy. Richelieu, t. II, p. 411. — Voy. *P. Griffet*, t. II, p. 311.
[3] Voy. *P. Griffet*, t. II, p. 312.

passeport il est arresté et aussy tost relasché, avec responce du Roy à la lettre de Monsieur qu'il avoit apportée [1].

Sondeilles, qui venait aussy, se retira sur l'advis de Mr de Chaudebonne, qu'il rencontra en chemin.

Le Roy envoye au Maréchal de Thoirax la grâce de ses frères, qui avoient suivy le party de Monsieur.

17. — Le Roy part du Pont St Esprit, couche à Tresques, et, le 18, à Monfrin. — Le 19, arrive à Nismes, où receu auec grande joye; et il y tesmoigna grande satisfaction des habitans.

Ledit jour, le Sr de Chaudebonne vient trouver le Roy, de la part de Monsieur, pour le prier d'envoyer quelqu'un traicter avec luy. Le Roy choisit Mrs de Bullion et marquis de Fossez, et, pour leur seureté, le Sr de Chaudebonne, va, le 20 quérir des ostages.

Le Roy mande aux Maréchaux de Vitry et de La Force de ne passer outre Pezenas, sans nouvel ordre [2].

N^a. — Depuis journée de Castelnaudary, Sa Majesté ne donnoit autre ordre à M^r le Maréchal de Schonberg que de faire ce qu'il jugeroit à propos.

20. — Monsieur, ayant advis que les Maréchaux de Vitry et de La Force s'approchoient de Beziers, en sort aux flambeaux, à 4 heures du matin, et va coucher à

---

[1] Voy. Richelieu, t. II, p. 411. — Voy. *P. Griffet*, t. II, p. 316.
[2] Voy. La Force, *Mémoires*, t. III, p. 49.

Lonzac, à 4 lieues de là. La Duchesse de Montmorency le suit. Le Roy demande aux Maréchaux de Vitry et de La Force de retourner à Pézenas. Ils envoyent Mr de Nouailles avec 4 compagnies de cavalerye recevoir le serment de fidellité des habitans de Beziers.

Le Sr de Verrières apporte une lettre de Monsieur à M^r le Maréchal de Schonberg (qui l'envoye fermée au Roy), et luy dit de sa part qu'ayant envoyé le Sr de Chaudebonne au Roy, pour accepter les conditions qu'il avoit pleu à Sa Majesté luy offrir, il le prioit de n'entreprendre point sur ses troupes.

Le Roy arrive à Lunel et fait commencer rasement de la citadelle et des murailles de la ville [1].

22. — Le Roy arrive à Montpellier [2], où Mr de Chaudebonne amène le lendemain pour ostages des députez du Roi, M^{rs} de La Ferté Imbaut, Ducoudré Montpensier et de La Vaupot; — sont logez en une maison de la ville, où personne ne les visite.

Monsieur ayant envoyé sçavoir à Beziers s'ils le recevroient, ils luy mandent qu'ils envoyeroient vers le Roy, pour apprendre s'il l'auroit agréable. Le Roy leur mande de le recevoir avec son train et luy permettre, de faire garder les portes par 300 hommes; mais

---

[1] Voy. *P. Griffet*, t. II, p. 314 et 319.
[2] Voy. Richelieu, t. II, p. 411. — Voy. *P. Griffet*, t. II, p. 319.

Monsieur ne se tenant pas asseuré dans Beziers ou fasché de n'y avoir plus de pouvoir en sort, pour aller à 5 ou 6 lieues de là [1] en une maison du Comte de Rieux, d'où il revient à Béziers. M⁺ Du Fargis revient d'Espagne le trouver avec quelque argent.

25. — Mʳˢ de Bullion et de Fossez, avec quelque cavalerye pour les escorter, vont trouver Monsieur de la part du Roy [2]. Arrivent à Béziers le lendemain; la conférence commence le 27. Ce jour là, le Roy reçoit nouvelles de Mʳ de Bullion sur quelque instance que faisoit Monsieur pour Laviéville, Le Coigneux et autres particuliers. Le Roy en cholère escript à Mʳˢ de Bullion et de Fossez de retourner et dire à Monsieur qu'il prist ou reffusast ce qu'il luy offroit, et commande aux officiers de l'armée d'aller en leurs quartiers; Mʳ de Puylaurens dit ensuitte que son maistre demandoit cela pour la forme et qu'il s'accommoderoit à tout.

Monsieur ayant aussy voulu faire quelques propositions pour la Reyne, sa mère, le Roy luy fit dire qu'il estoit l'aisné et qu'il sçavoit bien ce qu'il luy debvoit. Le 29, les articles sont signez par Monsieur et par les commissaires du Roy [3], auquel Mʳ Du Fossez les porta et Sa Majesté les ratifia le 1 Octobre.

Vid. dans Liasse lesdits articles imprimez et lettres

---

[1] Griffet dit qu'il se retira à Olonzac, diocèse de Saint-Pons.
[2] Voy. Richelieu, t. II, p. 412. — Voy. *P. Griffet*, t. II, p. 320.
[3] Voy. Richelieu, t. II, p. 414. — Voy. *P. Griffet*, t. II, p. 324.

du Roy au Parlement et au Prévost des Marchands.

Monsieur désavoua le placart.

N ̇ : Les Estrangers, qui n'ont que 6 jours pour sortir le Royaume, sortirent environ 400 en très mauvais équipage. Les paisans en tuèrent, sçavoir sy, comme on le dit, ils debvoient sortir à 4 à 4 et le baston blanc à la main.

On donna XX^m écus (on dit d'où) à Monsieur pour sa despence en s'en allant en Touraine [1].

20. — M^r le Comte part de Paris pour aller commander l'armée du Roy en Picardie. — Je pense que ce fut le lendemain.

ALLEMAGNE

Vid. Gaz. du 3 Septembre.

3. — Grande attaque faicte par le Roy de Suède du Camp Impérial commandé par le Valesteïn et retranché prez de Nuremberg etc.

Grands progrez des Suédois dans la Silézie, Vid. Affaires d'Allemagne, depuis le 5 jusques au 15 Septembre, et Nouvelles ordinaires du 1 Octobre [2].

Suitte des attaques faictes en vain par le Roy de Suède du camp du Valestein. — Le Roy de Suède for-

---

[1] Voy. *P. Griffet*, t. II, p. 333.
[2] Voy. Richelieu, t. II, p. 430.

tifie un camp que X^m hommes peuvent garder et envoye le reste de ses troupes vers la Bavière.

Vid. Nouvelles Ordinaires du 1 Octobre.

13. — Mort de l'archiduc Léopold.

Délogement du Roy de Suède et du Valestein d'auprez Nuremberg.

Vid. Nouv. Ord^{res} du 15 Oct.

Infection dans le camp du Valestein.

Vid. Nouv. Ord^{res} du 22 Octob.

PAYS-BAS

1. — Le Papenheim se retire à la sourdine de devant Mastric. Vid. lettre du 2 Sept. dans la liasse et Nouv. Ord^{res} du 17 Sept. Il avoit faict tout ce qui se pouvoit au monde et Cordoua rien du tout.

Aprez la capitulation de Mastric, le Prince d'Oranges fit des honneurs nonpareils au Baron de Leyde, qui l'avoit deffendue.

8. — Articles de la réduction de la ville de Limbourg, aprez 2 jours de siège, et de toute la province au service des Estatz.

Vid. Liasse et Nouv. Ord^{res} du 24 Sept.

Depuis ceste prise et de Mastric les Hollandois font contribuer les duchez de Limbourg et Luxembourg, dont on dit qu'ils tireroient 1 million de livres par an.

Déclaration des Estats pour convier les autres provinces des Pays-Bas à secouer le joug Espagnol et à vivre avec elles en bonne union conservans leur religion catholique, etc. Vid. Nouv. Ord. du 8 Oct.

Le Comte de Varfusé, qui estoit superintendant des finances quicte les Espagnolz comme avoient faict les Comtes Henry de Berghe et d'Egmond.

Vid. relation du mois de Sept.

SAVOYE

Mardy 14. — Me la Duchesse de Savoye[1] acouche d'un fils; baptisé en particulier par l'Archevesque de Thurin, nommé François Hiacinthe[2], à cause d'un vœu.

Mr de Savoye envoye au Maréchal de Vitry se resjouir de la prospérité de ses armes en la conservation de Beaucaire et luy donner part de la naissance de son fils, le traictant en bon voisin. Ce compliment est notable.

FLORENCE

Le Grand Duc envoye 6,000 hommes à l'Empereur. Vid. Nouv. Ord{sup}re{/sup} du 22 Octob.

---

[1] Christine de France, fille de Henri IV.
[2] Il mourut le 4 octobre 1638.

ESPAGNE

Le Roy d'Espagne faict escrire dans un papier qu'il envoye lire à Mr de Barraut, ambassadeur pour le Roy prez de luy (sans luy en vouloir bailler copie, et cela avec beaucoup de fanfaronnerie) qu'il ne pouvoit laisser sa Belle-mère ny Monsieur son beaufrère en l'estat où ils estoient réduicts et qu'il les vouloit assister de ses forces, faisant en ceste rencontre ce qu'il souffroit tous les jours en Hollande. Mr de Barraut respondit bravement à cela. — Les Espagnols s'avancèrent jusques à dire que leur Roy s'avanceroit jusques à Barcelonne, pour donner vigueur à ses armées; mais le combat de Castelnaud'Arry leur fit voir qu'ils s'estoient trop hastez.

OCTOBRE

France. — Monsieur.

En mesme temps que le Roy part de Montpellier par un sy mauvais temps que 16 soldatz du Régiment des Gardes, 8 Suisses et plusieurs goujats moururent de froid. Monsieur part de Béziers [1], prenant son chemin à Montpellier, mais du costé des montagnes, laissant le grand chemin à droicte; et le Roy prit le costé de la

[1] Voy. Richelieu, t. II, p. 416. — *P. Griffet* dit qu'il partit le 1er octobre, t. II, p. 333.

mer, laissant aussy à droicte ledit grand chemin, dans lequel les équipages de la cour et de Monsieur se rencontrèrent; mais le Roy et Monsieur ne s'aprochèrent que de 3 ou 4 lieues. Cela avoit esté tenu fort secret.

Vid. dans Liasse lettre du 9 Octobre.

Monsieur avoit 7 ou 800 chevaux tant maîtres que valets. Sa troupe n'estoit que de 40 ou 50, dans laquelle il y avoit 8 ou 10 femmes à cheval. Ceux qui n'estoient compris dans la déclaration se tenoient prez de luy, pour y trouver seureté.

Vid. lettres du 9 et 15 Octobre.

Mrs du Fargis, d'Elbene, Le Vieil et Vandy estoient avec luy. Le Comte d'Alais l'acompagnoit pour le faire recevoir partout comme le Roy. Il passa sur les fossez de Pézenas, alla à Montpellier, Lunel....[1] Avignon, Lyon, Rouane; arrive à Orléans par eau le 25, en part le 27 pour aller à Tours. Les 17 cornettes qu'il avoit des troupes du roi d'Espagne et portans l'escharpe rouge se retirèrent au Comté de Roussillon; mais les autres estrangers qu'il avoit levez en son nom eurent permission de se retirer par la France 10 à 10 et vescurent avec extrême modestie, tant ils avoient peur.

Les Napolitains, que le Roy d'Espagne avoit faict venir à Barcelonne, se retirèrent misérablement par la France, et le Prince de Rocellai de la maison Carafa,

[1] Lacune.

qui les commandoit, en mourut de desplaisir. Vid. lettre du 15 Octobre.

Monsieur allant en Touraine, Mʳ de Vendosme eut commandement de se retirer à Annet.

Le Roy ordonne *razement*, par le moyen des mines, *du fort de Brescon* ¹.

11. — Tenue des Estats de Languedoc par le Roy à Béziers ². Mʳ le Garde des Seaux ne demanda l'advis au Parlement de Thoulouze qu'aprez les Cardinaux, ducs, pairs, maréchaux de France et Conseillers d'Estat. Vid. lettre du 11 Octobre dans la Liasse. Vid. la tenue desdits estats dans relation du mois d'Octobre.

Mʳ le Comte de Harcour exclus d'y assister. Mʳ le Garde des Seaux de Chateauneuf soutint qu'il y a règlement qui porte qu'aux cérémonies les Princes ducs précèdent les ducs gentilzhommes et que les autres n'y ont point de rang.

Le Sʳ Bautru envoyé en Espagne pour condoléance de la mort de don Carlos ³.

Le Sʳ Des Hayes ⁴ fils du Gouverneur de Montargis, décapité à Beziers, peur avoir esté surpris en Alle-

---

¹ Voy. *P. Griffet*, t. II, p. 334.
² Voy. *P. Griffet*, t. II, p. 335. — Voy. La Force, t. III, p. 50.
³ Voy. Richelieu, t. II, p. 420, qui dit que Bautru fut envoyé pour se plaindre de la participation de l'Espagne à la révolte de Montmorency.
⁴ Voy. le procès de Deshayes de Courmenin dans le *P. Griffet*, t. II, p. 337.

magne avec despesches de Monsieur etc. — Mʳ le Garde des Seaux l'avoit interrogé, Mʳ Bouthillier escrivant sous luy; jugé souverainement par 7 maîtres des Requêtes.

Vid. ce qu'il confessa sur la sellette dans lettre du 12 Octobre, dans la liasse.

Monsieur intercedda en vain pour luy. Grand déluge à l'arrivée du Roy à Narbonne.

18. — Le Roy part de Narbonne[1], aprez en avoir banny quelques habitans et y avoir mis gouverneur le Sʳ de Prey. Vid. Gaz. du 5 Novembre.

Le 19, leurs Majestez couchent à Carcassone.

22. — Le Roy, ayant passé par Castelnaud'Arry, arrive à Thoulouze[2]. Mᵉ la Princesse estant arrivée la veille aux portes de Thoulouse, pour venir solliciter la grâce de Mʳ de Montmorency, son frère, le Roy luy fit deffendre d'y entrer; elle alla loger à demy lieue.

Mʳ le Maréchal va quérir Mʳ de Montmorency à Letoure, avec 100 gentilshommes du Roy, 100 des chevaux légers de la Garde, 3 compagnies de chevaux légers et une de carabins.

Le Roy dit au Premier Président de Thoulouze qu'il estoit venu le visiter et le Parlement[3], qu'il leur vou-

---

[1] Voy. P. *Griffet*, t. II, p. 338.
[2] Voy. La Force, t. III, p. 50.
[3] Voy. P. *Griffet*, t. II, p. 339.

loit faire juger Mʳ de Montmorency et leur demandoit justice etc.; qu'il vouloit que Mʳ le Garde des Seaux présidast au procez. — Sur quoy difficultez ; puis résolu qu'il présideroit (Vid. Lettre du 23 Octob.), et qu'un président et six conseillers l'iroient recevoir au perron ; qu'il ne meneroit que certain nombre de maitres de requêtes, point de conseillers d'État ; que Conseillers des requêtes ne seront admis au procez. On avoit expédié une 2ᵉ Commission, (en suite de celle adressée au Parlement de Thoulouze, pour juger Mʳ de Montmorency), pour nommer deux commissaires, dont Mʳ de Lauzon en estoit l'un ; mais le Parlement s'y estant opposé, on le contenta là-dessus.

Mʳ de Fossez faict gouverneur des ville et citadelle de Verdun et Mʳ le Maréchal de Schonberg gouverneur de Languedoc et des ville et citadelle de Montpellier, avec survivance à Mʳ d'Halluin, son fils [1].

Le Sʳ de Launay, lieutenant des gardes du corps, se saisit de la maison de ville de Thoulouze et la faict griller. — Ladite maison gardée par 80 Suisses.

22. — Chevalier du guet prend à Paris et mène à la Bastille plusieurs personnes qui vouloient enlever et mener en Flandres Mᵉ de Comballet.

Vid. Lettre du 22 Octobre.

Nᵃ : Mʳ le duc de Rohannais, s'estant acommodé,

[1] Voy. Richelieu, t. II, p. 419.

estoit en Poictou, et M^r le Duc de Bellegrade, qui s'estoit aussy acommodé, venoit à La Mothe en Touraine.

25. — Drouet, capitaine au Régiment des gardes, se bat contre Bouchavanes en la place St Georges de Thoulouze. Drouet tué sur la place. Sa charge donnée à son père, et son corps traisné sur claye. Bouchavanes, lieutenant audit Régiment, extrêmement blessé, gardé par un lieutenant de la Prévosté, mourut le lendemain. Les seconds ne se blessèrent; Cargret, enseigne de Tilladet, l'estoit de Bouchavanes.

Le Roy donne la charge de maître de sa garde robbe vacante par la mort de Mr de Chalais à M^r le Maréchal de La Force, avec pouvoir de la résigner à son filz.

25. — Arrest du Parlement de Dijon contre le Président Le Coigneux, Baron de Stissac, Chevalier de Valencé, condamnez à estre décapitez. Vid. Liasse.

Mecredi 27. — Mr de Montmorency[1] amené à Thoulouze sur les 3 heures aprez midy avec 800 chevaux dans un carrosse à six chevaux, à l'entour duquel les mousquetons du Roy estoient à pied; mené à l'Hôtel de Ville et gardé par le susdit Sr de Launay avec des gardes du corps et 3 ou 4 compagnies de Suisse dehors la porte et derrière ledit hôtel de ville. On

[1] Voy. *P. Griffet*, t. II, p. 303 et 340.

avoit faict entrer dans Thoulouze les régimens des gardes, des Suisses Navarre et Chamble qui y vesqeurent 24 heures sans payer et le Roy vouloit faire passer cela pour chastiment de ce que Thoulouze avoit tesmoigné plus d'affection pour Mr de Montmorency que pour son service.

Monsieur envoye au Roy le S^r de La Vaupot luy demander grâce pour Mr de Montmorency[1]. On dit qu'il parla fort bien et très hardiment. Il dit entr'autres choses que la mesme espée, qui trancheroit la teste de Mr de Montmorency perceroit le cœur de Monsieur. Le Roy luy dit que, sans la considération de Monsieur, il le feroit chastier.

Samedi 30. — Mr de Montmorency a la teste tranchée dans l'Hôtel de Ville de Thoulouze[2]. Vid. relation particulière de sa mort dans le Registre p. 16 et autres relations du 30 Octobre dans la Liasse.

Mad^e de Montmorency, qui tesmoigne dans son malheur une vertu et une affliction nompareilles, fut menée en Décembre par un exempt des Gardes[3] et 2 archers de la porte au Château de Moulins, où, à force de pleurer, elle guérit d'une très grande fluxion qu'elle avoit sur l'espine du dos.

[1] Voy. *P. Griffet*, t. II, p. 329.
[2] *Ibid.*, t. II, p. 360.
[3] *Ibid.*, t. II, p. 353.

31. — Le Roy part de Thoulouze¹, accompagné de ses 400 dragons — arrive à Versailles le²...

ALLEMAGNE

Papenheim, à force de canonnades, contrainct Heildeshem de se rendre. — Habitans racheptent pillage de 200,000 richedalles. Envoye Comte de Mévode, qui faict lever siège de Volfenbutel à Comte de Lunebourg, qui y perdit force gens et 500 prisonniers.

Vid. Nouv. ordinaires du 29 Octobre, qui, en la 3ᵉ page, dit que ce fut Papenheim qui fit lever ce siège. Vid. Nouv. Ordinaires du 5 Nov.

Breslau en Silézie reçoit garnison Suédoise Vid. nouv. ord. du 5 Nov.

Roy de Suède reprend Rain sur le Lech et faict trancher la teste au gouvernenr qui l'avoit rendu.

Suédois prennent sans résistance la ville de Zelle près Constance, qui pouvoit tenir. Nouv. Ord. 19 Nov.

PAYS-BAS

Mʳ le D. de Bouillon faict gouverneur de Mastric et des 4 provinces outre Meuse. Nouv. Ordʳᵉˢ 29 Oct.

---

¹ Voy. *P. Griffet*, t. II, p. 366.
² Lacune.

Articles proposez pour la paix des Pays-Bas. Vid. relation d'Octobre.

30. — Reyne mère faict arrester le baron de Guepré, lieutenant de ses Gardes; — délivré par la recommandation du Roy à l'Infante. Vid. Gazette du 3 Décembre.

ANGLETERRE

Le Roy d'Angleterre, avant son départ de Londres, receut un gentilhomme Italien envoyé par la Reyne mère et son domestique, pour le supplier ou de faire son accord avec le Roy ou de la recevoir en ses pays, ne luy estant pas possible de demeurer plus longtemps à Brusselles. Il n'eut autre responce que celle que l'on avoit faicte aux autres; que pour le premier poinct le Roy s'employeroit très volontiers vers Sa Majesté, pour la remettre en ses bonnes grâces; pour l'autre, qu'il ne pouvoit en façon quelconque la recevoir et que plusieurs fois il lui avoit faict entendre son intention sur ce subject. Le gentilhomme, picqué de cette responce dit tout hault plusieurs choses fort impertinentes qui luy furent relevées par quelques'uns des principaux Seigneurs de la Cour.

ROME

L'Empereur, en faveur du Duc Sanelli érige une

principauté en Italie à Bernardin, son filz. Vid. gaz. du 3 Déc.

30. — Mort du Cardinal Vidoni à 51 ans.

NOVEMBRE

FRANCE

Le Roy escript de sa main à Mⁱ de Villequier, qui estoit à Paris et que l'on croyoit mal à la Cour, qu'il vouloit qu'il traictast de la charge de capitaine des gardes du Maréchal de Brézé. Il l'eut pour IIII^{xx} m. écus, qui estoit bon marché de XX^m écus.

4. — Harangue de Mⁱ le Prince à l'ouverture des Estats de Bourgongne. Vid. Liasse.

10. — Monsieur, sachant mort de Mⁱ de Montmorency, part de Tours [1], acompagné des S⁹ de Puylaurens, du Fargis, d'Elbene, etc; passe à Blois, à Lagenerye, prez Artenoy, à Moret, à Montereau-faut-Yonne (d'où escript au Roy le 12. Vid. la lettre et responce du Roy du 25 Novembre dens la Liasse), à Sens etc, et arrive à Brusselles [2] le 21. — Gazette du 3 Décembre.

Mort subite de Mⁱ le Maréchal de Schonberg à Bor-

---

[1] Voy. Richelieu, t. II, p. 428.
[2] Voy. La Force, t. III, p. 52.

deaux ¹, laisse sa femme grosse d'une fille tenue par M^r le Cardinal et M^e la duchesse d'Halluin.

M^r le Cardinal, qui commenceoit à estre fort malade à Bordeaux ², d'abcez vers le fondement, ne se fiant à M^r d'Espernon, s'embarque pour Blaye, sy tost qu'il sceut la mort de Mr de Schonberg.

20. — La Reyne superbement receue à La Ro chelle ³ par ordre de M^r le Cardinal. Gazette 3 Déc.

ALLEMAGNE

1. — Le colonel Holc Impérial ayant faict investi. Leipsic par 1,000 chevaux, il y arrive le 27 Octobre. La ville luy est rendue le 1er Novembre et le château le lendemain. — N'observe capitulation. Nouv. Ord. des 10 et 17 Déc.

10. — Maréchal Horn prend Bennefeld vers l'Alsace, aprez grand siège.

13. — Frienkendal, au Palatinat, aprez long siège rendu aux Suédois, qui avoient aussy pris autres places dans l'Alsace.

---

¹ Voy. Bassompierre, t. IV, p. 151. — Le 17 novembre, dit Griffet, t. II, p. 367.
² Voy. Richelieu, t. II, p. 428.
³ Voy. P. *Griffet*, t. II, p. 367.

Le Roy de Suède suit le Walstein, arrive à Naubourg etc. Gazette 3 Décembre.

16. — Bataille de Lutzen [1] où le Roy de Suède fut tué, et, de l'autre costé, le Papenheimac. Vid. dans Liasse particularitez de cette mort. — Récit de la bataille. — Nouvelles d'Allemagne depuis le 16 jusques au 30 Novembre. — Nouv. Ord^{re} 10 Décembre (où il y a plusieurs manquemens). — Suitte de la Bataille dans Nouv. Ord. 17 Décembre. Nouv. Ord^{res} du 24 Décembre, qui corrigent manquement des précédentes, et où il y a beaucoup de particularitez. Vid. soldas suédois.

Les 3 Ducs de Weymar blessez à cette bataille, dont Ernest Léon deux est mort. Nouv. Ord. 29 Febvrier 1633. — Roy de Suède laisse une fille unique nommee Christine âgée de 6 ans 1/2.

Duc de Bavière s'avance avec 1,500 hommes vers Ausbourg; mais, son entreprise estant descouverte, se retire et attaque Rain qui se deffend bien; le rataque; mais le Palatin Christian [2]... le contrainct de se retirer et prend Archach.

Maréchal Horn prend Colmar en Alsace.

D. de Witemberg prend Zell et Ubertinghe. — Assiège Constance avec Suédois.

---

[1] Voy. Richelieu, t. II, p. 431. — Voy. P. Griffet, t. II, p. 383.
[2] Lacune.

POLOGNE

20. — Vid. Nouv. Ord^res du 10 Décembre. — Vladislas elleu Roy de Pologne.

PAYS-BAS

Prince d'Oranges assiège *Orsoy* qui se rend le 15. Il y avoit 17 compagnies d'Espagne en garnison. Vid. Nouv. Ord. du 26 Novembre. Hollandois le fortifient.

LORRAINE

Duc de Lorraine se faict rendre hommage du Comté de Sar et de la Seigneurie d'Herbezeim, par le C. de Sarbrik. Gaz. 3 Déc.

ITALIE

Sabronette. Gazette 14 Déc.
François eslisent un Consul à Genne.

18. — Cardinal Ludovio meurt à Boulogne. Distribution de 115 000 écus de revenu de charges et bénéfices et du reste de son bien, et son testament, Gazette du 1 Janvier 1633.

DÉCEMBRE

FRANCE

2. — Mort du Maréchal de St Géran Ian François de La Guiche, à 63 ans.

13. — M^r le Comte de Saux, fils aisné de M^r le Maréchal de Créquy espouse à Charlis prez Nevers Mad^{lle} de Ragny, héritière de cette maison.

ALLEMAGNE

1. — Frédéric, Comte Palatin du Rhin, cy-devant Electeur et Roy de Bohême, meurt de peste à Mayence à 37 ans.

3. — Espagnols sortent de Frankendel, où laissent 46 canons (dont 24 aux armes de l'Empereur), avec 780 quintaux de poudre etc. Nouv. Ord. 24 Déc.

10. — 3 vieux régimens Impériaux assiégez par Suédois dans Ken..., sur la frontière de Bohême, le rendent avec 24 de leurs drapeaux et 6 qu'ils avoient gangnez à Heldezeim; puis ayans pillé les habitans prennent party avec les Suédois. Nouv. Ord. 1 Janv. 1633.

14. — Château de Lepsic rendu aux Suédois. — Capitulation. — Confrederez de Lepsic et villes Impériales entr'autres renouvellent à Erfor leur confredération aux Suédois. Nouv. Ord. 8 Janv.

Electeur de Saxe nettoye son pays d'Impériaux.

Horn prend Fribourg, Colmar et Hagnas en Alsace. Nouv. Ord. 8 Janv.

Vid. particularitez de Colmar. Nouv. Ord. 15 Janv.

PAYS-BAS

8. — Gentilhomme, de la part du Roy, demande à l'Infante le père Chantelonne et St Germain. Elle respond qu'ils estoient à la Reyne mère. Il les demande au marquis d'Aytone, qui faict la mesme responce.

ITALYE

Jan Albert, frère du Roy de Polgne, faict cardinal au tiltre de St Marie d'Aquin.

Gaz. des 29 Janvier et 26 Febvrier 1633.

ESPAGNE

Marq. de Ste Croix, revenant de Flandres, bien receu et faict Grand maistre de la maison de la Reyne.

Duc d'Albuquerque faict Président du Conseil d'Arragon au lieu du Cardinal de La Cuera.

Je transcris ci-contre une plaquette de 4 pages, insérée dans le VIIIe volume du Journal d'Arnauld d'Andilly à la page 79 (27 Juillet), mais qui par sa date me semble être tout à fait indépendante et n'être point une pièce justificative des événements relatés.

CAPITOLATIONE PER LA RESA DI PORTO LONGONE

Primieramente sì è accordato, che si darà il tempo sino al giorno di N. S. dì Agosto 15, del detto mese prossimo, per vedere se in detto tempo gli venisse soccorso sufficiente, che obblighi à levare l'assedio per mare, et per terra, che in tal caso tutti li Capitoli seguenti si annulleranno, et gli ostaggi ritorneranno dall'una et l'altra parte. E venendo il soccorso potranno gli assediati tirare, et combattere con l'Armata tanto di mare, come di terra, come se non vi fosse alcun trattato et se il detto soccorso fosse ributato, ò non potesse entrar nella Piazza, li Capitoli haveranno intiero effetto.

2. — Et nel detto giorno 15. Agosto in Caso, che il soccorso non entri, Monsieur di Novalliac, Governatore con la sua guarnigione, officiali, et soldati, et generalmente qualsivoglia altro, che al presente sì trovi in detta Piazza dì qualsivoglia natione, conditione, ò qualità, che siano (eccetto però quelli, che fossero vassalli

del Rè di Spagna) uscìranno per la porta grande, che scende al Porto per imbarcarsi il medesimo giorno con armi, et Bagaglio, cassa battente, Bandiere spiegate, cordo accesa, Palle in bocca, et generalmente tutto quello, che si appartiene alli sopradetti, lasciando la fortezza nel modo, che si ritrova al presente con tutte le munitioni, et provisioni di guerra, et viveri, che si troveranno in detto giorno, et cosi medemamente durante il tempo delle capitolationi non si protanno fortificare, nè fare altro travaglio tanto dentro, come fuori, et ogni giorno si dourà visitare dalli Ostaggi, che saranno da ambe le parti.

3. — Si concede darli due pezzi d'artiglieria marcati con l'Armi di Francia à sua elettione, et si provederanno di munitione per tirar tanti tiri, quante libre di palla porteranno detti piezzi, li quali saranno obligati gli assedianti ad imbarcarglieli nelli vascelli dove s'imbarcherà la munitione, et doveranno esser provisti di carri, et mulli per portare tutta la sua robba à borda dell'acqua dove si doveranno imbarcare.

4. — Saranno provisti di viveri general mente per li soldati, et officiali, et tutte l'altre persone, che s'imbarcheranno per tutto il tempo, che si tratteranno in arrivare à Tolone, et che possano tardare per il contrario tempo, tanto nel viaggio, come dentro di questo porto, et in caso di alcuna borrasca, ò che la peste fosse in Tolone potrannio sbarcare in qualsivoglia altro porto della della Provenza ad elettione del Governatore Mons. di Navalliac.

5. — Avanti di partire della guarnigione lascieranno quivi due Officiali in pegno, sino al ritorno delli quali con tutta fedelta se gli dara passaporto, perche possino andarsene in Francia.

6. — Se gli daranno Vascelli, navi, o altre imbarcationi sufficienti per tutti gli officiali, soldati, tanto sani, comme ammalati, et feriti et per li suoi cavalli, e bagaglio, et generalmente tutto quello, che gli appaterrà; et gli sarà permesso di portare tutti li medicamenti necessarii per li detti amalati, et feriti, come ancora alcune castrati per far brodi per li medesimi amalati, et ca et quelli che non potranno imbarcarsi per causa di grand indispositione saranno provisti dalli assedianti d'allogiamento viveri, et medicamenti sino à che siano guariti, poi si manderanno à Tolone. E sarà permesso alli assediati di far levar sopra acqua un piccolo vascello, et due barche, stanno in fondo dentro del Porto, et che se li possano portare in Francia.

7. — Che tutti gli habitanti huomini, donne, et ragazzi di questa Isola possino ritornare alle loro case et godere i loro beni senza esser molestati, intendendosi questo per quelle, che sono naturali della medesima Isola.

8. — Che li sudetti assediati con tutto quel che apparterà loro saranno condotti à Tolone per mare, et per il viaggio più dritto, et senza che possino esser nei camino falsificati, et che non si possa far nessuna falsa marchia; nè si perda un punto di buon tempo, come stà dichiarato nel quarto Capitoli, e che tutte queste cose si faccino à buona fede, e che nessuno di questi Capitoli possa essere interpretato con doppio sentimento.

9. — Che li sudetti assediati non siano maltratti di parole ne molestati nelle loro persone, armi, bagaglio e robba, nè in cosa alcuna da gli assedianti quando usciranno della detta Piazza, et se li darà fieno, e biada periloro cavalli durante l'imbarcatione.

10. — Che li su detti assedianti faranno vedere lo stato delle loro trinciere, et mine per le persone, che saranno nominate per tal' effetto dal Governatore della piazza, alle quali sarà permesso visitare una violta il giorno dette trinciere, et mine, affinche non si prosegua al travaglio di esse.

11. — Si darà Passaporti alli marinari, che al presente si trovano in Longone, et sufficiente numero per Filuca: li quali anderanno per essa, et di lì passeranno à Tolone con queste Capitolationi.

Stampata in Milano, e ristampata in Torino per Gio. Battista Ferrosino, lì 20. Agosto 1650.

AU LECTEUR, SI J'EN AI UN

Ami lecteur, j'ai fait mon possible pour mettre en votre pouvoir un curieux instrument d'histoire qui donne des détails nouveaux et précis, en les datant, de tous les événements indiqués par les autres contemporains.

L'année 1633 termine ce curieux journal, monument de sincérité, écrit sans aucune prétention au style. Il est probable qu'Arnauld, qui pouvait le continuer, s'est arrêté là, dégoûté des pillages de toutes sortes qui devaient probablement le choquer, lui, élève de Sully, habitué à la régularité des finances.

Il se retira à Port-Royal en 1645, et, jusqu'à sa mort, arrivée en 1684, il se livra à ses études théologiques et à ses pratiques de dévotion.

Les événements qu'il relate sont toujours clairement racontés et, quoique ses charges et ses emplois lui aient permis de contribuer aux plus grandes affaires, jamais il ne se vante personnellement, comme la plupart des auteurs de Mémoires qui tiennent toujours à figurer au premier rang.

Les six premières années de ce journal, de 1614 à 1619, ont été publiées par mon neveu, Achille Halphen, qui les a illustrées de notes très intéressantes. J'ai publié, année par année, en plusieurs fascicules, le reste de ce journal. J'espère les réunir en un seul volume pour faire suite à l'ouvrage de mon neveu. Je servirai ainsi les curieux de l'histoire et j'accomplirai le désir sacré de ma femme qui s'occupait beaucoup d'histoire et m'a prié, dans l'intérêt de tous, de publier ce manuscrit. S'il reprend sa course vagabonde, il en restera un témoignage imprimé utile, et je dirai même indispensable, à tous ceux qui s'occupent de l'histoire du temps de Louis XIII.

Arnauld d'Andilly n'a apporté ni passion ni parti pris ; il raconte simplement ce qu'il a vu et entendu, sans chercher à louer ou à blâmer. Il rectifie et complète tous les autres Mémoires. Comme il a soin d'indiquer toujours les dates, son attestation est précieuse.

Adieu, cher lecteur, puissiez-vous avoir, à le lire, le même plaisir que j'ai eu à le publier. C'est un grand bonheur de pouvoir être utile à ceux qui s'occupent d'une science et j'ai la conviction d'avoir rempli ce devoir.

PARIS — TYP. PLON-NOURRIT ET Cie, 8, RUE GARANCIÈRE

www.ingramcontent.com/pod-product-compliance
Lightning Source LLC
Chambersburg PA
CBHW070629160426
43194CB00009B/1403